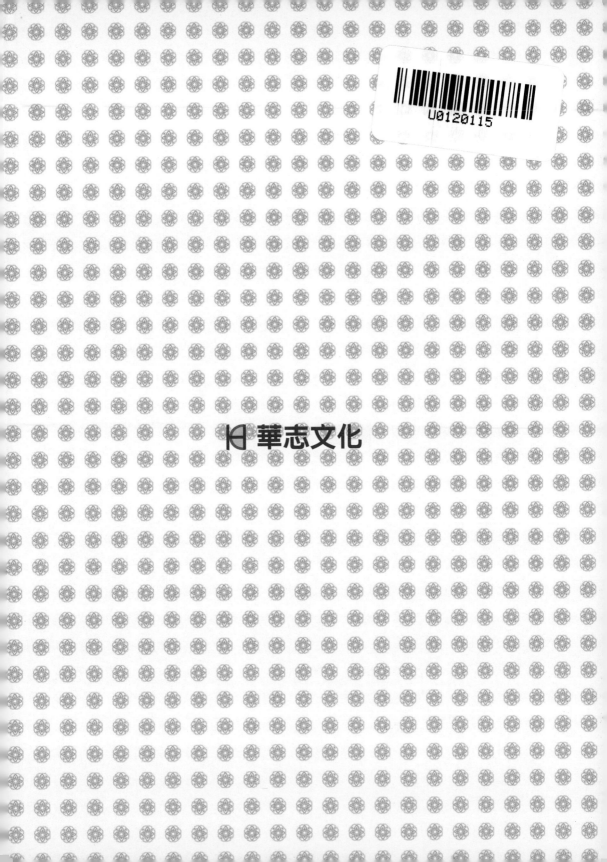

華志文化

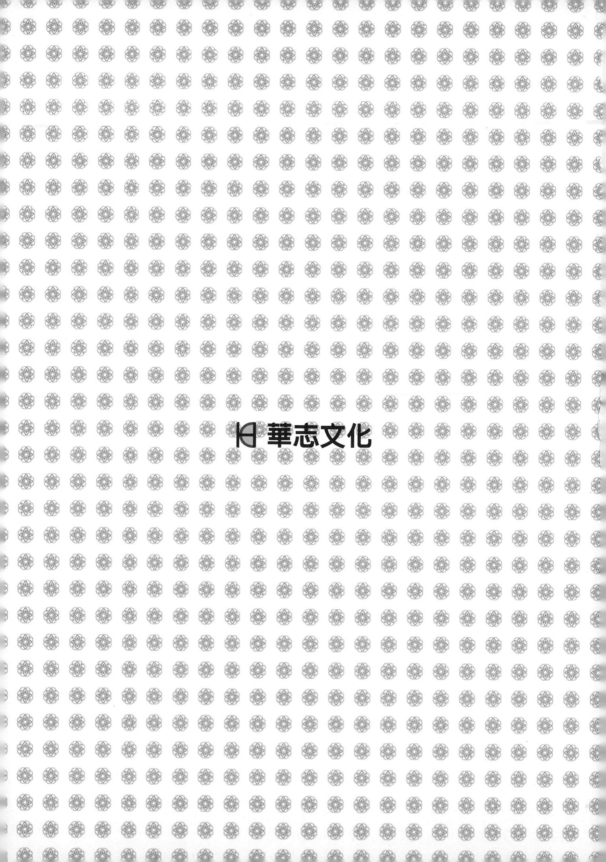

# 潛意識
## 的智慧

# 前言

## 驚人的潛意識力量

現實生活中，每一個人都是獨一無二的。我們之所以能夠獨一無二，正是因為我們透過潛意識的能量給自己的思想帶來變化。我們每一個人在潛意識裡對自己的認識、對自身的定位及試圖去努力實現的目標，都決定著我們在這個世界上的獨特的位置，決定著我們潛力的發揮程度。每個人身上所蘊藏的潛能都是無窮無盡的，然而能力有多少能夠發揮出來，全在於我們的潛意識裡對自己是一個什麼樣的定位。如果在意識裡把自己定位為一個有能力、有思想的人，那麼就能夠發揮出你所認定的一切天賦。總之，不管我們認定自己是弱者還是強者，都會立刻影響對自己潛能的發揮。

所以，一個人潛意識的作用是非常驚人的。能充分認識和發揮潛意識，對於我們的人生非常重要，也是我們走向成功的關鍵。

觀察社會中各種各樣的人，總有一些生活順心、工作順利、家庭美滿的幸運兒，彷彿好運總是伴隨在他們的左右。其實，不必要去抱怨上天的不公平，只要我們能夠清晰地認識到潛意識無所不在的力量，懂得利用潛意識的力量去塑造、引導和影響我們自身的命運。那麼，毫無疑問，這些幸運兒所擁有的東西我們一樣也能夠擁有。

生活中，人們所經歷的困難、挫折、痛苦、不幸乃至「偶然事件」都有一個起因，但是這些消極的東西是很容易向積極的方向轉化的。對於每個人來說，積極地把握生活，創造成功與幸福的未來、將自己的聰明才智從潛意識的深處發掘出來並運用於現實生活中，不僅是可行也是非常容易辦到的事情。

總之，潛意識的神奇力量無所不在，並時時刻刻影響、塑造和控制著人類的內部與外部世界。就像一位著名的蘇聯作家所說的那樣：

　　當潛意識降臨時，正如在絢麗夏日的清晨，它驅散靜夜的霧靄，向我們吹來清涼而醉人的微風。恰似初戀的時候，人們會預感到神奇的邂逅，難以言喻的迷人眼眸，款款嬌笑與欲語還休的感情，心強烈地跳動著。在這一刻，我們周圍的一切無不像一種迷人的樂器般微妙、精確，我們對一切的聲音，甚至是生活最隱秘的、最細微的聲音，都能產生絕佳的共鳴。

　　因此，閱讀本書，學會運用潛意識的強大力量去努力拚搏，掌控自己的命運，創造輝煌的人生吧！

# 目錄

## 第六章　潛意識讓我們的生活更加積極

## 第七章　潛意識讓我們正確面對人生成敗

## 第八章　用潛意識的力量來完善自我

Contents

# Chapter 1

# 認識潛意識的力量

 ## 1.嘗試著與自己的身體進行對話

我們人類的思想涉及的範圍非常的寬廣,換句話說,人類的交際對象非常多,大自然、人類本身、其他的動物、宇宙等,都是人們樂於探索、開闢的新領地和急於搶佔主導權之處。

因此,我們人類談話的對象也非常的廣泛,比如戀人、家庭成員、親戚、朋友、陌生人,有時還包括一些動物和不以生命的形式存在的夥伴,比如汽車、狗、貓、玩具和圖片等。小的時候,誰不崇拜自己當時鍾愛的動畫片裡的人物呢,又有幾個小朋友沒有抱著自己喜愛的動畫片裡的人物、動物模型或者圖片睡覺的經歷?因為當我們抱著它們睡覺的時候,會感覺自己彷彿就躺在畫中人的身邊,和它們已經沒有了任何距離感、非常親密,現實中無法實現的夢想和意願,此時此刻完全可以盡情地去享受、去經歷。在我們的想像中,或者說在我們的潛意識中,懷抱的並不是簡簡單單的玩具,而是有血有肉的人物,它們就躺在我們的身邊,和我們談心、交流、一起做遊戲。

我們的身體是由幾十萬億個細胞組成的,每一個細胞都有意識。伯爾納先生曾經在一本叫做《潛意識的智慧》的書裡面寫道:「你身體裡的每一個細胞都是一個小小的生物體,它只對你的想像做出反應,而不是你從口中說出的話。比如說,我們可以把人體細胞和器官與家庭飼養的動物作個比較,假如你對一隻狗說:「小狗真的很乖,特別可愛,而且又那麼的聽話!」牠自然聽不懂你在說什麼。但是你的想像卻被傳遞了出去,然後是感情的交流,所以小狗就搖起了尾巴,牠終於明白了你究竟在對牠說些什麼。

在現實生活中,積極的人生思想意味著開發積極的情感和行為,也許種子就被種在思想中,而想像卻像花一樣從思想中破土而出、發芽成長,最後孕育出與想像接近一致的花朵。此時,甚至可以集中自己的精力,想像一朵玫瑰花的樣子,想像它散發出花香的時刻和迷人的味道。

如果我們想與體內的細胞建立聯繫,就必須借助圖畫語言。打個

比方，即使我們不知道胃是什麼樣子，也想像一下，潛意識會理解我們的所作所為。告訴自己的胃，感謝它每天所做的一切，隔著肚皮用手撫摸它，告訴它自己非常愛它。還可以與身體的其他器官進行同樣的交流，我們會發現這樣做非常有助於身體健康，最起碼對我們消除身體疲勞非常有幫助，因為潛意識會把我們的感情和想法傳達給身體的每一個器官。這樣一來，各個器官就很容易得到了安慰，這就是潛意識的力量。

有這樣一位朋友，他的右膝蓋在一次足球比賽中受了一點輕微的傷，雖然不是很嚴重，但是走起路來還是很不舒服，偶爾還有疼痛感。他不得不暫時放棄了踢球。後來，這位朋友讓醫生給自己開一點藥，醫生囑咐這位朋友說：「平時要多注意休息，你的膝蓋完全恢復至少要一週的時間。」這位朋友聽了醫生的話，就回去休息了。但是，他太喜歡踢足球了，一個星期不能踢足球對他來說簡直是一種折磨。後來，這位朋友聽說，積極的想像力和暗示作用能夠有效地與自己的身體進行溝通，使自己的身體更好、更快地恢復。所以，這位朋友除了保證足夠的休息外，還常常對自己的膝蓋進行積極的暗示，想像自己的膝蓋恢復的狀態，並積極地用手撫摩膝蓋，告訴膝蓋自己非常愛惜、關愛自己的膝蓋，希望膝蓋能夠早點恢復。

奇蹟出現了，五天之後，這位朋友的膝蓋就完全恢復了，他又出現在了足球場上。

積極的想像會產生積極的結果。因此，我們一定要與自己的身體進行對話，還要把這種好習慣保持下去。不過仍然強調一點，假如身體真的有毛病，就必須就醫診治，並且需要在醫生的監護下進行全方位的治療。否則，僅僅依靠想像而完全拋棄現代醫學的科學性和力量，對身體將只有壞處沒有好處。

如果我們每天都向身體灌輸積極向上的思想，對它每天的工作表示感謝，實在是有百利而無一害。我們也會由此感到自己比從前更加健康、充滿生機與活力，不信的話，立刻可以試一試，不過一定記得要堅持。

　　潛意識是世界上最聽話的受命者，只要人們發出指令，它就會責無旁貸地去嚴格執行，而且絕對不會有絲毫的耽誤。不過潛意識也有一個相當大的「弱點」，那就是具有「盲目性」。只要人們發出指令，它就會盲目地執行，從不考慮這些「命令」對本人是否會有任何壞處。它的出發點就是意識讓自己做什麼，自己就去做什麼，潛意識從充滿情感色彩的想像中獲取命令，情感越強烈，命令執行得越堅決。所以說，不管是快樂還是恐懼，無一例外被潛意識接受並付諸行動。這就是潛意識無可醫治的「弱點」，它天生是執行命令的好士兵，卻並不會區分命令的合理性與正確性。基於這一原因，在想像時應該從積極的方面入手，而不是經常性地把一些消極的、無法控制的、有害的意識隨意地傳達給潛意識。

　　比如說，當我們散步的時候，不小心被雨淋濕了衣服，如果害怕感冒，就應該想像自己第二天起床時一副精神抖擻、健康快樂的樣子；如果一直在想像自己是不是應該去藥店買些藥，或者萬一感冒很嚴重時會不會影響明天的工作，即使身體條件並沒有達到感冒的程度，感冒也會因為潛意識的「盛情邀請」而不忍心「爽約」。假如真的感冒了，一定與這番消極想像有很大的關聯。

　　潛意識的工作其實是無可挑剔的，但我們卻總是無法正確地與它共事，這就是許多人之所以在生活中失敗的一個原因。另一個原因就是許多開始嘗試著想像的人，不是缺乏毅力就是抱著過去的思維模式不放，捨不得放棄那些舊的思想觀念，結果當然是與自己過不去了。

　　抽出幾週的時間，每天進行兩次15分鐘的想像，告訴潛意識自己的願望是什麼，告訴它自己會堅持到底，它現在就可以開始工作了。如果不信任它，不能擺脫過去的思維方式，潛意識就會認為還必須再等待，所以也就無從實現我們的種種願望了。我們所有的美好願望和幻想全被過去的思維模式所禁錮，潛意識也無從施展它無窮的力量和神奇，當然也就很難產生應有的作用。

## 2.潛意識是人生的「金礦」

　　我們倘若能睜開大腦之「眼」，就會看到原來自己的體內還蘊藏著一座巨大的「寶庫」，它可以使我們生活快樂、工作順利、人生一帆風順。但遺憾的是，如同金礦不容易被人發現一樣，人身體內的寶藏往往也是處於「昏睡」狀態，人們並沒有意識到這座金礦蘊藏著無限的能量與智慧。

　　只要我們能夠充分發掘這座金礦，不管有什麼願望都有可能實現。我們都知道，一塊被磁化的鋼鐵，可以提升起12倍於自己的重量。同樣，世界上也存在著兩種人：一種是得以「磁化」的人，他們滿懷信心與希望，相信自己一定能夠取得成功，無論前面有多少艱難險阻，都無法阻擋他們前進的腳步。還有一種人，他們的「磁性」被消除了，內心充滿恐懼和懷疑，縱使機遇悄悄降臨在他們身上，他們也會懷疑：這麼好的機會是不會輕易給我的，如果我失敗了怎麼辦，那不是一件很難堪的事情嗎？這種人通常膽小怕事，不會有什麼出息，由於害怕進取，只好裹足不前。如果想要成就人生的偉業，那麼千萬不要做後者。

　　這裡有一個關於潛意識的例子，可以幫助我們更加了解潛意識的巨大力量。

　　英國首相溫斯頓‧邱吉爾的廚師曾經講過一件有趣的事情。1941年，正當納粹德國在歐洲橫行的時候，有一天夜裡，邱吉爾在倫敦唐寧街10號首相官邸舉行宴會。由於處在戰爭時期，德國的轟炸機不時在英國的領土上空盤旋，一顆顆炸彈也不時地拋下來，整個國家生活在戰火之中。

　　對於德國人的轟炸，邱吉爾一點不懼怕。每當警報響起時，人們紛紛躲進防空洞或空襲掩體，邱吉爾卻從不躲進去。這次，當宴會正在進行期間，邱吉爾來到廚房，沒有任何理由地強令他的廚師們馬上躲入掩體。廚師們感到很驚訝，因為當時並未聽到警報，一切都是那麼的平靜。廚師們不肯離去，不願意自己躲起來，而其他人卻若無

其事地繼續舉行宴會。但是，在首相的強令下，他們還是躲進了防空洞。就在他們安全撤離廚房僅僅幾分鐘過後，一枚炸彈落在了距離廚房僅幾百碼的地方，造成了巨大的破壞，廚房頓時被炸得粉碎，幾乎成了一片瓦礫。廚師們都在慶幸自己安然無恙，也更加感謝邱吉爾首相。

其實邱吉爾當時並沒有接到任何情報證明敵人的轟炸機會來襲擊，他只是憑藉著自己的直覺，預感到廚房會有危險。

這個故事聽起來可能是湊巧，不足為信。但事實上，這種預感就是透過人的潛意識的方式發生的。這是多麼不可思議的事啊。有人可能覺得飛碟、火星人、金字塔蘊涵著無窮的祕密，但是潛意識的力量更是蘊藏著無限的祕密。只要知道了如何獲取潛意識的力量，就能對於人生有同樣的「預測」能力，就能為生活帶來更多的快樂、健康和幸福。

這種力量不需要從外界獲得，它就實實在在地存在人的身上。只不過，大多數人都不知道該如何去運用它。而一旦對它有了充分的了解，我們就會把它應用到自己的人生中。從此，我們的人生將不一樣，將因發現它而獲得大量的靈感和力量，生活將更加美妙，事業也將更上一層樓。

## 3.怎樣的意識就有怎樣的人生

俗話說：「種瓜得瓜，種豆得豆。」如果種下的是仇恨、敵視和恐懼的種子，那麼收穫的也將是各種各樣的不幸與疾病。反之，當我們種下寧靜、幸福、正義、善良的種子後，就會收穫幸福和快樂。潛意識如同花園裡的土壤，可以使各種各樣的種子生根發芽。因此，我們的任務就是選好種子，確保它們具有一流的品質。

如果我們能以合理的方式進行思考，如果我們理解「潛意識」的內涵，如果進入潛意識中的各種想法或念頭和諧、寧靜，那麼，潛意識就會作出相應的反應，帶來相應的後果。當我們能夠對各種念頭、

想法加以控制的時候，你就能夠運用潛意識的力量，解決各種人生中的問題了。

如果害怕失敗，那就不要對自己說：「我不是失敗者。」而是要說：「我是個偉大的成功者！」這一點非常重要，因為否定就是反向的肯定，而潛意識則是將肯定的內容變為現實。假如我們的潛意識裡「欠缺」的思想占了上風，而我們卻表現出「我什麼都不缺」，反而會使「欠缺」的思想更加突出，使否定的意義更加強化。如果我們這樣說：「我很高興，我的生活非常充實」，那麼，這句話中積極的意義就被轉入我們的大腦，並且一天一天在腦海中扎下根。我們知道，潛意識總是執行內心中最強烈的命令，只要不斷地重複積極的思想，就會在生活中累積越來越多的積極經驗；我們的生活也將遠離灰色和黑色，而是充滿燦爛的陽光。

只有本人才能對生活中的「所得」負責任，即使有時候不想要它，也會因為我們的付出而「不得不」得到它，不想要都不行，因為自己播下了那樣的種子，自然就會得到那樣的結果。這是毫無疑問的，自己播到地裡的種子，當然會根據它的基因長出它應有的結果，這是由無法更改的大自然法則決定的。

我們相信也好，不遵循也罷。法則本身並不在乎，它還是會按照自身的規律去執行命令，製造出它原本就規定好了的結果。可以這樣說，積極的人生思想學說並不是某種信仰、教義或者宗派學說，它代表的是人類健康的理想、信念和對未來、對生活的美好追求。一切都很簡單，只要去理解、認識、重視它並且按照它去生活、去努力、去追求，我們就會處在積極、健康、向上的生活環境之中。不管是男人還是女人，不管擁有哪種膚色或屬於哪個民族，不管擁有多少物質財富或者精神食糧，越早開始運用這些精神法則，就越早能夠取得自己預期的結果和目標，就比其他人越容易成功。

有一個人，經常參加一些短期培訓班，希望藉此能夠激發自己的潛意識。有很多次，在上完培訓班開車回家的途中，他就擬好了一份時間表：每天在什麼時間、分幾次向潛意識灌輸自己的各種願望和想

法，然後就迫不及待地實施起來。因為幾年來，他的經濟狀況一直不見有所好轉，已經到了快還不起貸款的地步了，破產的可能性無時無刻不在威脅著他，那種聲音和念頭天天在耳邊迴響。

參加了每一個培訓班之後的幾天內，他都非常認真地執行自己制訂的計畫。只不過在經過一陣心血來潮之後，他總是能夠找到新的藉口來逃避先前所制訂的計畫，幾週過去之後，一切又照舊了，計畫也被束之高閣了。

又過了幾年，這位老兄終於破產了。痛苦的壓力使得他重新下定決心嚴格按照自己的計畫去做，大約過了一個月之後，他得到了解脫。多少年來，他一直在抗爭，和命運抗爭，和自己的心靈抗爭，用盡心機去掙扎。直到後來他才明白，原來潛意識只是把他的恐懼與焦慮變成了現實，他一直在擔心自己破產，最終的結果當然是破產了，因為潛意識一直在引導著他向破產前進。破產以後，他已經沒有了任何更糟糕的想法，這個時候，潛意識已經在引導著他向好的方向努力了。當他開始有意識地想像自己的幸福、健康和富裕的時候，潛意識在轉變方向的過程中實現了積極的方案，他又重新崛起了。

為什麼會有這麼多的人遭遇失敗，就像這位朋友此前一樣呢？原因就在於他們不準備調轉思維的方向，不能夠也不願意相信潛意識的作用方式。

## 4.善用潛意識讓人更接近成功

下面的一段文章摘自一本叫做《積極的自救方案》的書籍，裡面詳細地解釋了全腦潛意識技術。

閣下的感覺是很自然的。這種潛意識技術是目前廣為人知的一種最有效的方法，利用它可以「順帶」實現目標。你可以在潛意識裡一個字一個字地重新設計現有的方案，由此消滅消極想法與自我懷疑，讓積極的事物取代破壞性的模式。這樣便可獲得成功，而且從裡到外

都是以非常自然的方式在進行。其中的訣竅就是不斷地重複積極的思想。

潛意識技術並不是什麼神祕之物。潛意識作為預知感覺範圍內的一種無意識的訊息，被人定義為「有意識感覺界限之下的言語刺激」，這裡的關鍵字是「感覺」。隔著兩條街外的一聲耳語在頭腦中引起神經元的活動，才能被感覺到。為了簡便起見，你想像一條口頭的潛意識消息像水下的潛艇一樣被帶入音樂和自然的聲籟之中。在頭腦的旅行中，聲波被耳朵接收，然後進入耳道，從那兒被傳遞到鼓膜乃至中耳，依靠壓力波和三個微小耳骨又進入內耳。內耳生有耳蝸和特殊的輪軸結構，是由感官細胞組成，能夠接收聲音刺激，並將產生的脈衝繼續引導至頭腦中。這些脈衝最終使神經元活動起來。

神經元從來不是中立的。它們或是「附著在上面」，或是「出來」。所以，無論是意識的範圍，還是感覺的程度最終都是一次神經元的活動。沒有神經元的活動就沒有感覺。

眾所周知，人的大腦分成兩個部分，即右腦和左腦。左腦負責分析和理性的思維，而右腦則側重於空間和全方位思維。大腦的左半部主管數字和語言，是按部就班的工作方式，而右半部則是創造性和情感的中心，是從全面的觀點考慮問題。左腦是邏輯和推理的地盤，擁有理性模式和反抗機制。泰勒博士的全腦潛意識技術就以此為基礎。他找到了一種方法，用他的閾下訊息與兩個半球建立聯繫。研究結果證明，左半部大腦對訊息的正確性與準確性感興趣，而右半部則是處於隨意聯想的狀態。科學家估計，左半部大腦按照語言規則用子目方式理解語言，而右半部則從全方位的角度接收圖畫型和情感型的東西。右半部大腦的字詞透過一種「無意識反射」的程序被轉化，然後同樣被感知，就像眼睛感覺到世界一樣，只不過這種感覺留在大腦裡。

經過數年的努力研究，泰勒博士開發出一種全腦潛意識過程，它融合了迄今未被大腦研究考慮到的一些認識。將有意義的肯定語句緩慢、規範地說出來，透過一條管道進入左半部大腦。另一條管道用同

樣的聲音輸送錄下的指示，這種播放磁帶的同時也能被感覺到的方法結合了兩部分大腦的功能。

　　簡單的試驗證明，比起一般的歌曲來，人們更容易回憶起規範的音樂，磁帶上的肯定語句都採用特殊的錄音方法規範錄製的，人們在一片20分鐘的磁帶上，以正常的語速錄製了約2000句具有感應作用的話。

　　泰勒博士開發出一種方法，使這些肯定語句始終能與基本訊息載體相符，這樣潛意識總是能夠很好地接收到消息。你聽不到說出的話，好比是不知道飛馳而過的汽車裡在談些什麼或者施工現場旁的熱鬧街道上在講些什麼一樣。

　　鑲嵌到音樂裡的肯定語句透過耳朵進入大腦，然後被電脈衝轉換成有意識的訊息。意識缺乏把語言從音樂中分離的能力，而潛意識卻以它佔有的知識與能力的資源輕而易舉地從聲響中辨認出訊息語句。

　　這不需要耳機。這種方法對成功是有好處的，但不是決定性的。唯一有決定作用的是定時運用它。

　　每天按照這些方案聽上一個小時，至少堅持聽30天。除了日常工作外，每天只要花一定的時間，就可以不費勁地「順帶」開始一種新的生活。

　　這個方案真是太重要了！要想著唯有成功是最重要的，因此需要毅力。如果只聽了幾次磁帶便放棄，那麼什麼也改變不了。

　　有了全腦潛意識技術，我們可以從裡到外，以最自然的方式發展自己。每天至少要讀一遍寫在卡片上的肯定語句，好讓自己熟悉每一句話。而且有意識地懷著欣喜之情，覺得自己一天天地向著目標靠近。

　　在我們長時間聽這種潛意識的磁帶時，最好沒有其他人在場。

　　我們要學會放鬆，讓自己隨著知名作家皮特‧庫莫和他的精神訓練教師和心理醫生莫妮卡‧漢斯的優美動聽的聲音漸漸地放鬆。一定要在放鬆的狀態下做這些工作，絕不要在開車或做其他需要集中注意

力的事情時去聽這些需要放鬆的磁帶。

　　如果在經商，可以聽一聽「成功」的磁帶；如果很害羞、膽怯，不敢拋頭露面，可以聽「自我意識」的磁帶；如果健康有問題，就聽聽「自我痊癒」等等，以此類推。

　　生活中的所有問題幾乎都有相應的磁帶。重要的是，要從思想上拋棄問題，要在頭腦中想像磁帶中描述的積極狀態。如果這樣做了，就能很快解決許多老問題，但是生活有一條簡單的法則：任何事都需要時間。所以要有耐心，一個人成功與否，不在於潛意識是否能夠產生作用，而在於給了潛意識多長時間讓它實現這個目標。

##  5.用潛意識來擺脫自製的樊籠

　　科學家做過一個有趣的實驗：

　　他們把跳蚤放在桌子上，一拍桌子，跳蚤立即跳起，跳的高度均在其身高的100倍以上——跳蚤堪稱世界上跳得最高的動物。

　　然後，科學家在跳蚤的上方罩了一個玻璃罩，再讓牠跳。這一次，跳蚤碰到了玻璃罩。連續多次以後，跳蚤改變了起跳高度以適應環境，每次跳躍的高度總保持在罩頂以下。接下來，逐漸降低玻璃罩的高度，跳蚤每次都在碰壁後主動改變自己的高度。

　　最後，玻璃罩接近桌面，這時跳蚤已經無法再跳了。科學家於是把玻璃罩打開，再拍桌子，跳蚤仍然不會跳，變成「爬蚤」了。

　　跳蚤變成「爬蚤」，並非牠已經喪失了跳躍的能力，而是由於一次次受挫折而學乖了、習慣了、麻木了。

　　最可悲之處在於，實際上的玻璃罩已經不存在，而跳蚤卻連「再試一次」的勇氣都沒有。玻璃罩已經在潛意識裡罩在了跳蚤的心靈上了，跳蚤行動的欲望和潛能被自己扼殺。科學家把這個現象叫做「自我設限」。

　　在我們每個人的生命中，都會面臨許多害怕做不到的時刻，因而劃地自限，使無限的潛能只能化為有限的成就。有人可能一直認為現

在的一切都是命中注定的，現實的一切不可超越，不管持有此觀點的時間多長，都是錯的。我們可以透過改變自己的態度和習慣來改進自己的生活。

許多人其實應該更為成功，但在生活中卻失去很多，因為我們會安於現狀，這比我們能取得的一切少得多。

人們常常在自己生活的周圍築起侷限之牆，並心甘情願地生活在別人強加給他們的侷限裡。這些侷限，有些是家人、朋友強加的，有些是自己強加的。很多人給自己套上限制，認為在一生中不會超過父母，認為自己反應遲鈍，認為缺乏別人擁有的潛能和精力，這無疑使他們實現不了一些目標。

有個農夫向大家展覽一個形狀如同水瓶的南瓜，參觀的人見了都嘖嘖稱奇，追問是用什麼方法種的。農夫解釋說：「當南瓜長到拇指般大小的時候，我便用水瓶罩著它，一旦它把瓶口的空間佔滿，便停止生長了。」

人也是這樣，自我設限，把自己關在心中的樊籠，就像水瓶罩住的南瓜一樣，放棄給自己成長的機會，成長自然有限。

有這樣一位男士，與妻子之間存在許多問題。妻子經常抱怨他自私、不負責任，從來都沒有關心過她。有人問他：「為什麼你不好好跟妻子溝通？」他回答：「我的本性就是這樣。沒辦法，我就是大男人。」這位男士對他行為的解釋，是他的自我定義，源自於過去他一直如此。其實他在說：「我在這方面已經定型了，我要繼續成為長久以來的那個樣子。」人生若保持這種態度，根本就是在扼殺可能的機會，從而給自己留下永遠而無可改變的問題。

標定自己是何種人——「我一向都是這樣，那就是我的本性」，這種態度會加強我們的惰性，阻礙我們成長。因為，我們容易把「自我描述」當作自己不求改變的辯護理由；更重要的是，它幫助我們固持一個荒謬的觀念：如果做不好，就不要做。

一旦標定了自己是什麼樣的人，就會否認自我。當一個人必須去遵守標籤上的自我定義時，自我就不存在了。他們不去向這些藉口及

其背後的自毀性想法挑戰，卻只是接收它們，承認自己一直是如此，這終將帶來自毀。

一個人描述自己比改變自己容易多了。無論什麼時候，要逃避某些事情或掩飾人格上的缺陷，總可以用「我一直這樣」來為自己辯解。事實上，這些定義用了多次以後，經由心智進入潛意識，人們也開始相信自己就是這樣。到那時候，人生似乎定了型，以後的日子好像注定就是這個樣子了。所以無論何時，一旦說出那些「逃避」的用語，馬上大聲糾正自己。把「那就是我」改成「那是以前的我」，把「我沒辦法」改成「如果我努力，我就能改變」，把「那是我的本性」改成「那是我以前的本性」。

任何妨礙成長的「我怎樣怎樣」，均可改為「我選擇怎樣怎樣」。不要做一個困獸，要衝出自製的樊籠，做一個真正的自我，發揮自己的潛能，回歸真正的自己。

## 6.任何時候都不要低估潛意識的能量

人類大腦中的潛意識，總是不斷地在相互碰撞、追逐、擾攘，那裡蘊藏著無窮的寶藏，是人類創造性的泉源。如果低估了潛意識的作用，就將阻礙人類社會的進步與發展。幾乎所有的發明家、藝術家都充滿了幻想和創造性，他們的成果大多是潛意識作用的結果。

有一次，義大利著名男高音歌唱家卡魯索在演出前，突然產生了「怯場」現象。他說，由於強烈的恐慌，肌肉開始痙攣，喉嚨也像是被什麼東西給卡住了一樣，幾乎很難發出聲音。卡魯索驚恐萬分，因為幾分鐘後他就得登台演出。他的脊樑開始「嗖嗖」冒冷氣，渾身冷汗不止。他說：「如果我無法從容地演唱，人們就會嘲笑我，那我不是丟人了嗎？」於是，熟知該如何運用潛意識的他，在後台不住地對心中那個作祟的「自我」說：「你快走開，別干擾我，快讓平時那個正常的『我』回來！你休想阻止我一展歌喉。」他所謂的正常狀態下的「我」，我們可以叫它做「大我」，而阻礙他正常發揮、讓他恐慌

的「我」，我們可以把它叫做「小我」。而所謂的「大我」就是潛意識中所具有的無窮力量與智慧。他不停地大聲說：「走開，快走開！『大我』需要出場了。」

卡魯索的潛意識做出了回應，他的體內產生了蓬勃的力量。當布幕開啟時，他充滿自信地走上台，嗓音剛勁有力，雄渾而滿懷感情，所有在場的觀眾都被他的聲音所吸引。

顯然，卡魯索了解兩種思維模式「大我」與「小我」之間的關係，也就是意識性思維（即理性思維）與影響著意識性思維的非理性思維之間的關係。當意識性思維（「小我」）充滿恐懼、憂慮與慌亂時，我們的潛意識思維（「大我」）就會產生消極情感，使我們被驚恐、不祥、絕望的情緒所籠罩。如果出現了這樣的情形，我們不必驚惶，只需平心靜氣，盡量保持鎮定，並對自己體內的「小我」說：「你趕快閉嘴」；「我能控制你」；「你必須服從我，聽我指揮」；「我不允許你干擾我的事情」。

對於意識與潛意識的差異，或許我們可以援引說明：意識性思維就如一艘航船的舵手或船長。他指引船隻的航向，給船艙內的工作人員下達指令，使後者對儀表板、鍋爐及其他動力設備進行相應的調控和操作。他們只有在接到指令後，才能了解船隻所處的位置和前進的方向。不過，如果得到的指令存在誤差或紕漏，那麼，船隻就可能觸礁沉沒。

船長是一船之首，他的指令將決定航船的命運。同樣的道理，意識性思維引導著我們的潛意識「航船」的方向。根據我們的意識性思維所下達的命令，我們的潛意識將產生同一性質的回應。

## 7.不要對自己說「我不行」

導致人生失敗的原因有很多，其中最致命的原因就是一個人對自己失去了信心。換句話說，他並不知道自己所具有的潛能，對於潛意識的力量一無所知，或對其產生作用的方式缺乏了解。如果我們了解

它的特點、意義和作用，就會獲得十足的自信。但必須記住：一旦潛意識思維接受了某思想或者觀念，它就會立刻付諸實施。它會動用各種可能的力量和手段以實現這一目的。

前面我們曾經介紹了如何開發潛意識思維，但是切記對大腦不能進行強制性「刺激」。對於「強迫」，潛意識不會作出任何反應：只有我們的信心及意識性思維的充分認可，才有助於潛意識發揮作用。另外，我們還要注意，千萬不要在頭腦中時常出現某些不良的、負面的陳述，如「事情越來越糟糕了」，「我永遠也不可能成功」，「我沒有希望了」，「我腦子裡簡直是一鍋糨糊」這樣的話，它們是潛意識最大的敵人，會使我們自取其害。

比如某人坐上了一輛計程車，司機必定會問他去哪裡。他開始說去北門，後來又說去善導寺；再想想，又說去南京西路；短短幾分鐘的時間，換了好幾個地方，方向變了又變，把司機弄得一頭霧水。最後，司機只好把他「請」下車。對於潛意識，其實也是這個道理，我們頭腦中的想法必須清晰、明確，而不能像一團亂麻。只有頭腦清晰，我們的潛意識思維才會走在坦途之上，不至於誤入死胡同。

有這樣一個故事，一個機械師在修好鍋爐後向主人索取200美元作為報酬。主人很不高興，他看到機械師修鍋爐時好像很簡單的樣子，根本沒費什麼力氣，怎麼要這麼多錢呢？於是，他指責機械師太貪心，竟然亂要價，還聲稱要到有關部門去投訴他。機械師並沒氣惱，而是冷靜地回答說：「先生，按照有關規定，修理損壞的螺帽要5美分，知道鍋爐哪裡出錯要199美元95美分。」主人聽到這樣的回答，頓時啞口無言，只好乖乖掏錢。同樣，潛意識思維是一個人頭腦的「機械師」，它知道我們的身體、生活哪裡出了問題，該如何進行修復和調整，但我們要為它創造良好的外部環境。

我們再舉一個例子，以說明良好的外部環境對於克服焦慮、建立自信的重要性。著名插圖畫家愛德華·威爾遜在年輕的時候，覺得在公眾面前講話是一件非常可怕的事情。但是，在一次作家和藝術家的聚會上，人們強烈要求他說幾句話，人們的熱情讓他無法拒絕。演

講那天，他緊張得要命，甚至認為他根本不可能完成那個演講。他想不出有什麼要說的，只是出於一種責任感，他沒有逃跑。在演講的前一天，朋友們邀請他共進午餐。為了不讓自己煩惱的情緒影響大家，他故意裝出一副十分高興的樣子。他談起在芝加哥放蕩不羈的往日生活，朋友們聽得興奮不已、大笑不止。他第一次感到自己能讓那麼多人聽得津津有味，心中不免有了一分信心。於是，他草擬了一份演講稿，主要講他年輕時在芝加哥是如何開始他的藝術生涯的。寫完，他讓打字員幫他列印出來。打字員交回稿子的時候對他說：「這簡直是一篇絕佳的演講稿，我在列印的時候被它深深地吸引了，以至於無法控制我自己的感情。」

這些話改變了威爾遜的心態，他開始對自己有信心，預感到自己會成功。於是，他不斷對自己說：「我能夠成功，連打字員都對我的演講稿讚不絕口，我應該對自己的能力深信不疑！」當他出現在宴會上時，他原來的痛苦和緊張感都沒有了，反而充滿了自信。他的演講吸引住了所有在場的觀眾，這連他自己也沒有想到。

## 8.開發和利用自己的潛意識

經過反覆的自我暗示改變自我意象，我們可以樹立必勝的信念，並使自我產生積極的行動，從而達到預期的目標。

既然潛意識包括這麼多的奧妙，那麼我們該如何開發和利用它，以使它得到最大限度的發揮呢？

首先，應該訓練開發潛意識無限的「儲蓄」和記憶功能，為我們的聰明才智奠定更為廣闊、雄厚的基礎。如果想建造高樓大廈，就必須先儲備好各種各樣的建築材料、裝修材料、設計圖紙、建築技能、建築機械等。同樣，如果想追求成功，就應該不斷學習新的東西，給自己的潛意識不斷輸入新養料。要想使自己的大腦更聰明、更富有智慧、更富於創造性，就必須給潛意識輸送更多的相關資訊。

為了使我們的潛意識「儲蓄」功能效率更高，可採取一些輔助性

的手段，如重要資料的重複輸入、重複性學習、增加記憶功能、建立資訊庫、分類保存各類檔等，一邊協助潛意識，為創造性思維和其他聰明才智服務。

其次，要訓練對潛意識的控制能力，使它為我們的成功服務，而不是把我們的前途引向失敗。如上述所說，由於潛意識「是非不分」，不管是積極的、消極的，它都會吸收，並且常常跳過意識而直接支配人的行為，或直接形成人的各種心態。所以，在某種意義上，「成」也是潛意識，「敗」也是潛意識。因此，要訓練自己，努力開發利用有益、積極、有助於成功的潛意識，對可能導致失敗、消極的潛意識，必須加以嚴格的控制。我們應該珍惜潛意識中原有的積極因素，並不斷輸入新的、健康的訊息資料，使積極、成功的心態佔據統治地位，成為最具優勢的潛意識，使之成為支配我們行為的直覺性習慣和「超感」意識。對一切消極、失敗的心態和訊息進行控制，不要讓它干擾我們的正常生活，不要讓它進入我們的潛意識。

如果遇到消極性訊息，可採取兩個辦法加以控制：一是立即抑制、迴避它，不要讓其「污染」我們的大腦思想。對於過去無意中吸收的消極訊息，永遠也不要提及它，把它遺忘，讓它沉入潛意識的海底。二是進行判斷性分析，「化腐朽為神奇」。要用成功的、積極的心態，對它們進行深入分析和評價，化害為利，如同使有毒的草化成肥料一樣，把它們變成有益於成功的思想意識。

最後，開發、利用潛意識自動思維創造的智慧性功能，幫助我們解決問題，獲得創造性靈感。潛意識蘊藏著人的一生於有意無意間所感知或認知的訊息，並且能夠將它們自動排列、組合、分類，產生一些新的信念。所以，我們可以給它指令，把各種美好的夢想、碰到的難題轉變成清晰的指令，經由意識轉到潛意識思維中，然後放鬆自己的身心，等待它給我們答案。

很多時候，我們冥思苦想一個問題，但想了很久也想不出答案。可是，過了一些日子，或者一覺睡醒，或者在洗澡時，從大腦中突然「蹦」出一個答案或者靈感。所以，我們要隨時隨地準備好紙和筆，

記下所有轉瞬即逝的靈感。

歸納起來，潛意識有六大特徵：能量巨大；喜歡帶有感情色彩的訊息；不識真假，唯命是從；易受圖像刺激；記憶性差，需強烈刺激或重複刺激；心態放鬆時，各種訊息最容易進入潛意識。為此，美國著名潛意識專家博恩・崔西提出了用「刺激法」啟動潛意識的原則，即：

（1）聽覺刺激法。當我們在恐慌、害怕、缺乏自信的時候，大喊幾聲，可以立即恢復信心和力量。聲音的力量可以影響我們的信念，為我們帶來積極的效果。

（2）視覺刺激法。在房間裡掛起一塊「夢想板」，把自己的目標畫成圖畫，剪下並貼在夢想板上，天天觀看。這可以時時刺激我們的潛意識，使之幫助我們達成夢想。

（3）意向刺激法。利用潛意識「不分真假」的原理，在大腦中引導我們所希望的成功場景，從而達到替換潛意識中負面思想的目的。透過反覆的自我暗示、改變自我意象，我們可以樹立必勝的信念，並使自己產生積極的行動，從而達到預期的目標。

## 9.用潛意識來激發自己的潛能

人類生來是為了成就事業，每個人的生命裡都有一顆偉大的種子。每個人都是有價值的人，有能力創造美好事物。然而，如果只聽到別人說我們不夠資格，我們多半會相信他們的話。如果別人不斷告訴我們如何去做，為了要贏得大家的認可，我們也一定會照著去做。

傳道士比爾在監獄傳福音時得知，有90％的犯人的父母都經常告訴他們：不論他們如何努力，到頭來總會又回到監獄。他們聽後，也就自暴自棄，不思進取。許多偉大的發明家、創造者、哲學家和天才，被當成「瘋子」、「傻瓜」、「白癡」。但是他們孤軍奮鬥，對抗人們的嘲諷和漠視。

美國北卡羅萊納州杜克大學超心理學實驗室的萊恩博士，就讀於

芝加哥大學時，聽了亞瑟・柯南道爾的演講，開始研究心靈的現象，想要以科學的方法探索並開發人類意志的未知力量。他決定在大學擔任教職，有人警告他，如此將使他的聲望受損；他的朋友紛紛阻止他，有些乾脆不再與他往來。「我必須找到自己的路，忠於自己。」萊恩對自己說。他忠於自己，終於在科學界受到肯定和推崇，成為舉世知名的專家。幾十年來，他打破禁忌，忍受漠視、敵對和嘲諷，甚至曾經從醫院廢棄不用的儀器中找出自己可用的零件拼裝成實驗器材。

是否有人執著於一個偉大的理想？許多大學教授付出所有的時間，努力追求能使全人類受惠的真理；他們不但缺乏研究經費和設備，甚至無法負擔自己和研究人員的生計。

即便外界給我們不好的評價，也不要放棄自己。畢竟，我們是唯一能夠決定如何開發自己潛能的人。

富蘭克林・羅斯福小時候是一個脆弱膽小的男孩，臉上總顯露著一種驚懼的表情。如果被老師喊起來背誦，他立即會嚇得雙腿發抖，嘴唇顫動不已。

像他這樣的小孩，自我感覺很敏銳，迴避任何活動，不喜歡交朋友，成為一個形單影隻而自憐的人。如果他停止奮鬥、自甘墮落，那是相當自然而平常的事情。他可以花費許多時間去洗溫泉，服用維生素，並花時間航海旅行，整天躺在甲板的躺椅上，希望恢復自己的健康。

但是他卻不這麼做。他不把自己當做嬰兒看待，而是要使自己成為一個真正的人。他看見別的強壯的孩子玩遊戲、游泳、騎馬或進行其他一些激烈的活動，他也去做，他要使自己變為最刻苦耐勞的典範。如此一來，他覺得自己很勇敢。當他和別人在一起時，覺得自己喜歡他們，並不願意迴避他們。由於他對別人感興趣，自卑的感覺便無從發生。他覺得當他用「快樂」這兩個字去接觸別人時，就不覺得懼怕別人了。他雖然有些缺陷，但從不自憐自艾；相反地，他相信自己有一種積極、奮發、樂觀、進取的心態，激發了他的奮發精神。

　　他的缺陷促使他更努力地去奮鬥，他不因為同伴對他的嘲笑便減低了勇氣，他喘氣的習慣變成一種堅定的聲音。他透過堅強的意志，咬緊牙關使嘴唇不顫動而克服他的恐懼。而他正是憑藉著這種奮鬥的精神、這種積極的心態，最終成為了美國總統。

　　他不因自己的缺陷而氣餒，他甚至加以利用，將其變為資本、變為扶梯而爬到成功的巔峰。在他的晚年，已經很少有人知道他曾經有嚴重的缺陷。美國人民都愛戴他，他成為美國最得人心的總統，這種情況是前所未有過的。他的成功是何等的神奇和偉大，然而他身上的先天缺陷又是何等的嚴重，但他卻能毫不灰心地努力去做，直到成功的日子到來。

　　羅斯福成功的主要因素在於努力奮鬥和自信自強，更重要的是從不自憐自卑。他相信自己，不低估自己的潛能，正是這種積極的心態鼓勵他去努力奮鬥，最後終於從不幸的環境中找到了發揮潛能的秘訣。羅斯福發揮潛能的方式是何等的簡單，然而卻又是何等的有效！這是每個人都可以實行的。

　　在充滿競爭與挑戰的大千世界裡，具有某種缺陷的人雖有自顧自憐、不求進取、無所作為的充分理由，也有克服缺陷、改變自我的機遇和條件。也就是說，在獲得事業成功的道路上，他們需要比沒有缺陷的人付出雙倍的艱辛，需要更深入地開發自己的潛能。

# 用潛意識來堅定
# 目標的選擇

##  1.一切成就都始於積極的目標

如果我們問一個成功的人士，他成功的祕密是什麼，他的回答一定包括堅持。誰放棄誰就成不了贏家，而贏家是從來都不放棄的。

比方說一個人練習長跑，每天都跑相等的距離，那麼他總是在經歷新的進步。如果跑指定的一段平路，一開始很可能經常停下來休息片刻、喘喘氣，然後繼續跑下去。第一次跑的時候停了三次，時間長了，停下來休息的次數可能會降到兩次或者一次，這個時候他也許挺滿意。在一個陽光明媚的日子裡，經過緊張的訓練，他終於能夠一口氣跑完全程，而且一次比一次跑得快。但突然有一天，他對這段路連瞧也不願意再瞧一眼，感到厭煩透了。他對它的每一塊地方都瞭若指掌。於是他選擇了另一段道路練習，它再也不是平路，不太容易，挑戰的過程又重新開始。他希望能不斷地向自己挑戰，這是個很好的念頭。精神訓練也是同樣的道理，必須堅持不懈地經歷各種艱難困苦，毫不氣餒、永不放棄。

觀看過塑像揭幕的人一定有一種特殊的感覺。當白布還蒙在塑像上的時候，只能看出裡面大致的輪廓；當白布被拉下來時，塑像的每一個側面都可以看得清清楚楚。假如有一天，有人經歷了一場「精神塑像的揭幕式」的話，他一定會感激地想：我已不再是從前的自己。現實生活中，正是那些偏見、怨恨和嫉妒的思想損害了許多人，這樣的思維方式會阻塞我們每一個人的生活。

有人到陌生的地方旅遊過，在那兒能看見乾涸的河床。走出幾公里之外，也許就會找到其中的原因，原來是一道大壩擋住了河水。同樣的道理，恐懼、仇恨、嫉妒、牢騷和偏見也會阻礙人的生活泉源，它們要對我們這個時代所有的文明病負主要責任。因此，人需要把自己造成的內心緊張與障礙通道消除掉。首先要學會原諒自己，然後把在頭腦中糾纏的人釋放掉。擺脫敵人的最好方法就是去讚美他，在我們的腦子裡，讓他從敵人的身分變成普通人甚至朋友。另外一些被我們視為絆腳石的人，說不定正過得悠然自得，而我們自己還深深地陷

在困惑之中。當我們能夠心平氣和、不懷仇恨地想一個人的時候，就可以從精神上釋放了他，他再也不會在我們的腦子裡打轉了。舉個例子來說，我們平靜地坐下來，全身放鬆，對這個讓我們絞盡腦汁的人說：「我知道，你跟我一樣是無窮智慧的兒子。你有權利按照你自己的方式去做，我沒有意見。現在我要拋棄所有對我們倆都沒有好處的想法，把你從我的精神中放出去。」

如果這樣做了，很快就會感覺到，自己的內心再也沒有對抗，已經把這些障礙掃除了，生活的大流又可以自由自在地向前奔騰了。對所有曾經「在意」的人，都可以這樣去做，直到內心沒有任何對抗與鬥爭為止。

這樣的經歷是一種美妙極了的感覺，就好像帷幕落下來，而我們偷偷看見後面隱藏著的事物。這就是新的自我誕生的時刻，我們心靈的翅膀似乎撲打著，馬上就要高高地飛翔，為了去發現一個更新、更美、更豐富的世界。

## 2.在目標實現過程中不要強迫潛意識

法國著名心理療法醫師里‧庫埃曾經說過：「如果你的目標與想像之間發生衝突，那麼後者將會佔據主導。」

他還舉了一個例子說明：「倘若你奉命在地上放著的一塊木板上行走，那麼這在你來說，實在是易如反掌。現在，假如這塊木板搭在兩堵高牆的牆頭之間，離地面足有兩層樓高；那麼，你還能夠無所畏懼的在上面行走嗎？你行走於其上的願望很容易會被你那個唯恐從上面掉下去的想像力所抵銷。於是，你在木板上行走的願望、意志乃至事實上的行動，在片刻之間就會發生逆轉，擔心失敗而從木板上掉下來的念頭很快就佔了上風。這樣的大腦意識不啻為打擊自己的信心，最終導致走向願望的對立面。」

「其潛台詞就是：你做出了『無力改變局面』這一自我暗示。這種自我暗示的力量是如此強大，致使潛意識思維受到抑制，潛意識就

聽命於誰。因此，避免或禁止在祈禱時產生不必要的想像，是你的目標得以實現的重要前提。」

　　向潛意識說出自己的要求和渴望是必要的，但要完成這一過程，需要全身放鬆、心態平和地進行。只有這樣，潛意識才能自主工作並發揮力量。不要過分關注過程之中的細節和手段，重要的是我們的心態。不論何時，每當想要解決的問題得到了解決，就要記住這種成功後的快感。當我們從一場大病中痊癒，那種難以愉悅的喜悅之情理應伴隨我們左右。要時刻用那些快樂的事情來充實我們自己。

　　運用潛意識思維時，不要使用意志力，不要假定會存在任何對手。唯一需要做的，就是想像目標實現後的那種喜悅和高興的狀態。這時，我們將會發現：自己的某些「悟性」與「智慧」總想擋住潛意識的前進之路。別去管它，盡力保持一份單純而強烈的信念，它終將產生奇蹟。

　　要潛意識做出有效的回應，一個相當可行的方案是，運用一切科學的手段「啟動」頭腦中的想像力。具體的方法是：首先，對問題進行分析；其次，把解決問題的任務下達給我們的潛意識思維；最後，醞釀情感，對潛意識的能力寄予完全的信任，堅信問題一定能夠得到解決。我們的言辭要充滿無限的權威、充滿堅定的力量，要對自己說「我一定能夠痊癒」、「我相信將一切順利」。

　　很多人可能都會有這樣的經歷：參加考試時，當拿到考卷的一瞬間，經常會發現，原來熟記於心、背得滾瓜爛熟的東西一時都想不起來了，只覺得頭腦中一片空白，回想不起任何和考試內容相關的東西。這時，如果越是拚命想某些東西、就越是想不起來。在這種情況下，最好的選擇就是暫時把它放棄，做那些你可以記住的東西。等到把全部試題都答完了，再回過頭思考剛才想不起來的問題。還有些東西，在考試時間內難以想出它的答案，但是當走出考場，心中的壓力全都解除之時，那些我們怎麼想也想不出的問題，卻神不知鬼不覺地跑了出來。以強迫性意識進行記憶，正是考場的大忌。

　　對大腦使用強迫性力量，其實是自己給自己預先設下了對立面。

如果思維集中於解決問題的方法或過程，那麼，它就不會關注於問題本身。對於任何想法、願望或頭腦意象而言，意識與潛意識之間必須達成某種默契。只有二者之間不存在任何的衝突時，答案才會出現。

## 3.除非有目標，否則難成大事

在做事之前，請先想清楚自己要的究竟是什麼。如果一個人僅僅靠一份工作或順利的職業生涯，便宣告成功，無疑是否認自己是個生來就有所作為、有意義的生命體。你過去或現在的情況並不重要，重要的是你將來要獲得什麼成就。除非你對未來有理想，否則你就難成大事。

如果我們現在的生活一切順意，而且有發揮能力的足夠空間，工作或事業也不是問題。就在此時，要處理的是「自我」，是一種追尋，要追求一種能使生命圓滿的努力方向。如果認為只有特殊重要的人物才會擁有生命的目標，我們就永遠也無法逃離凡夫俗子的命運。生命目標是對於所期望成就事業的真正決心。目標比幻想更貼近現實，因為它似乎易於實現。

正如空氣對於生命一樣，目標對於成功也有絕對的必要。如果沒有空氣，人們就無法生存；如果沒有目標，人們就無法取得成功。沒有目標，就不會做任何事情，也不可能採取任何步驟。如果一個人沒有目標，他就只能在人生的旅途上徘徊，永遠到不了任何地方。所以，對想去的地方，我們要事先有個清醒的認識。

可以想像一下，很多人終日盲目地四處漂泊、心懷不滿，但是並沒有一個非常明確的目標。是否現在就能說說自己想在生活中得到什麼呢？

進步的企業或組織都有10年甚至15年的長期目標。經理會經常問自己：「我們希望公司在10年後是什麼樣子？」然後根據這個問題來規劃應有的各項努力。新的工廠並不是為了適合今天的需求，而是滿足5年、10年以後的需求。各研究部門也應針對10年或10年以後的產品

進行研究。

人人都可以從這個企業學到一課，那就是：我們也應該計畫10年以後的事情。如果希望10年以後獲得成就，現在就必須付出努力，這是一種重要的想法。就像沒有計畫的生意將會失敗，沒有生活目標的人也會變成另外一個人。因為沒有了目標，我們根本無法成長。

確定目標可能是不容易的，甚至會包括一些痛苦的自我考驗。但無論花費多大的努力，它都是值得的。因為，沒有目標，我們便會無的放矢、無處歸依；有了目標，才能有鬥志，才能開發我們的潛能。

從此，我們的潛意識開始遵循一條普遍的規律進行工作。這條普遍的規律就是：「人能設想相信什麼，人就能用積極的心態去完成什麼。」如果預想出我們的目的地，潛意識就會受到這種自我暗示的影響。它就會進行工作，幫助我們到達那裡。如果知道自己需要什麼，就會有一種傾向：試圖走上正確的軌道，奔向正確的方向。於是，我們就開始行動了。

從此，我們的工作變得有樂趣了，因受到激勵而願意付出代價，能夠預算好時間和金錢，願意研究、思考如何設計目標。我們對目標思考得越多，我們就會越有熱情，我們的願望就會變成熱烈的願望。

從此，我們已了解自己獨特、與眾不同的一面，接受自己有待實踐的生命目標。如此一來，我們的生命目標可能會帶給他人不同的啟示。這一切無須外求，無關乎淵博的學識或豐富的生活經驗，要做到的僅僅是重視自己，並相信自己的生命與其他人同等偉大。

在追求目標的過程中，不懈的努力會讓人獲得成功經驗。成功的經驗可以讓人明白自己的長處和生存的特殊價值。在這樣的時刻，我們能高度肯定自己，了解自己的存在舉足輕重，進而獲得一種滿足感。成功經驗的確象徵著不平凡的意義，但問題是：它們是如何產生的，那樣美好的感受該如何創造，以後還會有嗎？

找到生命的目標就好比是找到了開發自我潛能的鑰匙，這是開發生命「礦脈」的關鍵。不論付出多少，只要能發揮自己的潛力，就會體會到生命的意義和價值。為了登上生命的巔峰，為何不大膽付出、

盡情發揮呢？

##  4.學習不斷地描繪自己的目標

在人生的海洋中，大約有95％的船是無舵之船，總是漫無目的地漂流。面對風浪海潮的起伏變化，他們束手無策，只有聽其擺布、任其漂泊。結果他們不是觸岩，就是撞礁，以沉沒而告終。還有約5％左右的人擁有方向、目標，又研究了最佳航線，同時學習了航海技巧。這些船從此岸到彼岸、從此港到彼港，有計畫地行進。他們像現實中的船長一樣，既熟知下一個停泊或通過的港口，也深知航船的目的地。即使航行的目的地暫不明確，也能清楚地知道目標的特性、目的地應有的東西和現在航行所在的水域。如果出現大風巨浪或意想不到的天災人禍，他們不會慌張，因為他們知道，只要把應做和能做的都做到，那麼抵達目的地就是確定無疑的事。

大衛・威爾士從小就立志當一名律師，唯一的問題是他得了一種喪失部分閱讀能力的病，他所看到的文字都是反方向呈現的。大衛上小學的時候，必須靠父母把學校的功課念給他聽，他再把答案念給他們，請他們寫下來。念書都是這樣艱苦，難怪很多人都覺得他的律師理想只是癡人說夢。

後來，大衛進了威斯敏斯特大學讀書，別人用筆做筆記的時候，他就用錄音做為筆記。所有的考試也都要用打字機打下來。就這樣，大衛大學畢業了，但沒有人認為他還能進法律學院深造。可是大衛是個永不言敗的人，進入法律學院後，他把每堂課的講課內容錄下來，回去後再反覆聽。不上課的時候，他就總待在圖書館裡研究自己的課程，一個字一個字困難地摸索著。他的期中和期末報告，都是由自己口述、別人代寫的。大衛的理想是成為一名律師，很多人告訴他，他絕對做不到，還不如趁早放棄。但他願意為那個目標付出必要的心血，最終，他成了一位知名的律師。

是什麼原因使我們的目標無法實現呢？不要說自己有那麼多的

困難，看看大衛，誰還有什麼好說的呢？目前，他又忙著其他的目標呢！請把眼光越過困難，看著自己的目標，這樣就能成為一個行動家，達到自己的目標。

達成目標的重要方法之一，就是在心裡明確地把目標描繪出來，要很有把握地想像成功之後的情況，千萬不要漠不關心。例如學習英語會話，如果想要進步，就必須在心中想著以後自己能用很流利的英語來和外國人交談的場面。

每天對這種心理的想像做一番確認，不論是清早還是睡眠之前，都是很合適的時間。如果能持續不斷地做下去，那麼，在我們的潛意識裡，這種想像會變得越來越有真實感，而這樣的真實感會促使你盡全力發揮潛在的精力和才能。

潛意識往往表現在行為上，也就是說我們的行動時常受到潛意識的控制。如果能掌握潛意識的作用，再加以巧妙地運用，那麼，我們心中所想的終有一天會成為現實。

確認目標的關鍵是把目標說出來或寫在紙上。這樣，把原來在心裡想的東西改成用耳朵來聽、用眼睛來看，同時加深腦中的印象。每天反覆做，一段時間之後，自然會產生自信。

由於潛意識的不斷督促和指揮，神奇的創造力由我們的身上不斷發揮出來。這樣一來，達成目標就再也不是一件難事了。但是，也不能小看消極的想法，盡量放棄消極、無法做到的想法，代之以積極、肯定、強烈的信念，來充實我們的精力。

把「我可以做」、「我要成就一番事業」等積極想法不斷地灌輸進我們的內心。不久，想法中消極的部分消失了，我們的心中自然都是積極的想法。如果把心裡所想達到的事情擱置下來或只在口頭上說說而已，我們的目標就永無實現之日。我們應該向著成功的目標，每天一定要做出一點事。

一年的目標在遠方，十年的目標在更遠的地方，但是一天的目標若能達到，心中所湧現出的自信會使我們的潛能發揮到極致。所謂大目標、大事業，全是由每天實現的小目標累積而成的。不管目標有多

大，只要從小的地方開始著手，就一定能夠成功。把目標寫在紙上，純粹是為了能用眼睛來確認心中所想的事，這叫做「目標視覺化」。大家可以買一本剪貼簿，把自己所寫的目標圖貼上。假如記錄中記有「新房子」一項，就去找雜誌，找到想要的那種房子，把它剪下來貼在剪貼本上，而且還要加上美麗的庭院、豪華的大門、結滿果實的樹木。如果記錄中有「五年以後要當科長」一項，就畫一張自己坐在科長位子的圖畫。同時，不要忘記放在桌上的裝飾品，如檯燈、辦公用品、電話等東西。

「目標視覺化」的目的是為了要使目標在我們的潛意識發生作用。所以，應該常拿出剪貼簿來翻閱，要一頁一頁仔細地看，看的時候不要只對裡面的內容想「我想要……」、「我很喜歡這個樣子……」，而應全神貫注，認為這就是自己以後的寫照。記住，必須要用這種感情來對待才行。利用剪貼本不斷提醒自己，會使我們產生「我一定能做得到」的想法，而走向成功之路。

## 5.在通向目標的路上，要堅持積極的想像

30年之前，當一對夫婦中的妻子還是小姐的時候，聽說距離她家不遠的地方有一個介紹紐西蘭的幻燈片的講座，於是就約上兩位好朋友一塊去聽，這兩位好朋友都是和她一樣年輕漂亮的女孩子。在那個講座上，有關紐西蘭的美麗富饒、多姿多彩及它的植物和各種風情，都讓她非常感動，特別是南島西部海岸的大片油綠的熱帶雨林及其巨大的蕨類植物深深地迷住了她。三年之後，她結婚了，不久就有了一對雙胞胎。於是，她就把去紐西蘭旅遊的夢想深深埋在了心底，只是貪婪地閱讀所能夠找到的有關夢想之國的書籍。

時間過得很快，這一年的耶誕節前夕，他們的小女兒到了結婚的年齡。在隆重而盛大的婚禮舉行之後，新婚夫婦邀請父母在耶誕節之後一起去滑雪度假，於是他們和孩子們一道去奧地利的蒙塔村玩上三週。

聖誕前夜，裝有滑雪工具的箱子和衣服已經全部準備好了，女婿這個時候才向他們解釋說，滑雪度假是騙他們的，他們可以把附有風帽的厚衣服和毛衣取出來了，因為他們已經用不著那些東西了。說完之後，女婿就把一個信封放到了桌子上，請他的岳父岳母打開看看：女主人滿腹疑惑地打開了信封，從中抽出一封信來，她立刻認出這是小女兒的親筆所書，於是就屏住呼吸念了起來：

「親愛的媽媽，我們騙您們說一塊去蒙塔村度假，但我們是想給您們一個大大的驚喜。我們為您和爸爸預定了去紐西蘭的機票。後天，您們將乘坐紐西蘭航空公司的飛機由蘇黎世飛往奧克蘭，在那裡度假三週。到那裡後的第三天，您們就可以周遊北島、南島了，您們的旅行就可以正式開始了，您終於可以看到您所熱愛的巨型蕨類植物了。我們倆不得不在蒙塔村湊合一週的時間，因為沃爾夫有公務在身，實在沒有時間，所以就只好如此了。」

看完信後，她從信封裡抽出兩張飛往她嚮往已久的神聖目的地——紐西蘭的機票，感到是那麼不可思議。整個晚上，這對父母都沉浸在巨大無比的幸福之中。

這位母親一輩子就這麼一個夢想，她不斷地在向它靠近。許多年以後，夢想終於成為了現實。表面上看，夢想是透過她的女婿來實現的，然而潛意識是可以透過成百上千的管道來實現願望的。

要充分相信自己的潛意識，而且首先是不要命令它用何種方式來實現願望，這一點非常重要，只要把內心的願望這一重要訊息傳達給潛意識，我們就做了應該做的。至於如何到達願望實現理想，潛意識會在無形中逐步指引你向它靠近。如果給它指定了通往願望的途徑，結果很可能會適得其反，欲速則不達。如果我們整天去考慮如何依靠潛意識的力量迅速快捷地到達目的地，那麼結果很可能只有一個，那就是不斷失望，每天都生活在失望與痛苦中不能夠自拔。所以，請每個人務必停止幻想讓潛意識按照何種步驟實現願望，只有這樣，我們

才能夠真正享受到潛意識所帶來的實現願望的驚喜感。

在通向目標的道路上，每個人都應該學會接受生活中發生的大小事件，將其視為理所當然，要堅持積極地想像。如果把自己對目標的信念與想像當成燃料，不斷地給潛意識這台引擎加油，那麼我們的潛意識就可以運行了；同時，我們會距離自己的目標越來越近，成功的可能性就越來越大。

## 6.弄清楚自己究竟想要什麼

許多人根本就不知道自己到底想要什麼，只知道不想要什麼，然後成天唉聲嘆氣、怨天尤人。問問身邊的同事、朋友、家人和親戚，他們想要什麼東西，他們的真正目標究竟是什麼，聽到大多數的答案是「反正我不想……」，而不是「我想……」。多數人的問題在於用否定，而非肯定來表達自己所有的想法。我們已經知道潛意識對否定和肯定都是一視同仁，只不過結果相左。於是，很多人的生活都產生了形形色色的問題，原因正是由於他們的無知，這種對自己的真正需要並沒有明確目標的無知，使得自己內部的「電腦」執行了錯誤的程式和指令，就只有產生錯誤的結果。假如每個人都能夠很清楚地知道或確定自己究竟想要什麼，事情的結果就不會那麼糟糕，因為潛意識就會指引我們向著目標努力，而不是漫無目的地瞎碰亂撞。

一個人和妻子去攀登澳洲的艾爾斯山，途中在愛麗斯泉市休息了一天，該市被稱之為澳洲的紅色中心，距離艾爾斯山大約有幾百公里的路程。那天的天氣非常炎熱，頂著五十多度的高溫，他們來到了這片綠洲。從機場去飯店的途中，夫婦倆看見一些土著居民，他們三三兩兩地在樹下坐著或躺著，什麼事情也不做。到了飯店，他詢問服務台為什麼這些人看上去如此潦倒，為什麼白天在樹下喝啤酒而不去工作。服務員告訴他，國家每個月都會給他們一點補助金來養活他們。因此，他們不需要每天出去很辛苦地工作賺錢，時間一長，也就習慣了這種生活。從土著居民的生活狀況來看，政府給予他們的補助金已

經很多了，用這些錢支付平時的日常生活開支已是綽綽有餘，其原因不外乎兩個：第一，在這樣的氣溫下，屋裡比外面要更加悶熱，他們根本就不需要住房；第二，這點錢足夠買食品和飲料，他們完全不必為生計憂愁，也就沒有出去工作的動力了。

長此以往，那些土著居民便屈從於他們的命運，像牛馬一樣度日，幾乎沒有一個人想去努力打破這種惡性循環。他們就像群居動物一般穿著布袋在沙漠上遊蕩，不再有任何的理想和願望，唯一的想法就是能夠安安靜靜地過完每一天。他們的潛意識只接受大腦傳遞過來的這種訊息，思維方式已經被固化。

兩週以後，夫妻二人在雪梨又看到了另外一種土著人，他們談吐得體，衣著也非常整潔，而且令人感到吃驚的是，他們還駕駛著豪華的汽車。為什麼會這樣呢？這其實就是放棄與奮鬥的重大差異、兩者生活的天壤之別，足以證明有一部分人不願意放棄，克服一切困難去爭取幸福，最後實現了願望。原因是他們有一個目標，而且還要像這塊土地上的白人一樣去實現自己的目標。直至最後，目標變成了現實，這是因為他們曾經上千次地在想像中經歷和享受了今天的結局。在想像中崛起和在安逸中死去，正是這兩種土著人之間生活的巨大差異的最根本原因。因為，兩種土著人的潛意識完全不同，由此而產生的結果也當然會有天壤之別。

束縛人的枷鎖大多是由人自己套上去的。在距離雪梨市不遠的海灘上，有兩個衝浪的澳洲人，他們很年輕，看樣子是好朋友。一個高個子嘗試著站在滑板上衝浪，掉下去十幾次都沒有成功。於是，他失去了耐心、放棄了努力，索性躺在滑板上，隨著波浪起伏，欣賞起周圍的景致來，頗為自得其樂，一副悠閒的樣子。他覺得就這樣也是很快樂的，為什麼非得去努力做那個總是失敗的動作呢？

另外一個人是個小個子，他也遇到了與高個子同樣的困難，總是從滑板上摔下來，摔的次數甚至比高個子還要多。但是與高個子不同的是，每次從滑板上跌下來，他就再爬上去重新來，從來都沒有放棄過嘗試和練習。這些都是上午十一點鐘的事情，到了下午五點鐘左

右的時候，情況發生了很大的變化，高個子仍舊躺在滑板上，依然悠然自得地觀賞著四處的景色；而那個小個子則已擺動著雙臂，十分自如地滑水，再也沒有掉下去過，因為他已經成功了。根據這件事來判斷，兩個人誰更容易在生活中成功呢？

我們的幸福完全掌握在自己的手裡，只要努力，就可以得到想要的東西，我們的目標很可能變成現實。因為，我們給潛意識發出了走向成功的指令，潛意識當然會毫不猶豫地執行這個命令，直到它成為現實為止。如果一個人隨便就放棄，那麼很難指望潛意識能夠賜予他什麼美妙的禮物，成功只不過是他的幻想而已，永遠都不會降臨在他身上。因為潛意識並沒有向著他所希望的方向努力，得到的就只有失敗和徬徨了。

## 7.潛意識從來都不拒絕任何積極的想像

經常會有人問到這樣的問題：如果在經濟上遇到了困難，我們該如何去應對？這其實是一件相當嚴肅的事情，但是可能大多數的人都沒有意識到問題的嚴重性。

事實上，只有那些拒絕錢的人才會出現金錢的危機。當然，如果有人正好出現了這種情況，他可能會反駁說：「真是胡說八道，我已經竭盡所能地去賺錢了，而且在不斷尋找一份比現在賺得更多的新工作，怎麼會是拒絕錢呢？」如果真的這樣認為，說明他已經了解了關於金錢的自然法則。下面的這個例子，正好來說服大家相信這些法則是非常正確的，並且以最快的速度行動起來，重開財源。

首先來分析一下，有金錢危機的人在想些什麼。一天二十四小時裡，他們的腦子裡大都是充滿了憂慮與害怕，要設法與銀行、保險公司或汽車、房子等分期付款的公司進行交涉，請求他們寬限幾天，還要讓他們覺得拖延一段時間完全是由於眼前的困境所導致的。腦子裡始終被這些念頭長期佔據，正所謂「日有所思，夜有所夢」，這些恐懼和危機感很容易就會反映到精神上。如果能夠拋棄這種消極的思

想、樹立起積極的信念，處境很快就會有所改變，當我們真正了解這些黃金法則的時候，困境也就過去了。

每天靜靜地想像幾次，每次大概十分鐘左右，想像自己正在把一筆款子存進銀行戶頭，感覺到手中正捏著鈔票或者支票本，銀行的出納正在向我們表示祝賀，我們現在不僅填補了戶頭上的差額，而且還有一筆數額不菲的積蓄。一定要盡可能加深這種印象，並且從心裡覺得這一切都是真實的。在這種意念的指引下，潛意識很快就會發揮它應有的作用，我們額頭上的皺紋就會慢慢減少，精神面貌當然也就會為之改觀。這個時候，工作就會更加順利，金錢危機將在不久的將來消失。

大家很清楚，人在這種情況下會有什麼樣的感覺，所以必須把擁有的所有感覺都放進每天幾次的十分鐘裡，只有這樣，潛意識才會發揮作用，才會默默幫助我們。

儘管這樣做了，仍然可能會有消極的思想出現，即使一天出現一百次這樣的情形，也要對自己說：「雖然目前還是老樣子，但我已經能夠預知未來了，因為我相信精神的作用。」除了每天十分鐘的「自我想像」之外，還可以來一個三十秒的方案，以加深認識。閉上眼睛或者睜著眼睛研究想像沒有區別，重要的是把全部注意力放在肯定的、期待的事物上面。在這樣做的時候，千萬不要以消極的態度談論金錢，比如說：「這個我消費不起！」、「太貴了，我捨不得買它！」諸如此類的話語。

在無事可做的時候，可以翻一翻旅遊宣傳品、住房廣告、汽車廣告等與生活中的美好事物相聯繫的東西，找出自己喜歡或嚮往的美好目標，設想自己夢想中別墅的輪廓，感覺一下自己容光煥發的形象，想盡一切辦法讓自己從消極的思維模式中走出來。

如果這樣去做，尤其是堅持這樣做，就一定會有所收穫。因為，潛意識從來都不拒絕任何積極的想像，而只會按照它所發出的命令行事。

# 用潛意識來加強
# 自信心

##  1.過分地低估自己是一種罪惡

那些害怕失敗的人，事先就在潛意識裡面想像事情是不可能的，自己給自己畫地為牢，正是這一點限制了他們自己。西方世界流傳這樣一句話：「低估自己不是美德，而是一種罪惡。」

有這樣一個寓言故事。一隻母雞在孵雞蛋時孵了一顆鷹蛋。小鷹自破殼而出之日起便跟小雞一起長大，從沒有認為自己跟小雞有什麼不同。有一天，小鷹仰天而望，看到有隻鳥凌空翱翔，於是問：「那是什麼？」有隻小雞答道：「噢，那是一隻鷹，百鳥之王。」「哇！但願我也能像牠那樣飛翔！」小鷹滿懷敬畏地說。「別妄想了，」小雞說，「你不過是隻母雞，母雞是飛不起來的。」聞此言，小鷹甚感沮喪和氣餒，於是繼續啄食，過著母雞般的生活。

生活中有實例──蔡元培任北京大學校長時，有一次和學生們談話，他突然問：「五加五等於多少？」大學生們一下子愣住了，以為名望極高的校長所問，必不尋常，一定有奧妙。一時間，大家左顧右盼，都不敢應聲作答。過了一會兒，才有一個學生小聲而不無遲疑地嘀咕：「五加五等於十……」蔡元培望著這名學生笑，點點頭，說：「對。」並勉勵大家說，不要盲目崇拜偶像、侷限自己，要有自信！

很多傑出的科學家曾認為音障是不可能人為突破的。有些人甚至以為，在1馬赫（飛行物在空氣中移動的速度與音速之比）時，飛行員與飛機將同時毀亡，或者飛行員將失聲、返老還童、飽受摧殘。但是1947年10月14日，美國飛行者查克‧葉慈駕著貝爾航空X-11飛機，達到1.06馬赫的速度，三天後提高到1.35馬赫，六天後更是高達當時不可思議的2.44馬赫，粉碎了人類無法突破音障這堵「看不見的牆」的神話。美利堅民族崇尚自由，富有冒險精神，強調自我奮鬥，在任何時候，對任何問題的處理，似乎從來沒有統一過；但是美國人具有強烈的自尊心和自豪感，正如他們自己認為：American（美國人）一詞的最後四個字母拆開來便成為I can（我能）！

親愛的讀者，你也不妨說出：「I can！」

## 2.要在潛意識裡面種下一粒種子

事實上，人生從來沒有真正的絕境。無論遭受多少艱辛，無論經歷多少苦難，只要一個人的潛意識中還懷著一粒信念的種子，那麼總有一天，他就能走出困境，讓生命重新開花結果。

在諾曼‧卡森斯所寫的《病理的解剖》一書中，說了一則關於19世紀偉大的大提琴家——卡薩爾斯的故事。

卡森斯和卡薩爾斯會面的日子，恰在卡薩爾斯九十大壽前不久。卡森斯實在不忍看那老人所過的日子。他是那麼衰老，又患有嚴重的關節炎，不得不讓人協助穿衣服；呼吸很費勁，看得出患有肺氣腫；走起路來搖搖擺擺，頭不時地往前顛；雙手有些腫脹，十根手指像鷹爪般地鉤曲著。從外表看來，他實在是老態龍鍾。

在吃早餐前，他貼近鋼琴，那是他擅長的幾種樂器之一，很吃力地坐上鋼琴椅，顫抖地把那鉤曲腫脹的手指抬到琴鍵上。

就在這時，神奇的事發生了。卡薩爾斯突然像完全變了個人似的，他渾身發散出飛揚的神采，而身體也跟著開始能動並彈奏起來，彷彿是一位健康、強壯的鋼琴家。卡森斯描述說：「他的手指緩緩地舒展移向琴鍵，好像迎向陽光的樹枝嫩芽；他的背脊直挺挺的，呼吸也似乎順暢起來。」彈奏鋼琴的念頭完完全全地改變了他的心理和生理狀態。當他彈奏巴哈的《十二平均律》時，是那麼的純熟靈巧、絲絲入扣；隨後彈起布拉姆斯的協奏曲，手指在琴鍵上像游動的魚一樣輕快地滑著。「他整個身子像被音樂融解」。卡森斯寫道，「不再僵直和佝僂，代之的是柔軟和優雅，不再為關節炎所苦。」在他演奏完畢、離座而起時，與他當初就座彈奏時全然不同。他站得更挺，看來更高，走起路來也不再拖著地。他飛快地走向餐桌，大口地吃著飯，然後走出家門，漫步在海灘的清風中。

很久以前，為了開闢新的街道，倫敦拆除了許多陳舊的樓房。然而新路卻久久沒有開工，舊樓房的地基在那裡任憑日曬雨淋。有一天，一些自然科學家來到了這裡，他們發現，在這一片多年來未動土

木的地基上，由於長期接觸了春天的陽光雨露，竟長出了一片野花野草。奇怪的是，其中有一些花草是在英國從來沒有見到過的，通常只生長在地中海沿岸國家。

這些被拆除的樓房，大多是在羅馬人沿著泰晤士河進攻英國時建造的，大概花草的種子就是那個時候被帶到了這裡。它們被壓在沉重的石頭磚瓦之下，一年又一年，幾乎已經完全喪失了生存的機會。但令人感到意外的是，一旦它們見到了陽光，就立即恢復了勃勃生機，綻開了一朵朵美麗的鮮花。

小小的種子真令人驚歎，它們是如此的柔弱卻又如此的堅韌，即使在沉重的磚瓦下壓上數百年，依然能夠保持自己鮮活的生命。一旦陽光照耀、雨露滋潤，它們便煥發出勃勃的生機。

一粒種子，即使被埋沒數百年，依然蘊藏著生的希望；那麼一個人，當他處於困境時，又當如何呢？

有一年，一支英國探險隊進入撒哈拉沙漠的某個地區，在茫茫的沙海裡跋涉。陽光下，漫天飛舞的風沙像燒紅的鐵砂一般，撲打著探險隊員的面孔。大家口渴似炙、心急如焚——大家的水都沒了。這時，探險隊長拿出一個水壺，說：「這裡還有一壺水，但穿越沙漠前，誰也不能喝。」

一壺水，成了穿越沙漠的信念之源，成了求生的寄託目標。水壺在隊員手中傳遞，那沉甸甸的感覺使隊員們瀕臨絕望的臉上又露出堅定的神色。終於，探險隊頑強地走出了沙漠，掙脫了死神之手。大家喜極而泣，用顫抖的手擰開那壺支撐他們的精神之水——緩緩流出來的，卻是滿滿的一壺沙子！

炎炎烈日下、茫茫沙漠裡，真正救了他們的，又哪裡是那一壺沙子呢？他們執著的信念已經如同一粒種子，在他們的潛意識裡面生根發芽，最終領著他們走出了絕境。

事實上，人生從來沒有真正的絕境。無論遭受多少艱辛、經歷多少苦難，只要一個人的潛意識中還懷著一粒信念的種子，那麼總有一天，他就能走出困境，讓生命重新開花結果。

人生就是這樣，只要種子還在，希望就在。

 ### 3.潛意識裡的信念能夠創造奇蹟

環境和遭遇都不能夠決定一個人的一生，得看他對於這一切賦予什麼樣的意義，也就是說他的自信程度，這決定他的現在，也決定他的未來。如果我們的潛意識裡有堅定的信念，我們就能夠創造奇蹟。

有兩位年屆七十歲的老太太，因對於未來不同的信念而有不同的人生。其中一位認為，到了這個年紀可算是人生的盡頭，便開始料理後事。另一位卻認為一個人能做什麼事不在於年齡的大小，而在於有什麼想法。於是，她給自己定下了更高的期許，在七十歲高齡之際開始學習登山，隨後的二十五年裡，她一直冒險攀登高山，其中幾座還是世界上有名的。最後，她以九十五歲的高齡登上了日本的富士山，打破攀登此山年齡最高的記錄。她就是有名的胡達・克魯克斯老太太。

不要被困難嚇倒。蘇聯有這樣一個故事：一位工程師愛上了一位年輕的女大學生，這對他個人生活來說，無疑是一個機遇。他向她求愛。女大學生逃避他，因為她已經有了男朋友。但這位工程師還是經常出現在女大學生面前，給她送鮮花、向她表白。女大學生的男朋友知道了以後擔心自己結局不妙，竟主動中斷了與女大學生的關係。不久，女大學生又結識了另一個男朋友。工程師得知後竟寫信給這位新男朋友說：「我是世界上唯一能以全身心愛她的人，這一點你做不到。」這個新男朋友在自信心上較量不過工程師，也主動退出了情場的競爭。這時，女大學生年齡漸漸大了，她向法院起訴，說工程師有跟蹤、恐嚇、侵犯人權等罪，法院當庭判決工程師拘役45天。當原告、被告一起走出法庭大門時，女大學生覺得自己有點過分了，工程師卻向她笑了笑說：「親愛的，45天以後我再來找你。」這時，女大學生被工程師堅定不移的熱情和堅強的自信所打動，轉身回到法庭，要求撤訴。後來兩人終成伉儷。

這個故事富有浪漫色彩，但它包含的生活哲理是耐人尋味的。自信心的確是影響事情成敗的重要因素。倘若他猶疑了，或是對自己喪失信心了，那就將失去機遇、失去戀人、失去幸福。

在若干年前，萊奇縫紉機公司總裁利昂・喬森先生還只是一個貧窮的波蘭移民，連英語也不會說。報紙在報導他的巨大成功時，引用他的話說：「我有毫不動搖的信心，在成功路上的每一步，我都尋求它的指導，我用我的頭腦和雙腳工作。」

再看一個相反的例子：大陸著名女乒乓運動員韓玉珍，在世界強手面前因患得患失而失去自信，竟用小刀將自己的手刺傷，聲稱有人行刺而逃避比賽。在後來的一次國際乒乓邀請賽上，她與日本深津尚子爭奪冠軍。在2：0領先的情況下，深津逼上幾分，韓玉珍的意志就崩潰了，以致最後敗北。

世乒賽，對一個運動員來說是不可多得的機遇，然而韓玉珍失去了，這是多麼讓人遺憾啊。可見對一個人來說，堅強的自信和意志是多麼重要。

還有這樣一個故事，值得我們認真思考。

一位年輕人，有一次在上數學課時打瞌睡。下課鈴響時，他醒了過來，抬頭看見黑板上留了兩道題目，以為是當天的家庭作業。回家後，他花了整夜演算，就是算不出來，但是他還是鍥而不捨。終於，他算出了一題，並把答案帶到課堂上。老師見了不禁瞠目結舌，原來那一題本來是認為無解的。如果該生知道的話，恐怕就不會去演算了。正因為他不知道那題無解，不但解開了結果，同時找出一條新的求解的方法。

因為信念能夠創造奇蹟。再讓我們看兩個反面的例子。

大象是世界上最強壯的動物之一。當一頭年輕的野生大象被抓到時，獵手們會用金屬圈套住牠的腿，並用鏈子把牠捆在附近的榕樹上。自然地，大象會一次又一次地試圖掙脫，但儘管用了極大的努力，牠還是無法成功。幾天掙扎並且受傷之後，牠意識到努力是徒勞的，最終放棄了。從此刻起，這頭大象再也沒有掙扎過，即使人只是

用一條小繩拴住牠。

研究者發現梭魚也存在僵化的傾向。通常情況下，梭魚會攻擊在牠附近游泳的鰷魚。有一個試驗，研究者們把一個裝有幾條鰷魚的無底玻璃罐放入一條梭魚的水箱中。這條梭魚立刻向罐子裡的鰷魚發起幾次攻擊，結果牠敏感的嘴狠狠地撞到了玻璃壁上。幾次慘痛的嘗試之後，梭魚最終放棄，並完全忽視了鰷魚的存在。玻璃罐被拿走後，鰷魚們可以自由自在地在水中四處遊盪，即使游過梭魚旁邊的時候，梭魚也繼續忽視牠們。

有多少這樣的盲點在阻礙著大家？

人類大腦和神經系統可以被比作一個安裝在燈座上的燈泡，燈泡透過一根電線連到無盡的電源。燈泡的亮度與它使用的電力功率成比例，或者燈泡是15瓦、60瓦，或者是100瓦、200瓦，每個燈泡都發光。那些燈泡只是從電路中取得它們在工作時所需要的適量電力。

我們從自己的電源中取出了多少電力，在自己的成功系統裡安裝了15瓦特還是200瓦特的燈泡？記住，我們的自我展示最終是從自己那兒得到的。

## 4.生活的態度決定人生的高度

積極思維必定會改善一個人的日常生活，但並不能保證他凡事都心想事成；可是，相反的態度則必敗無疑，擁有消極思維的人絕對不能成功。從來沒有抱消極態度的人能獲得持續的成功。

有一個冷酷無情的人，嗜酒如命且毒癮甚深，有好幾次差點連命都沒了。因為他在酒吧裡看一位酒保不順眼而犯下殺人罪，被判終身監禁。

他有兩個兒子，年齡相差才一歲，其中一個跟他爸一樣有很重的毒癮，靠偷竊和勒索維生，也因犯了殺人罪而坐監。

另外一個兒子不一樣，他擔任一家大企業的分公司經理，有美滿的婚姻，養了三個可愛的孩子，既不喝酒也不吸毒。

為什麼出於同一個父親，在完全相同的環境下長大，兩個人卻會有不同的命運？在一次私下訪問中，記者問起造成他們現狀的原因，二人竟然是相同的答案：「有這樣的老子，我還能有什麼辦法？」

我們經常以為一個人的成就深受環境影響，有什麼樣的遭遇就有什麼樣的人生。這實在是再荒謬不過了，影響我們人生的絕不是環境，也絕不是遭遇，得看我們對這一切抱持什麼樣的態度。

還有一個發生在洛杉磯市的蒙特利公園橄欖球隊的故事。當時，有幾位球員出現食物中毒的現象，經推斷可能是販賣機裡的汽水出了毛病，因為這些人都是在光顧了那台販賣機之後才發現有異樣的。隨之，喇叭便開始廣播，警告人們注意不要去買販賣機裡的飲料，因為有人病了，同時還描述發病的症狀。頓時，整個觀眾席發生了恐慌，有人開始反胃，有人昏厥，甚至有些只是經過販賣機而什麼都沒買的人都覺得不對勁了。

那天，救護車飛馳於球場和醫院之間忙著載運病人。後來經過證實，販賣機沒有問題，奇怪的是，這些「中毒的觀眾」竟然都不藥而癒。

由這個例子可以看出，信念可以使人在前一刻得病，而後一刻又不藥而癒。

記得一篇文章中有著這樣一段話：「當面對一道很難攀越的高牆時，不妨把你的帽子扔過去，然後你就不得不想盡一切辦法翻過高牆到那一邊去了。」

「把自己的帽子扔過牆去」就意味著別無選擇，為了找回自己的帽子，必須翻過這道圍牆，毫無退路可言。這就是給自己施加壓力，讓自己永遠不要有退縮的念頭，戰勝困難、爭取成功。

教練米盧有一句名言：「態度決定一切。」說得很精闢，他說的態度就是責任心。責任心對工作品質、對事業的成敗發揮決定性作用，是最基本的素質。如果缺乏責任意識，心思和精力不用在工作上，即使能力再強、水準再高，也不可能把工作做好。有了強烈的責任意識，就會有使命感、工作思路、高標準、嚴要求。責任心不一

樣，精神狀態、工作標準和工作品質也不一樣。

成功人士與失敗人士之間的差別是：成功人士始終用最積極的思考、最樂觀的精神和最輝煌的經驗支配和控制自己的人生。失敗者剛好相反，他們的人生受過去的種種失敗與疑慮所引導和支配。

有些人總喜歡說，他們現在的境況是別人造成的，環境決定了他們的人生位置。這些人常說他們的情況無法改變。但如何看待人生，可以由我們自己決定。納粹某集中營的一位倖存者維克托·弗蘭克爾說過：「在任何特定的環境中，人們還有一種最後的自由，就是選擇自己的態度。」

最常見也是代價最高昂的一個錯誤，就是認為成功依賴於某種天才、某種魔力、某些我們不具備的東西。

其實，成功要素掌握在我們自己手中，成功是正確思維的結果。一個人能飛多高，不僅有著人為的其他因素，更重要的是受他自己的態度所制約。

下面這些常見的態度常常導致了我們的失敗：

（1）我們怎樣對待生活，生活就怎樣對待我們。

（2）我們怎樣對待別人，別人就怎樣對待我們。

（3）我們在剛開始時的態度就決定了最後有多大的成功，這比任何其他因素都重要。

（4）人們在任何組織中地位越高，就越能找到最佳的態度。

難怪有人說過，我們的環境──包括心理的、感情的、精神的，完全由我們的態度來創造。

## 5.信念是主宰潛意識行動的因素

喬治·蕭伯納由於傑出的戲劇創作活動，不僅獲得「20世紀的莫里哀」之稱，而且「因為他的作品具有理想主義和人道精神，其一針見血的諷刺，往往蘊涵著獨特的詩意之美」，於1925年獲得了諾貝爾文學獎。

　　喬治‧蕭伯納出身貧寒，但他沒有屈服這種惡劣的環境，15歲便開始謀生，工作之餘在美術館、博物館如饑似渴地填充自己富有想像的頭腦，這種精神與很多人的宿命論比較起來，是多麼的高貴。

　　當人們不能夠掙脫某些因素的時候，就會選擇順從和視而不見。一位教授曾說過，人類的思維過程其實就是自己為自己設限，當人們鑽進了自己禁錮自己的思維模式時，思想就再也無法自由了。

　　很多人走不出固定的思維模式，所以他們走不出宿命般的可悲結局；而一旦走出了此種思維模式，也許可以看到許多別樣的人生風景，甚至可以創造新的奇蹟。因此，從舞劍可以悟到書法之道，從觀察飛鳥可以造出飛機，從研究蝙蝠可以聯想到電波，從看到蘋果落地可悟出萬有引力；常爬山的應該去涉水，常跳高的應該去打球，常划船的應該去開車，常當官的應該去為民，換個位置、換個角度，換個思路，也許我們面前是一番新朗天地。

　　其實在每個人的內心中，失敗的種子永遠存在，除非我們進入其間將它砸毀。一個人體驗到空虛之後，空虛就會成為逃避努力、逃避工作、逃避責任的方法，也因此成為隨波逐流生活的理由與藉口了。

　　有人是「注定」要倒楣的，潛意識會把破壞性或負面的思考動力轉化為實質的對應事物，正如潛意識會遵循並奉行正面或建設性的思考動力一樣。正是這種心理導致了上百萬人指稱自己「不幸」或「倒楣」的奇怪現象。

　　有達數百萬的人自以為「注定」要貧窮落魄失意的，因為他們相信有某種奇特的力量超乎他們的掌握。他們是創造自己「不幸」的人，因為這一觀念的負面思想讓潛意識給接收並轉化為實質的對應事物了。

　　再次提醒大家，只要將想像轉化為實際事物、把成功的渴望傳輸給潛意識，並滿懷期待，轉化的過程終將發生。我們的信心、信念，正是主宰潛意識行動的因素。當我們對潛意識進行暗示的時候，沒有人能夠阻擋我們去「欺騙」自己的潛意識。我們都可以化失敗為勝利，只要從挫折中吸取教訓、好好利用，就可以對失敗泰然處之了。

## 6.在潛意識裡希望和相信成功

　　人生如同一艘在大海中航行的帆船，掌握帆船航向與命運的舵手便是自己。有的帆船能夠乘風破浪，逆水行舟，而有的卻經不住風浪的考驗，只好放棄目標離開大海，或是被大海無情地吞噬。之所以會有如此大的差別，不在別的，而是因為舵手對待生活的態度不同。前者被樂觀主宰，即使在浪尖上也不忘微笑；後者是悲觀的信徒，即使起一點風浪也會讓他們膽戰心驚，讓他們祈禱好幾天。一個人或是面對生活閒庭信步，抑或是消極被動地忍受人生的淒風苦雨，都取決於對待生活的態度。

　　生活如同一面鏡子，我們對它笑，它就對我們笑；我們對它哭，它也以哭臉相示。

　　悲觀主義者說：「人活著，就有問題，就要受苦；有了問題，就有可能陷入不幸。」即使受一點點挫折，他們也會千種愁緒、萬般痛苦，認為自己是天下最苦命的人。正如英國哲學家羅素所形容的：「不幸的人總是認為自己是不幸的。」悲觀主義者用不幸、痛苦、悲傷建成一間屋子，然後請自己鑽了進去，並大聲對外界喊著：「我是最不幸的人。」因為自感不幸，他們的內心便失去了寧靜，不平、羨慕、嫉妒、虛榮、自卑等悲觀消極的情緒應運而生。這些都是他們自己拋棄了快樂與幸福，是他們自己一葉障目、視快樂與幸福而不見。

　　樂觀主義者說：「人活著就有希望，有了希望就能獲得幸福。」他們能從平淡無奇的生活中品嚐到甘甜，因而快樂如清泉，時刻滋潤著他們的心田。

　　一個人快樂與否，不在於處於何種境地，而在於是否持有一顆樂觀的心。對於同一輪明月，在淚眼朦朧的柳永那裡是：「楊柳岸，曉風殘月。此去經年，應是良辰好景虛設。」而到了瀟灑飄逸、意氣風發的蘇軾那裡，便成為：「但願人長久，千里共嬋娟。」同是一輪明月，在持不同心態的不同人眼裡便是不同的，人生也是如此。

　　上天不會給我們快樂，也不會給我們痛苦，只會給我們生活的佐

料，調出什麼味道的人生，那只能在我們自己。我們可以選擇一個快樂的角度去看待它，也可以選擇一個痛苦的角度；同做飯一樣，可以做成苦的，也可以做成甜的。所以，我們的生活是笑聲不斷，還是愁容滿面，是披荊斬棘、勇往直前，還是縮手縮腳、停滯不前，這不在他人，都在我們自己。

樂觀是一個指南針，讓人駛向成功的彼岸；樂觀是一劑良藥，可以醫治苦難的傷痛。為了美好的人生，請讓樂觀主宰自己！

哈佛大學的一位教授主持了一個有趣的實驗，實驗對象是三批學生與三群老鼠。

他對第一批學生說：「你們很幸運，你們將和天才小白鼠同在一起。這些小白鼠相當聰明，牠們會很快到達迷宮的終點，並且要吃許多乾酪，所以要多買一些餵牠們。」

他告訴第二批學生說：「你們的小白鼠只是普通的小白鼠，不太聰明。牠們最後還是會到達迷宮的終點的，並且要吃一些乾酪。但是不要對牠們期望太大，牠們的能力與智慧都很普通。」

他告訴第三批學生說：「這些小白鼠是真正的笨蛋。如果牠們能找到迷宮的終點，那真是意外。牠們的表現或許很差，我想你們甚至不必買乾酪，只要在迷宮終點畫上乾酪就行了。」

以後的六個星期，學生們都在精心地從事試驗。天才小白鼠就像天才人物一樣地行事，在短時間內很快就到達了迷宮的終點。那些普通的小白鼠呢？牠們也到達了終點，但是在這個過程中並沒有任何較快的速度。至於那些愚蠢的小白鼠，更不用說了，只有一隻最後找到迷宮的終點，那可以說是一個明顯的意外。

有趣的事情是，根本沒有所謂的天才小白鼠和愚蠢小白鼠之分，牠們都是同一窩普通的小白鼠。這些小白鼠的成績之所以不同，是參加的學生態度不同而產生的直接結果。簡而言之，學生們因為聽說小白鼠不同而採取了不同的態度，而不同的態度導致不同的結果。

學生們並不懂得小白鼠的語言，但是小白鼠懂得態度，因而態度就是語言。

　　人生的法則就是信念的法則。在「運氣」這個詞的前面應該再加上一個詞，就是「勇氣」。相信運氣可支配個人命運的人，總是在等待著什麼奇蹟的出現。這種人只要上床躺一躺，就會夢見中了大獎或是挖到金礦之類能突然致富的夢；而那些不這樣想的人，會依據個人心態的趨向為他自己的未來不斷努力。

　　依賴運氣的人常常滿腹牢騷，一味地期待著機遇的到來。至於獲得成功的人，覺得唯有信念方能左右命運，因此只相信自己的信念。

　　在別人看來不可能做到的事，如果當事人能在潛意識裡認為可能，也就是相信能做到的話，事情就會按照那個信念的強度從潛意識中激發出極大的力量來。這時，即使表面看來不可能的事，也能夠做到了。我們應當有高標準、提高自信心，並且執著地相信必能成功。高標準會使我們朝高處走。

　　成功意味著許多美好、積極的的事物，是生命的最終目標。人人都希望成功，最實用的成功經驗是「堅定不移的信心」。但是，真正相信自己的人並不多，結果，真正做到的人也不多。

　　有時候，可能會聽到這樣的話：「光是像阿里巴巴那樣喊『芝麻，開門』就想使門真的移開，那是根本不可能的。」說這話的人把信心和想像等同起來了。不錯，我們無法用想像來移動一座山，也無法用想像來實現目標。但只要有信心，我們就能移動一座山；只要相信能成功，就會贏得成功。

　　關於信心的威力，並沒有什麼神奇或神祕可言。信心產生作用的過程其實很簡單：相信「我確實能做到」的態度，產生了能力、技巧這些必備條件，每當我們相信「我能做到」時，自然就會想出「如何去做」的方法。

　　大部分的人可能都認為自己不是一個成功的人，而且認為成功對自己來說是不可能實現的，說不定在做事之前早已灰心喪氣了。的確，成功的人不多，很多人或許是不幸的人。但起碼的事實卻是：其實任何人都有成功的機會，只是不想去獲得它而已。因為我們早已經放棄想要成功，所以機會就棄我們而去。

如果我們想成功，就必須先在潛意識裡希望自己成功、相信自己會成功。

##  7.唯一可以控制的就是自己的想法

一對老夫婦省吃儉用地將四個孩子撫養長大。歲月匆匆，他們結婚已有50年了，擁有極佳收入的孩子們祕密商議著要送給父母什麼樣的金婚禮物。

由於老夫婦喜歡攜手到海邊享受夕陽餘暉，孩子們決定送給父母最豪華的「愛之船」旅遊航程，好讓老倆口盡情徜徉於大海的旖旎風情之中。

老夫婦帶著頭等艙的船票登上豪華遊輪，可以容納數千人的大船令他們讚歎不已，船上的游泳池、豪華夜總會、電影院等令他們倆感到驚喜無限。

美中不足的是，各項豪華設備的費用都十分昂貴，節儉的老夫婦算算自己不多的旅費，細想之下，實在捨不得輕易去消費。他們只得在頭等艙中安享五星級的套房設備，或在甲板上欣賞海面的風光。

幸好他們怕船上伙食不合胃口，隨身帶著一箱速食麵，既然吃不起豪華餐廳的精緻餐飲，只好以速食麵充饑，間或想變換口味吃吃西餐，便到船上的商店買些麵包和牛奶。

到了航程的最後一夜，老先生想想，若回到家後，親友鄰居問起船上餐飲如何，自己答不上來也是說不過去。和太太商量後，老先生索性狠下心來，決定在晚餐時間到船上餐廳用餐，反正是最後一餐，明天就是航程的終點，也不怕花多少錢。

在音樂及燭光的烘托之下，歡度金婚紀念的老夫婦彷彿回到初戀時的快樂。在舉杯暢飲的笑聲中，用餐時間已近尾聲，老先生意猶未盡地招來侍者結帳。

侍者很有禮貌地請問老先生：「能不能讓我看一看你的船票？」

老先生聞言不由得生氣，「我又不是偷渡上船的，吃頓飯還得看

船票？」嘟囔中，他拿出船票。

侍者接過船票，拿出筆來，在船票背面的許多空格中劃去一格。同時驚訝地問：「老先生，你上船以後，從未消費過嗎？」

老先生更是生氣，「我消不消費，關你什麼事？」

侍者將船票遞過去，耐心地解釋道：「這是頭等艙的船票。航程中，船上所有的消費項目，包括餐飲、夜總會及其他活動，都已經包括在船票內。您每次消費只需出示船票，由我們在背後空格註銷即可。老先生，您……」

老夫婦想到啟航程中每天所吃的速食麵，而明天即將下船，不禁相對默然。

我們是否曾經想過，在我們來到世界的那一刻，上天已經將最好的頭等艙船票交給了我們？是的，我們在物質、心靈上，完全可以享有最豪華的待遇，只要我們願意出示船票。更重要的是，千萬不要浪費了本來屬於我們的「頭等艙船票」。

當然，也有許多人一生過著猶如用速食麵充饑一般的生活。這並非是他們應有的船票，但他們未曾想到去使用或根本不知道船票的價值。甚至當有人好意提示時，還像那位老先生一樣大發雷霆。

現在，我們應該已十分明白自己的價值了。在我們懂得運用自己的優勢之後，別忘了順便扮演一次侍者的角色，提醒我們周圍的人也能夠清楚自己的價值。可不要像老夫婦的孩子們一樣，只給了頭等艙船票，但未告知其用途。

其實，我們可以擁有最豪華的人生旅程，如同侍者所做的提醒，我們已被正式通知了。

接下來，我們來看一個例子，是關於艾爾默‧湯瑪斯的故事。

艾爾默‧湯瑪斯年輕時，家中很窮，但他後來卻成為美國國會議員。

以下是他的內心獨白。

我15歲時，長得比別人高，而且瘦得像根竹竿。除了身材比別人

高之外,在棒球或賽跑各方面都不如人。他們常取笑我,我也不喜歡見任何人。

如果我任憑煩惱與恐懼盤踞下去,我可能一輩子無法翻身。一天24小時,我隨時為自己的高瘦自憐,什麼別的事也不能想,我的尷尬與懼怕實在無法用文字來形容。我的母親了解我的感受,她告訴我:「兒子,你得去受教育,既然你的體能狀況如此,你只有靠智力謀生。」

可是父母無力送我上大學,我必須自己想辦法。我利用自己的工作賺了40美元,用這筆錢,我到印第安那州去上師範學院。住宿費一週14美元,我穿的破舊襯衫是我媽媽做的,為了不顯髒,她有意用咖啡色的布做。我的外套以前是我父親的,除了他的舊外套、舊皮鞋,其餘都不合用,皮鞋旁邊有條鬆緊帶,已經完全失去了彈性,我走路時鞋子隨時會滑落。我不好意思去和其他同學打交道,只有成天在房間裡溫習功課。我內心深處最大的願望是,有一天我能在服裝店買件合身體面的衣服來穿。

不久以後發生的幾件事卻幫助我克服了自卑感,帶給我勇氣、希望與自信,改變了我後來的人生。

第一件:入學後八週,我通過一項考試,得到一份三級證書,可以到鄉下的公立學校授課。雖然證書有效期只有半年,但是這是我有生以來,除了我母親以外第一次證明別人對我有信心。

第二件:一個鄉下學校以月薪40美元的薪資聘請我去教書,更證明別人對我的信心。

第三件:領到第一張支票,我就到服裝店購買了一套稱心的服裝。現在即使有人給我100萬,我的興奮程度也不及我穿上第一套新衣服時的一半。

第四件:我生命中的轉捩點,戰勝尷尬與自卑的最大勝利,發生在一年一度舉行的集會上。我母親敦促我參加集會上的演講比賽。對我來說,那當然是天方夜譚。我連單獨跟一個人說話的勇氣都沒有,更何況是一群人。但是我母親對我的信心是不容動搖的,她對我的未

來有遠大的夢想，把一生的期望寄託在我身上。她增強了我的信念並
鼓勵我去參加比賽。我抽中的題目可說是最不適合我的，題目是：美
國的美術與人文藝術。坦白承認，我在做準備時還搞不清楚人文藝術
是什麼，不過反正觀眾也不懂什麼是人文藝術，我想倒也沒什麼大不
了的。我把演說內容都記熟了，而且對著想像中的觀眾演練了上百
遍。為了我母親的緣故，我渴望有出色的表現，因此在演講中，我流
露出真情。完全出乎意料的，我竟然得了冠軍，我太吃驚了！群眾開
始歡呼，一些以前取笑我的男孩們跑來拍我的背說：「我早知道你能
辦到的！」我母親緊緊擁抱我。當我回顧我的人生，看得出來那次演
說得獎確實是我人生的轉捩點。當地一家報紙以頭版文章刊登我的故
事，而且看好我的未來。贏得演說使我在本地得到肯定，更重要的
是，它使我的自信倍增，也提升了我的士氣、開拓了我的視野，並讓
我認識到我擁有一些從不敢想的才能。

　　大學畢業後，我到奧克拉荷馬州開了一家律師事務所，接辦一些
印第安保留區的法律問題。我在州議會中服務了13年。1927年3月，我
終於完成了一生的抱負──成為奧克拉荷馬州的國會議員。

　　我敘述這個故事，絕非為了吹噓自己的成就，沒有人會對我的成
就感興趣。我把它說出來，只是希望它能帶給貧困子弟一些勇氣與信
心，也許他們正像我小時候穿著父親的舊衣服時一樣苦惱、害羞與自
卑。

　　天生我材必有用，人沒有必要自卑，而應快樂地生活，創造價
值。也就是說，快樂的心態決定快樂的人生。自己在潛意識裡想成為
什麼樣的人、自己究竟想做什麼，這是關係一個人一生事業成敗的基
本條件，必須要與一個人到底適合做什麼工作相結合。

　　這究竟是為什麼？這是因為只有了解自己到底適合做什麼，並按
照此方向去努力，自己的人生觀和價值觀才會變得明確。如此一來，
無論現狀多麼不幸、遭遇到多大的困難，我們才不會迷失自己的方
向，才能重新站立起來。

　　曾經有人說過：「有了愛好才能做得精巧。」因為能對自己熱中的事情使出全力，腦袋中閃過一個又一個精彩的點子，而這些強烈的熱情及信念促使行動產生，就能夠讓我們紮實地走上成功之道。相反地，腦子裡充滿了「這工作真無聊，不適合我」的想法，將永遠無法獲得成功，終其一生都無法找到由工作而產生的生存價值。

　　以前有一位李先生覺得：因為我祖父和父親都是律師，所以我也應為考取律師執照而念書。但是他幾年來一直沒有通過律師考試。

　　實際上，他並不適合律師那樣的工作，以個人條件而言，他最好從事富有創意性的工作。最終，他試著轉換人生方向，結果相當好。

　　沒有經驗也沒有實際工作成績的李先生，以建築師之身分進入某家公司，不到一年的時間，他所構思的設計就在設計比賽中得獎了。李先生如此大逆轉的改行真是非常正確的決定。因為他的天賦並不在律師，而是建築師。其實，這個世界上不存在沒有用處的人，天生我材必有用。

　　一位心理學家在研究過程中，為了實地了解人們對於同一件事情在心理上所反映出來的個別差異，來到一所正在建築中的大教堂，對現場忙碌的敲石工人做訪問。心理學家問他所遇到的第一位工人：「請問你在做什麼？」

　　工人沒好氣地回答：「在做什麼？你沒看到嗎，我正在用這個重得要命的鐵錘來敲碎這些該死的石頭。而這些石頭又特別硬，害得我的手酸麻不已，這真不是人幹的工作。」

　　心理學家又繼續找到第二位工人，問他：「請問你在做什麼？」

　　第二位工人無奈地答道：「為了每天的500元薪資，我才做這樣的工作。若不是為了一家的溫飽，誰願意幹這份敲石頭的粗重工作？」

　　心理學家問第三位工人：「請問你在做什麼？」

　　第三位工人眼睛中閃爍著喜悅的神采：「我正參與興建這座雄偉華麗的大教堂。落成之後，這裡可以容納許多人來做禮拜。雖然敲石頭的工作並不輕鬆，但當我想到將來會有無數的人來到這兒，再次接受上帝的愛，心中便常為這份工作獻上感恩。」

　　積極思考正如這位工人所傳達的，凡事在他看來都是美好的。保持我們的思想積極樂觀，就已成功了一大半。

　　在歐洲，一位雕刻匠和朋友相約吃飯，朋友看到他的臉色，大驚道：「你怎麼了，哪裡不舒服，生了什麼病？」

　　雕刻匠回想自己終日忙碌，連生病的時間都省下了，全身並沒有哪裡不適，便回答朋友說自己很好。

　　他的朋友直搖著頭，說：「看你的臉色，彷彿大病初癒，天曉得你做了些什麼事。」

　　過了大半年之後，雕刻匠又和那位朋友不期而遇，朋友仔細看了看他，又問道：「你最近是不是發財了，或是走了什麼好運，怎麼氣色這麼好？」

　　面對這位朋友，雕刻匠真是啼笑皆非，自己的生活還是和半年前一樣忙碌，除了工作地點外，根本沒什麼改變。

　　想到工作地點，雕刻匠頓時醒悟過來。自己半年前在巴黎聖母院工作，協助修補面目猙獰的惡魔雕像，終日心中所想的，皆是如何能將雕像修補得如原先一樣醜陋恐怖，難怪臉色像生了大病。最近這段期間，他加入西班牙教堂的建造行列，為了將眾聖徒的容貌塑造得聖潔而日夜忙碌，朋友見了他，竟以為他發了什麼大財。

　　如何才能使我們自己擁有最燦爛的笑容呢？有人說是不斷地對著鏡子練習，這固然是不錯的方法，不過也要提防練成一副皮笑肉不笑的嘴臉。最好的方法應是由心靈做起，培養積極的思想，根植奉獻、摯愛、誠實、善良、溫柔、喜樂等正面的情緒，這樣，我們的笑容已然成形了。

　　還記得我們上次看到嬰兒的笑容是多久以前的事嗎？還記得他們是怎麼笑的嗎？如果忘了，趕緊去找個嬰兒來看看，他們的容貌正符合前面所說的一切條件。

　　每個嬰兒都是積極的，他們對未來充滿希望，從未聽過有情緒消極的嬰兒。如果我們在今天獲得新生，會是消極的嬰兒嗎？

　　這是一場歷史上曾記錄的世紀大賽跑。參賽的人數非常多，有幾

百萬人報名參加。比賽的路程艱苦異常，而比賽的結果只取第一名，並沒有亞軍和季軍。之所以會有那麼多人參加，是因為優勝者可以獲得有史以來最大的獎賞。

比賽開始，在第一道關卡的障礙處就淘汰了大多數的參賽者。一部分因畏懼障礙而退縮，另一部分則因無法通過難度極高的障礙而遭淘汰，能過關的只剩下千分之一，他們繼續向前跑。

緊接而來的，是一大片綿延無垠的沙漠。根據比賽的規定，參賽者不得攜帶飲水，只能憑藉自己的耐力與體力跑完全程。

能通過第一關障礙的跑者，是千人中唯一的強者。他們在乾旱的沙漠上個個奮力向前，想要爭奪最後的錦旗。隨著時間一分一秒過去，在沙漠上耗盡體力的選手難以計數，一個接著一個倒下。跑完沙漠全程的，竟只有數十人，是通過第一道關卡人數的千分之一。

更困難的考驗還在前方，沙漠的盡頭出現岔路口，完全沒有路標的指示。跑者必須憑藉自己的智慧做選擇，選對了尚有一絲希望；選錯了則枉費先前的所有努力，面對全部的失敗。

深具智慧的最後一批選手選擇了正確跑道，他們拖著疲憊的身子，激發出最後的潛能。他們知道自己已然戰勝了眾多失敗的對手，只要再堅持最後這段路，終將贏得冠軍。

終點就在眼前，一名選手鼓起勇氣，用盡一切力量拚命向前衝刺，終於越過終點線，成為唯一的獲勝者。

此刻，舉世為他歡呼喝采，因為他是最偉大的勝利者，獲得了有史以來最豐盛的獎賞。

人在出生前，已經具備了一切最完美的條件，所有足以帶領我們邁向巔峰的成功因素都早已安置在我們心裡，只要我們了解、開始發揮潛能，無須經過任何訓練，將立刻成為成功跑道上的最佳選手。

時刻告訴自己：「我是最棒的，我是成功者，我是頂尖的大師。」我們不是在告訴自己或教導自己，只不過在提醒自己罷了。

所有的成功人士知道，在人生中可以控制的一個層面就是自己的想法。除了靠別人的賞識外，最重要是先去肯定自己，好好發揮自己

的優勢，盡自己最大的努力。

　　毫無疑問，人可以長時間賣力工作，創意十足、聰明睿智、才華橫溢、屢有創新，甚至好運連連。可是，人若是無法在創造過程中真正地了解自己想法的重要性，就一切都會落空。

　　確實，在成功、財富及繁榮的創造中，最重要的因素來自內心。如同有句話提醒我們的那樣：「堅持著一串特殊的想法，不論是好的是壞的，都不可能不對性格和環境產生一些影響。人無法直接選擇環境，可是他可以選擇自己的想法，這樣做可以間接地塑造他的環境。」

　　綜合各行各業的許多成功人士，雖然他們各有不同的才華、氣質、技術、工作道德和專業背景，但卻有一個共同點。這個共同點就是，他們都覺得自己很成功，並且從未質疑過這個事實，他們無法了解為何有人會質疑自己的偉大程度。他們很難了解別人為何無法成功，因為對他們來說，成功的秘訣很簡單：成功源自於潛意識裡的自信，再轉換到物質世界。它不像許多人所相信的那樣，是倒過來的。我們都擁有這項優點，所以就讓我們也從那裡開始吧！

## 8.從潛意識裡就要尊重和相信自己

　　自尊是人生的底價、自立的基礎，不管任何時候都不能失守、放棄。如果我們在潛意識裡就尊重自己，自然也會得到別人的尊重；在潛意識裡相信自己，所以最終才超越了自己。

　　1914年冬天，美國加州沃爾遜小鎮來了一群逃難的流亡者。好心的人們給這些流亡者送去飯食，他們個個狼吞虎嚥，連一句感謝的話都來不及說。只有一個年輕人除外，當鎮長傑克遜大叔把食物送到他面前時，這個骨瘦如柴、饑腸轆轆的逃難者問：「吃您這麼多東西，您有什麼工作需要我做嗎？」

　　傑克遜說：「不，我沒有什麼工作需要你來做。」

　　這個年輕人的目光立刻暗淡下來，說：「那我不能沒有經過工作

便平白吃您的東西。」

傑克遜想了想說：「我想起來了，我家確實有一些工作需要你幫忙。不過，要等你吃過飯，我才給你派工作。」

「不，等做完了您的工作，我再吃這些東西。」這個年輕人堅持要工作。傑克遜只好說道：「年輕人，你願意為我捶背嗎？」

於是，這個年輕人迅速彎下腰，十分認真地給傑克遜捶背。

後來，這個年輕人就留下來在傑克遜的莊園裡工作，並成為他的左右手。兩年後，傑克遜又把女兒瑪格珍妮許配給他，且對女兒說：「別看他現在一無所有，但他百分之百是個富翁，因為他有尊嚴。」果然不出所料，20年後，這個年輕人真的成了億萬富翁，他就是美國赫赫有名的石油大王哈默。

人們讚賞傑克遜的慧眼。一個人在窮困潦倒、逃難流亡之際，仍堅守著自己的原則、捍衛著個人的尊嚴，還有比這更可貴的嗎？事實證明，他沒有看錯，給年輕人一個機會，年輕人便回報他一個驚喜。

自尊是一種廣告，走到哪兒就會帶到哪兒。想當初，哈默如果和其他逃難者一樣，見了水就喝、接過飯就吃。他能結識傑克遜嗎，能找到這份工作嗎，更不要說娶人家女兒了。其實，人的一生都是在推銷自己，所說的每一句話、做的每一件事，都是自己的廣告語。

自尊也是一種力量。如今，許多人都苦於碰不到伯樂、找不到機遇，長歎空有回天之力無人識。但他們卻忘了，手中還有自尊這件武器。有個勤工儉學的大學生，到一家麵包店推銷奶油，和老闆約定第二天上午10點見面。第二天，那個大學生準時到達，但等到下午4點，老闆才慢慢趕來。大學生厲聲告訴他：「你可以不買我的奶油，但不能傷害我的尊嚴。這樣言而無信，你一輩子也成不了大老闆。」老闆驚得滿頭大汗，但很快就豎起了大拇指，不僅立刻和這個大學生簽訂了長期合約，而且還介紹了很多生意夥伴給他。

自尊更是一種高尚。因為自尊總是建立在平等之上，要求別人尊重自己的人格，就必須首先尊重別人的人格；要求別人尊重自己的工作，就必須首先尊重別人的工作。尊重必然換來尊重，尊重也必然帶

來溫暖。只有人人都獻出一點愛，世界才能變成美好的人間。

　　和哈默一樣，世界上的許多成功者，都是從自尊開始。自尊者自成，自尊者自立。如果正站在人生的十字路口，那也不妨從自尊走起。

## 9.要有征服和改造自己的潛意識

　　魯迅先生說：「倘要完美的人，天下配活的人也就有限。」正因為我們每個人都不可能是完人，難免存在各式各樣的缺點與毛病，甚至一不小心就會出紕漏、犯錯誤，所以我們常常需要征服自己。

　　征服自己就是面對自己、解剖自己，就是挑戰自己、磨練自己。征服自己就是向各種負面情緒和消極思想抗爭，就是向自身潛在的假醜惡開火。征服自己猶如主動拂去琴弦上的塵灰，猶如毅然割去肌體上的惡瘤。事實上，我們時常面臨著征服自己的課題：在面對困境一籌莫展時，我們能否征服自己的脆弱？在春風得意、躊躇滿志時，我們能否征服自己的狂傲？在懷才不遇、失意孤獨時，我們能否征服自己的消沉？在手握權柄、前呼後擁時，我們能否征服潛在的淺薄？在面對鬧市喧囂時，我們能否征服自己的浮躁？在生活安逸時，我們能否征服自己的懶惰？在種種誘惑面前，我們能否征服自己的貪婪？在面對各種矛盾、糾葛，容易感情用事時，我們能否征服自己的衝動？

　　征服自己是一種自省──自我反省、自我省察，是人生的清涼油。征服自己也是一種自笞──自我警惕、自我提醒，是生活的長鳴鐘。征服自己更是一種自糾──自我批評、自我糾正，是生命的解剖刀。

　　能否征服自己，往往因人而異。自知者有自知之明，勇於征服自己；自尊者視尊嚴高於一切，敢於征服自己；自愛者懂得自珍自愛，勤於征服自己；自信者堅信一切缺點都能克服，樂於征服自己；自強者深知戰勝自己比戰勝對手更重要，忙於征服自己。而自負者妄自尊大、目空一切，看不到自身的毛病，因此覺得不需要征服自己；自卑

者妄自菲薄，缺乏完善自我的信心，因此不敢征服自己；自欺者自我麻醉，對自己的缺點視而不見，因此不會征服自己。

征服自己不容易，因為沒有他人的參與：沒有人要求，沒有人監督，沒有人點撥，甚至沒有人喝采，一切鬥爭和過程都展開在內心和靈魂深處。因而，征服自己需要高度的自覺，需要極大的勇氣，需要堅忍不拔的毅力，需要持之以恆的意志。征服自己的過程就是珍珠在蚌殼中痛苦孕育的過程，如果缺乏一種精神，恐怕難以征服自己。

懂得征服自己，是一種清醒；善於征服自己，是一種智慧。人們透過征服自己、改造主觀世界，促進了自我修煉和完善，促進了自我提高和昇華，使人真正走向成熟，贏得一種內在的力量，從而推動人生走向成功、趨於圓滿。而一個從不主動去征服自己、一味跟著感覺走的人，便很難去征服世界，也很難獲得人生的輝煌。

看看那些成功者，我們不難發現，他們既是征服世界的好手，也是征服自己的典範。義大利男高音卡羅素，一生坎坷、屢遭磨難，如果不是勇於征服自己——征服困頓時的脆弱、征服逆境時的絕望，他又如何能堅持一輩子始終對音樂癡情不改？香港金利來公司的老闆曾憲梓，艱難創業、幾經挫折，如果不是敢於征服自己——征服受挫時的悲觀、征服順利時的懈怠，他又如何能使「金利來」這一品牌經久不衰？

蘇格拉底說：「未經審查的人生沒有價值。」我們要讓自己的人生更有價值，就應當時時不忘一件事：征服自己。

## 10.透過潛意識一點點地培養信心

自信心的確是影響事情成敗的重要因素。倘若我們猶疑了、對自己喪失信心了，那就將失去機遇、失去成功、失去幸福。

自信心這麼重要，怎樣培養我們的自信心呢？

贏得機遇必須首先樹立信心，樹立信心的前提就是戰勝自卑。不少人有著強烈的自卑心理，如果不及時克服治療，或許會讓他的一生

都黯然無光。心理學家認為，自卑感是一種自己想像中的缺陷所致，以為自己沒有希望。其實，想像中沒有希望（可能實際上不存在）不是多餘的嗎？自卑感顯然是想像中的東西，然而會產生實際上的自信喪失、不安、恐怖、悲觀等病狀。

要想知道自己的自信有沒有穩固的基礎，回答下列題目，便能判斷自己的自信強度：

（1）你會把過錯轉嫁給別人嗎？

（2）在家裡或公司，你會向別人咆哮嗎？

（3）在別人面前，會不會老擔心著別人對你有看法？

（4）是不是常有「今不如昔」的感覺？

（5）與陌生人見面會不會膽怯？

（6）工作如果遇到新事情，會不會心慌？

（7）失業可怕嗎？

（8）害怕找新職業嗎？

（9）每當上司找你談話時，你會忸怩不安嗎？

九道題中，如果有一個「是」或類似肯定的答案，那便是危險的信號。

第一，戰勝自卑的途徑在於分析自卑心理。比如，確定你的問題屬於以上九道題中的哪一種，然後溯本窮源，追根究柢，排除心理障礙。

第二，正確評估自己的才能與特殊技能。不妨把自己的價值寫在紙上，一五一十客觀地分析、把握自己的能力。比如，會寫文章、善於應酬、打字速度快等。如此一寫，我們必定發現自己原來頗有能力，比起同齡人要優越得多。

第三，不要太寬容自己。自己的問題，必須認認真真、堂堂正正地正面解決。如果害怕在大眾面前說話，就應找機會在大眾面前說話。如果你覺得應該讓上司加薪，就不應遲延、立刻要求。也許結果不是同意便是沒有消息，但無論如何總比悶在心裡好得多。

第四，向工作邁進。與其害心病，不如立刻行動。我們將因完成

了一個又一個工作而逐步建立信心。有了自信心，不但可得到物質的報酬，還能獲得人家的賞識與讚揚。這是一種連鎖反應。自信幫助我們完成工作，工作的完成又讓我們更加自信。這種連鎖反應又成了向成功邁進的催化劑，我們將擔當更大的責任，走上更重要的職位。

第五，踩在名人和巨人的肩膀上。《科學史》一書作者沙玉彥說過：「研究科學必須破除成見，絕不能因為這是古人已說過的就很相信。尤其是對於那些名人的言論，更不能因為他名氣很大的緣故，就無論哪樣都是正確的。」牛頓認為：光是由一道直線運動的粒子組成的，即所謂光的「微粒說」。也許是由於牛頓的巨大權威，18世紀的光學研究沒有任何重要進展。1801年，一個勇敢的物理學家湯瑪斯·楊站了出來。他說：「儘管我仰慕牛頓的大名，但我並不因此非得認為他是百無一失的。我遺憾地看到他也會出錯，而他的權威也許有時甚至阻礙了科學的進步。」正由於湯瑪斯·楊沒有被牛頓的權威所嚇倒，敢於創新，所以在發展光的「波動說」方面有著重大的貢獻。這難道不能給我們一點啟示嗎？

有了健康的心理狀態，有了充分的自信心，就意味著我們有了捕捉機遇這條魚的堅實的網，有網不怕沒有魚。

# 用潛意識養成良好
# 的性格

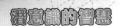

##  1.睿智者能夠坦誠面對自己的不足

　　大部分的人懷著某種自卑而生活。有的人很瘦，害怕看起來太瘦弱而被人恥笑，因此經常會擔心、恐懼；有的人覺得自己太矮，不敢與別人站到一起，久而久之，把自己孤立起來了。他們不光只對外表，有時候對自己的才能也多少會有些自卑感。

　　自卑的人其實都能認識自己的問題所在，但就是克服不了它，整天悶悶不樂，這樣是無法得到令人滿意的結果的。所以，人生最重要的就是要能不拘泥於自卑，把自己的優點盡量發揮出來。

　　實際上，任何人都擁有特殊能力或者才能。不管怎樣愚笨的人，都有他自己才能夠做到的事情。同時，被認為只能做一件事的人，也往往會有多樣的才能，只是自己沒有發現，周圍的人也無法發現，所以就讓自己的才能一直埋沒下去，沒辦法活用。但是，我們很不容易發現自己的才能，反而很容易發現自己的缺點，潛在的才能就這樣一直隱藏下去。因此，通往成功的第一步，首先要不受限於自己的弱點。

　　1951年，英國有一位名叫富蘭克林的科學家，從自己拍得極好的DNA的X光線衍射照片上發現了DNA的螺旋結構之後，他就這一發現作了一次演講。然而由於他生性自卑，又懷疑自己的假說是錯誤的，從而放棄了這個假說。

　　1953年，在富蘭克林之後，科學家沃森和克里克也從照片上發現了DNA的分子結構，也提出了DNA螺旋結構的假說，從而象徵著生物時代的到來。他們二人因此而獲得了1962年度諾貝爾生理學和醫學獎。

　　可以推想，如果富蘭克林能夠克服自卑感，堅信自己的假設，進一步深入研究，這個偉大的發現肯定會以他的名字載入史冊。可見，一個人如果不和自卑感爭鬥，就不可能清除思想上的「蛛網」，是很難有所作為的。

　　查理斯直到55歲時還沒有寫過一個字，因為他根本不打算寫小

說，也不認為自己有這方面的能力。

他向一個國際財團申請有線電視網執照後，一位朋友打電話告訴他申請極有可能被批准。於是，他突然想到：今後該怎麼辦？之後，他查閱了一些卷宗，準備寫一部電影劇本。

為此，他徵求了一位作家朋友的意見。朋友為他分析了寫電影劇本報酬不會很大，勸他還是寫小說為好，因為寫小說的收入會高於寫電影劇本的收入，而且一旦寫得很成功，還可以將小說賣給製片商，可以得到更多的錢。

查理斯對朋友的奉勸極為重視，開始想：我有沒有寫小說的天賦和耐心呢？他越想越覺得自己有成功的希望，也便堅定了信心。

他於是開始了構思：怎樣進行調查，如何安排情節，怎樣刻畫人物，如何開頭，而後怎麼潤色……

查理斯經過一年零三個月的艱苦創作，終於使自己的小說問世了。加拿大的麥克萊蘭與斯圖爾特公司相繼出版了他的小說，而後，美國西蒙公司、舒斯特與艾瑪袖珍圖書公司都出版了他的小說譯本。他的小說轟動一時，接著又被拍成電影《綁架總統》。從此，查理斯又先後寫了五部小說。

任何一個人只要有恆心，又能堅持不懈，他就一定能獲得成功。只要有渴望自己成功的願望，腳踏實地地去奉獻，去充分發揮自己的才能，就一定會獲得比夢想要多得多的成功。

以上是兩個完全相反的例子，查理斯寫作之前在小說創作上毫無成就，而富蘭克林在發現DNA的螺旋結構之前已經是一名科學家。為什麼查理斯最終發揮了自己的潛能、成就一番事業，而富蘭克林卻讓潛能的火花一閃即逝呢？關鍵在於他們對待人性的弱點的態度不同。

自卑、沒有目標、猶豫不決、缺乏恆心等，這些人性的弱點是我們發揮潛能的最大敵人。只要能夠戰勝這些弱點，我們就能夠淋漓盡致地發揮自己的潛能。

人人都有脆弱之處，但睿智進取者卻能夠坦誠面對自己的弱點與死角。如果有弱點，就要有勇氣去承認它，然後透過各種管道去戰勝

它。人類最大的弱點就是自貶，也就是廉價出賣自己，這種弱點以數不盡的方式顯現。幾千年來，很多哲學家都告誡我們：要認識自己。但是，大部分人都把它解釋為「認識你消極的一面」，大部分的自我評估都包括太多的缺點、錯誤與無能。

認識自己的缺點是很好的，可藉此謀求改進。但是如果僅僅認識自己的消極面，就會陷入自卑的泥淖，使自己變得沒有什麼價值。要正確、全面地認識自己，但絕不要看輕自己。

## 2.人人並非完美無缺，潛意識可以彌補它

生活中經常出現這樣的情況，如果家裡有一個人得了感冒的話，其他人也很快會被傳染上。事實上，這種情況是人自己造成的，因為出於擔心的緣故，每個人都會說「但願我別被傳染上」，或者是「我們小孩子得了感冒，我和丈夫就等著看看什麼時候我們也開始擤鼻涕吧。」

其實，這兩段話都包含著兩層意思，一是已經算到自己要被傳染，二是不希望避免這種事情。這種不積極的心態，勢必會將錯誤的信號傳遞給潛意識，即使身體內有對感冒病毒的抵抗力，也早就被恐懼和擔心趕得無影無蹤了。

我們大多數人肯定會有這樣的經歷：小時候，在感冒之前總是頸部先疼，然後是傷風，接著就咳嗽。如果早上起床時頸部痛的話，就去藥店把治療傷風和咳嗽的藥一道買來，因為不想兩天後又去。這就是我們給潛意識下了一道命令：要準備傷風和咳嗽啦！

一位企業主對他的一個朋友說：「我感到驕傲的是：我雇用的是絕對忠誠的員工。沒有一個人的工作時間低於五年，我已經記不得上次解雇員工是在什麼時候了。」交談中，他又說道：「我知道這跟我的員工沒有關係，這完全在我自己。」他的朋友很想知道這是為什麼，就讓企業主解釋一下其中的祕密。「事業一開始，我就養成了一個好習慣：每天早上刮完鬍子，我就在潛意識中祝福自己和公司這一

天順利、成功。」朋友想了解得更清楚一些，企業主就小聲地告訴他的朋友那些特別的肯定語句。朋友在一旁偷偷地笑，看樣子企業主的自信心還不夠強，還不敢把它們大聲地說出來。企業主開始小聲地說：「我承認今天對自己、對公司、對全體員工只有成功的消息。我的生意、生意夥伴是誠實可靠、值得信任的。我的周圍只有誠實、忠心的人，其他東西無法進入我的房子，事情就是這樣。」

他說的這一切，他的朋友太熟悉了，於是直接告訴他，這段話引自墨菲博士的書。他聽完眼睛為之一亮。他想知道朋友是否讀過墨菲的書，沒想到，朋友告訴了他從墨菲的書中得到許多積極人生思想方面的感悟，而這也正是他這麼多年來一直堅持的，他的成功有一半正是來自此處。

##  3.潛意識是最明確的訴說表達

我們知道，透過顯意識可以讓自己持續地關注事物，發揮吸引力的作用，而潛意識則是顯意識的儲存庫。透過下面小孩學鋼琴的例子，我們就可以知道顯意識和潛意識的關係。鋼琴老師會教小孩以什麼樣的指法敲擊琴鍵。起初，小孩不知道怎麼才能控制自己的手指，但是經過長年累月、全神貫注地練習，他能敲出正確的音符，這些都處在顯意識狀態下。可是，如果在小孩子練習的過程中，老師或父母能夠不斷向小孩子灌輸熟練掌握技能的願望，小孩子就會在潛意識的支配下，更快、更加輕鬆地完成對這些音符的把握。這就是潛意識發揮出來的吸引力和導向作用。

20世紀發生在匈牙利的一件事也證明了潛意識的這種力量。一個男人被誤關進冷藏車裡，等第二天早上打開冷藏車，發現這個男人已經死了。但在調查過程中發現一件非常奇怪的事：冷藏車的冷凍機是關著的，裡面的溫度為10℃左右，而他身上卻具備所有因為過冷而死的症狀。後來，經過心理學專家分析，這個人的身上之所以會出現如此奇怪的現象，就是因為他的「想像力」實在是太「豐富」了。他認

為自己被關在了冷藏車裡，肯定是會被凍死的，於是他的潛意識就在這種想當然的暗示和支撐下發揮作用，最後真的把自己凍「死」了。

這個例子說明，我們的大腦中想像什麼，潛意識就會吸引什麼，並且會讓身體作出反應。這個男人就是用潛意識「殺死」了自己。他思想中的潛意識認為自己被凍死了，於是就放棄了呼吸、心跳、脈搏等一切生命生存所必須的活動，儘管顯意識中人是怕死的，但最終潛意識發揮了作用，「殺死」了自己。

可見，如果我們不斷地重複暗示自己的某種想法，潛意識就會幫助我們實現某種想法。當然，這種想法既包括積極的想法，也包括消極的想法，關鍵就在於我們自己。所以，從積極的角度來說，加強自己與潛意識的聯繫能有效地推動我們的目標的達成。每天只需要花費幾分鐘便可與潛意識保持聯繫，借助於語言和畫面向它輸入有關幸福、健康、財富和成功的思想。若每天向潛意識灌輸保護和不受傷害的念頭，基本上就不會成為事故或者重病的犧牲品，但前提條件是要像前面所說的積極去生活，而不用其他事物，諸如謊言、欺騙、仇恨、嫉妒等消極思想去毒害內心的力量。

##  4.在任何時候都要保持冷靜

有意識地觀察自己，會發現有許多東西總在不斷地把對精神法則和潛意識的堅定信念借給你。記住，是「借」而不是「給予」，因為我們必須不斷地去爭取到一度獲得的東西，方法是透過想像，把積極的思想與消極的大眾意識劃分開來。在這個世界上，恐懼及其引發的後果，如疾病、戰爭、事故等是最糟糕的事情。自然的老化過程和健康損失原本沒有一點關係，造成損失的是人在生活中一點一滴累積起來的恐懼心理，它使得身體越來越虛弱，從三十歲或者四十歲開始，各種大大小小的疾病就開始纏身了。不知道什麼時候酒杯滿了，可就是那一滴，使酒最後從杯子裡溢出來。由於我們恰好受著身體的導向，加上對身體和精神間的聯繫知之甚少，所以根本沒有意識到這些

事情。

　　隨著年齡的增大，累積的精神垃圾也就越多，正是這些精神垃圾不斷地在侵蝕我們的健康，因為不和諧的思想永遠不可能在身體中創造和諧，這就和連日的雨水不會使麥田乾枯的道理一樣。從早晨起床到晚上入睡，我們將要面對的是什麼？不管是聽收音機、看電視、讀報紙或者看雜誌，不管你是在與同事交談還是在思考未來，百分之五十以上面對的是恐懼與擔憂，它們是由戰爭、謀殺、綁架、破產、饑餓、罷工、失業及各種各樣的疾病引起的。這種有意識的恐懼念頭就好比是一滴不和諧的酒，正掉進我們的生活酒杯裡。只要積極地採取措施，依靠和諧的思想扭轉這一狀況，我們就會獲得新生。

　　恐懼，是人類最大的敵人，給我們帶來失敗、疾病及惡劣的人際關係。恐懼是一種腦海裡的念頭，恰恰是這種念頭，抑制了我們的自信，使我們無法享受到人類的諸多美好情感。有一個孩子被告知他的床下藏著一個大妖怪，如果他不聽話，就可能被妖怪擄走。孩子驚恐萬狀，遲遲不敢入睡。父親沒有辦法，只好打開燈，讓他親自到床下察看。當他確認並無妖怪存在時，才放心進入夢鄉。因此，恐懼只是來自這個孩子腦中的某種念頭，他相信妖怪是存在於床下的。當這種錯誤的念頭被除去之後，他的恐懼感也就不復存在了。大部分的情況恐懼其實往往出自一己之念，而並非客觀存在。為了自造的恐懼的「幻象」所累，實在是人生的一大悲劇。

　　如果我們是地道的旱鴨子，不但不會游泳，而且一下水就會心慌不已，那首先應該在大腦中與自己的恐懼進行一番較量。我們可以在一把椅子上坐下，閉上眼睛，想像自己正在游泳的情景。事實上，我們是在大腦裡「游泳」，這是一種主觀性的心靈體驗。我們已經跳入「水」中，感受著水的冰涼及手腳的活動。這些，都將進入我們的潛意識當中。我們應該不斷地進行這樣的想像。有一天，等我們真正跳入水中的時候，就會發現，先前的恐懼感已經消失了大半，甚至無影無蹤。這樣，我們學習游泳技術的時候，就會得心應手、順暢自如了。

我們還是舉個例子說明吧。卡爾是一位有名的高級官員。他遇事不亂的平和心態讓同事們很欣賞，因此，他在同事中贏得了很好的口碑。對於來自媒體和反對黨的攻擊，他一貫泰然處之，照舊執行黨的執政方針。據說，他每天早晨起來，都要在椅子上靜坐一刻鐘，讓大腦完全陷入平靜的海洋之中。他說：「這樣一來，我可以喚起潛意識巨大的力量，去對付來自外界各方面的壓力與恐懼。」有一次，一個同事在大半夜裡打來電話，說有一小群人正密謀要打垮他。他的回答竟然是：「我現在正睡得很香，這件事還是等明天上班時間再談吧。」卡爾相信，只要他在情感上對各種壓力不以為意，就能以一顆平常心去處理問題。對於來自外界的任何足以讓人恐慌的消息，在他身上都發揮不了任何作用，因為他可以完全不理會它們。因此，他不會感到恐懼，也不會輕易受到任何心理上的傷害。

恐懼損害人的身體生理機能，它能改變人體各部分的化學組織，足可以縮短人的生命。世界上不知有多少人是因為恐懼而喪命的。對於正在進行中的事業，如果害怕它會失敗，那麼我們很可能變得戰戰兢兢、不堪重負。其實，我們應當想像自己堅強有力，相信自己的魄力及以往的經驗，只有這樣，你才能成為事業的成功者。

那麼，如何戰勝恐懼呢？不為過去的事情掙扎，是戰勝恐懼的基本前提。

有個患恐懼症的人，在商業座談會或其他正式場合都會顯得焦急不安。其實，「眾人」在他心理上不過是所面臨過的環境的代表。在上小學時，有一次，他不小心尿濕了褲子。在全班同學面前，嚴厲的老師讓他站起來，並且說了許多羞辱他的話。他簡直想找個螞蟻洞鑽進去，他的臉通紅，頭根本抬不起來。很明顯，眾人從此成了他過去經歷的反映對象，它彷彿代表了過去的整個情況。因此，經過心理醫生的治療，當這位患者後來看清了自己已經不是當年那個10歲的孩子，它面對的「眾人」也不是他小學的班級，不是那麼嚴厲的老師時，他的恐懼和焦慮也就消失了。

我們的潛意識和各種精神機能，在絲毫不受限制的時候才能發

揮最高的能力。陷於憂慮與恐懼的頭腦盡管仍在思想，但往往會不清楚、不敏捷、不合邏輯，大腦的思考力自然也大幅度下降。仔細觀察就會知道，許多年僅三十歲的女士臉部就出現了皺紋。這是她們操勞過度的標誌或者是遭遇到重大挫折而導致的嗎？答案是否定的。其實，這是她們未老先衰，往往是由於她們多愁善感及長時間的恐懼和憂慮所致。

##  5.用潛意識來戰勝自己的孤獨感

　　現代社會，人們總是感覺到孤獨，高高的樓房、緊閉的鐵門隔斷了人與人之間的關係，而工作中的相互競爭也使同事間的關係變得冷漠。孤獨成了多數人心中最大的苦惱之一。人生活在自然界當中，就必然遵從自然規律，世界所有的部分是相互聯繫、相互支撐的，任何人也不可能脫離人類世界而生存。我們的孤獨，正是因為意識到「自我」、意識到自己的軟弱無力及生存的侷限。我們無法擺脫生存的兩重性：作為人類的一員，不可能擺脫精神的糾纏，儘管我們很想擺脫；也不可能擺脫軀體的束縛，只要我們活著——軀體使我們渴望生活。

　　愛，是治療孤獨的良藥。潛意識思維對於「愛」，有一種本能的需要。它排斥恐懼、憤恨、沮喪等消極性情。如果硬要把這些情緒「強塞」給它，那麼，除了容易導致程度不同的心理疾病或精神疾病外，潛意識這種創造性機制不會讓我們再有別的選擇。

　　從小到大，我們慢慢學會一日三餐、待人接物，學會使用筷子、勺子；學會穿衣服、戴帽子，說母語；學會吃牛肉、雞肉，而不吃老鼠肉；習慣保持清潔，為地位而競爭，對金錢朝思暮想。然而，所有這些強大的習慣在受到挫折時，也許可以沒有任何刻骨銘心的痛苦，甚至間或還有積極的結果。在某種情況下，輕輕地舒一口氣，我們可以把它們拋到腦後。但是對於愛、溫暖、安全、受到尊重，卻絕不可如此，因為對於它們，我們的潛意識思維無限地依賴。科學研究發

現，當安全、愛及尊重得到滿足時，人的孤獨感就會大大降低，機體功能也就發揮得更好，感覺更為敏銳，潛意識的運用更為充分，使思維產生正確結論，更為有效地消化食物、更少患病等。

　　對於孤獨，我們還要有另一層詮釋。孤獨就是避開喧囂的城市獨自生活，從單調、繁忙日復一日的生活中解脫出來。一個人自我更新的重要步驟，往往就是先將自己「孤立」起來，全神貫注在自己身上，逃避外界的紛擾。透過自我發現所獲得的了解，和透過別人所得到的了解大不相同。不論從別人那裡得到的自我認知多麼正確，人只有從自己身上才能真正了解自我的意義和價值，這種了解是真誠無私的。事實上，別人的愛與了解，有時甚至是一種束縛，會妨礙人的成長。有時候，我們必須暫時放棄與其他人的關係，因為任何人際關係都有限制性的功能。而一個人的自我成長，往往需要擺脫責任和束縛，擁有某種孤獨的體驗。也唯有獨自探索，才能了解藝術、音樂、詩歌的本質，欣賞山川樹木的美及其價值。

　　進一步地說，由本身感覺所肯定的嗜好和興趣，與其他人引發的嗜好和興趣大不相同。由自我獲得的知識及由孤獨產生的感覺，是無法用其他東西取代的。自我探索是獨一無二的歷程，對自我成長的貢獻也是無可替代的。我們無法透過別人的論斷了解自己，同樣，除非走入別人的生活，直接體會別人的感覺，否則無法了解別人。換句話說，我們必須仔細去看、去聽、去體會別人的感受，才能夠了解這個世界的一切。通常意義上所謂的「真誠」，並不是把自己的一切都告訴別人，而是以本來的面目與人溝通，不要把自己包裝起來，不虛偽、不諂媚，平等地分享彼此的存在。因此，兩個人之間的真誠關係，取決於彼此是否毫無保留地接受對方並尊重對方的獨立性。

　　綜上所述，我們一方面渴望與他人接觸，另一方面也希望擁有孤獨和秘密。這兩個因素，都是個人成長發展的途徑，也是潛意識思維的必然要求。每個人的獨特性及個人沉思與自我對話的時刻，都應該得到尊重。

# 6.別因完美主義太苛求自己

一個月來，蘇珊一直忙得不亦樂乎，她要整理好年底的書、照應生意，還要舉辦一個晚會招待她的朋友和顧客，一些對蘇珊的室內設計生意很支持的朋友將為她帶來一些顧客。蘇珊的家是她作為設計家的才能的反映，因此她想在晚會前對餐廳作一些改變，進而給客人留下深刻的印象。一切事情都趕在晚會前如期完成，晚會時的情況也非常好。

此時，她的助手查理斯問她，兩個重要客人比爾太太和多瓦爾先生到了沒有。比爾太太在鎮子上開了間古董店，在過去兩年裡為蘇珊介紹了好多生意。多瓦爾先生是當地商會的會員，對蘇珊的生意一直很感興趣。當蘇珊發現自己忘記邀請他們參加晚會時，覺得腦袋好像一下子炸開了。

「噢，我完全忘記了，我怎麼會這麼愚蠢，這可怎麼辦呢？他們肯定會從別人那裡得知我舉辦了晚會，並且會認為我是有意把他們撇在一邊。我真是一個白癡，也許會使生意遭受損失。如果這件事傳出去，沒人會願意再給我介紹生意。」

「蘇珊，你不認為自己對這事的反應有點過頭了嗎？」查理斯力圖顯得是在為她說話。

那晚上的剩餘時間裡，蘇珊一直提心吊膽，深怕別的客人會向她問起比爾太太和多瓦爾先生。她該怎麼說呢，說自己是一個沒頭腦的蠢豬，竟然忘記邀請一個每年為她介紹好多顧客的老主顧？更糟糕的是，如果比爾太太和多瓦爾先生責怪她的無禮時，她又該怎麼說呢？她的腦袋裡閃過十種不同的藉口，但最後她選擇了迴避他們的方法，以免他們憤怒。

蘇珊是一個典型的完美主義者，這對她的工作確實有幫助，但當這種性格使她對自己要求太嚴格且根本無法接受錯誤時，就會對她造成了傷害。像好多人一樣，她擔心別人會怎麼樣看她和她的生意。在這件事上，她的錯誤使她感到丟臉、煩惱、失眠並且迴避他人。她放

不下這件事，無法原諒自己。因為她認為，別人犯錯誤無所謂，但她不能犯錯誤。

達到完美的過程可能是痛苦的，因為它通常受到兩種願望的驅使，其一是希望做得好，其二是害怕沒做好的後果，這正是完美主義的雙面刃的具體展現。

一方面，它是好事情，它驅使我們不論在保持家庭整潔、撰寫報告、修理汽車還是施行腦部手術時，都付出最大的努力，對自己的表現感到自豪。注意細節、注意別人對工作的看法、不斷努力，這些都是值得稱道的。另一方面，如果已經盡了最大的努力，但仍然覺得自己卻是一直退步，永遠都不能把事情做好，也根本沒有足夠的時間把事情做得更好，或覺得受到別人的批評，或一開始就無法與別人合作把事情做好，那我們最終就會覺得很難受。

問題可能始於為自己和他人設定極高甚至是不合理的目標，而我們也許並非能夠意識到自己設定了一個太高的目標，也許只是對一項計畫或任務該如何做有一種「本能的感覺」。

不幸的是，在生活進程中，完美主義者發現，在絕大多數情況下，若非付出極大的努力和精力，包括情感、心理和體力上的巨大精力，這些目標就無法達到。設定高標準、努力工作沒有錯，問題並不在於設定高標準和努力工作，只有在它導致情感上的痛苦或讓我們無法得到成功或者幸福的時候，完美主義才成為問題。耶魯大學的布拉特博士是這個領域的專家，他把完美主義的破壞作用描述成一種無窮無盡的奮鬥。在這個奮鬥過程中，每一項任務都被看做一場挑戰，每一次努力都不夠好，而每個人則不斷地拚盡全力以避免錯誤、獲得完美、得到贊同。

完美主義的情感後果包括害怕犯錯誤、因急於表現而產生壓力，由既自信又自我懷疑而生的自我意識，還包括緊張、沮喪、失望、悲傷、憤怒或擔憂蒙受羞辱。這些都是內向型完美主義者常有的體驗。覺得它們聽上去熟悉嗎？如果是那樣的話，要記住這句話：別太苛求自己！

## 7.不要讓憂愁成為傷人的病菌

美國著名作家馬克・吐溫說過：「憂愁是傷人的病菌。它會吞噬你的優勢，而留下一個像廢品一樣的垃圾。」一個把大量精力耗費在無謂的煩惱上的人，他是不能盡量發揮自己固有能力的。世界上能夠摧殘人的活力、阻礙人的志向、減低人的能力的東西，莫過於煩憂這一毒素。

有一個叫喬治・布朗的人，雖然已經成了大商人，每年都有上百萬美元的收入。但是，他卻常常情緒不穩，因為他總是提防著周圍的任何人，包括自己的助手和家人，心裡產生了許多莫名其妙的憂愁，感到十分痛苦。有一天，他的一位好朋友真誠地對他說：「喬治，相信人比懷疑人更讓一個人心緒安寧。」這句話深深打動了喬治，他這樣做了，從相信這位朋友開始，他發現自己的憂愁每天都在減少。

沒有人能估計得清楚憂愁到底造成了多少人類災禍。它使天才變得平庸，使一個人歸於失敗，破滅人的希望。在這方面，它比任何因素都要厲害。下面我們來看看它是如何造成人們的心理危機的。

（1）工作不能置人於死地，但煩憂卻能殺死人。賣苦力、辦難事等都不會使我們有任何傷害，能夠真正損害我們的是我們在辦事和做工時的心理狀態——在還未辦事、未做工前，先已在腦海中顧念著、畏懼著，同時預感到辦這件事、做這項工作時會具有的種種不快。

（2）煩憂能敗壞人的健康、摧殘人的精力、損害人的創造力，它使許多本來可以大有作為的人最終平凡庸碌而死。

（3）可曾聽到過，人們能夠從煩憂中得到絲毫的好處嗎？它可曾幫助過任何人改善他們的生活嗎？難道不就是這個惡魔隨時隨地都在損害人們的健康、摧殘人們的活力、減少人們的效率，使人們的生活陷入不幸之中嗎？

（4）煩憂能摧殘人的活力、消磨人的精神，所以能夠對人的工作產生很嚴重的影響。一個人在心緒不定的情形下工作，效率自然不會高。人的各種精神機能，一定要在絲毫不受牽制的時候才能發揮最高

的能力。困於煩憂的頭腦，儘管仍在思考，但往往不清楚、不敏捷、不合邏輯。在腦細胞受到煩憂的毒害時，腦部的思考力自然不可能像在毫無煩惱憂慮時那樣集中。

　　腦細胞時常為血液所沖洗，它從血液中攝取養分。假如血液常常載滿了恐懼、煩惱、憤恨、嫉妒等思想的毒害，這些腦細胞的「原質」便會受到損害。女性特別易於陷入煩惱的心理危機之中。她們每天花在處理家常事務上的精力，遠不如花在對子女的無謂操心、懊惱及其他無謂的精神緊張上來得多。一到傍晚，她們總是感到筋疲力盡，然而她們不曾意識到，這是她們將大部分的精神浪費於無謂的心理所造成的不安的緣故。

　　人類居然能容許這種無謂的煩惱與憂慮來詐取人的青春和生命，使人未到中年就現老相，豈不是天下之大怪事嗎？

　　驅除煩憂心理的最好辦法，就是常常懷著一種愉快的態度，而不是總去糾纏生活中的不幸與醜惡方面。保持身體健康也是矯正煩憂這種心理危機的重要因素。良好的胃口、甜蜜的睡眠、清爽的神志，都是可以減少煩憂的妙方。在心態不好時，煩憂才會滋生。身體強健的人，煩憂偷襲的機會會比較少；而在活力低微、體質衰弱的人的生命中，煩憂最易侵入與滋長。

　　在克服危機的路途中，當覺察到恐懼、煩憂的思想侵入自己的心中，必須立刻讓心中充滿各種希望、自信、健康與愉快的思想，不要坐視這些剝奪幸福的敵人在我們心中盤踞起來，立刻把那群魔鬼驅逐出我們的心靈。

　　消除這種煩憂心理危機的辦法是用潛意識的力量，以樂觀的思想代替悲觀，以鎮定代替不安，用愉快代替煩惱。

## 8.不要往潛意識裡灌注虛榮的欲望

　　一個富人舉行了一個盛大的宴會，邀請很多朋友前來赴宴。他的狗利用這個機會，也邀請牠的狗朋友來，牠說：「我的主人舉行宴

會，今夜你可以非常快樂地和我一起吃頓晚餐。」這隻被邀請的狗在約定的時間前來赴宴，牠看見那盛大的宴會，歡喜地說道：「我多麼快樂呀！我很難遇到這樣的機會，我要快樂地飽餐一頓，以便三天中不再吃東西。」這隻狗正興奮地搖著尾巴，好像要向邀請牠來的朋友表現心中的快樂。忽然，廚師看見這隻狗，便捉住牠，粗暴地把牠丟到屋外，使牠重重地摔在地上。牠跛著腿走開，憤怒地吠著。牠的聲音驚動了街上其他的狗，都走過來問牠晚宴如何，牠說道：「啊，老實說，我酒喝得太多了，現在什麼事情都記不得了。我也不知道是怎樣跑出這屋子的，你們看，我走路還不大穩呢。」

有些人喜歡運用各種門路參與權勢之家的聚會，以人家的文明和禮貌，當然不會把他轟出門外，但也不可能禮遇他或熱情地招待他，但這種人事後也會向人吹噓聚會的熱鬧和豪華以及自己所受到的歡迎。處世之道還是守本分好，何必貪想那種虛榮呢？

物質生活中的虛榮行為，主要表現為一種評比行為，其信條是「你有我也有，你沒有我也要有」，以求得周圍人的讚賞與羨慕。社會生活中的虛榮行為，主要表現為一種自誇炫耀行為，透過吹牛、隱匿等欺騙手段來過分表現自己。例如有的人吹噓自己是某要人的親戚、朋友，有的人將自己的某些短處隱匿起來，偷樑換柱、欺世盜名。這些情況已蔓延到生活的各個方面。總之，在真實面上製造一道炫目的光環，使別人真假難辨，而虛榮者從中得到極大的心理滿足。

精神生活中的虛榮行為，主要表現為嫉妒行為。虛榮與自尊及臉面有關，自尊與臉面都是在社會活動中才能得以實現。透過社會比較，個體精神世界中逐步確立起一種自我意識，自我意識又下意識地驅使個體與他人進行比較，以獲得新的自尊感。有虛榮心的人是否定自己有短處的，於是在潛意識中超越自我，有嫉妒的衝動，因而表現出來的就是排斥、挖苦、打擊、疏遠，為難比自己強的人，在職評、級評、生活評價中弄虛作假。

虛榮心是一種為了滿足自己榮譽、社會地位的欲望，生活中每個人都或多或少地會產生這種欲望。然而，如果我們表現出來的虛榮超

過了限度，那就成為一種不正常的社會情感。有虛榮心的人為了誇大自己的實際能力水準，往往採取誇張、隱匿、欺騙、評比、嫉妒甚至犯罪的手段來滿足自己的虛榮心，其危害於人於己於社會都很大。

要克服虛榮心，必須樹立正確的榮辱觀，即對榮譽、地位、得失、面子要持有一種正確的認識和態度。人生在世界上要有一定的榮譽與地位，這是心理的需要，每個人都應十分珍惜和愛護自己及他人的榮譽與地位，但是這種追求必須與個人的社會角色及才能一致。面子不可沒有，也不能強求。如果打腫臉充胖子，過分追求榮譽、顯示自己，就會使自己的人格受到歪曲。同時也應正確看待失敗與挫折，失敗乃成功之母，必須從失敗中總結經驗，從挫折中悟出真諦，才能自信、自愛、自立、自強，從而消除虛榮心。

社會比較是人們常有的社會心理，但在社會生活中要把握好評比的尺度、方向、範圍與程度。從方向上講，要多立足於社會價值而不是個人價值的比較，如比一比個人在公司的地位、作用與貢獻，而不是只看到個人薪資收入、待遇的高低。從範圍上講，要立足於健康的而不是病態的比較，如比成績、比幹勁、比投入，而不是貪圖虛名，嫉妒他人表現自己。從程度上講，要從個人的實力上把握好比較的分寸，能力一般的就不能與能力強的相比。

從名人傳記、名人名言、現實生活中，以那些腳踏實地、不圖虛名、努力進取的革命領袖、英雄人物、社會名流、學術專家為榜樣，努力完善人格，做一個實事求是、不自以為是的人。

如果已經出現了自誇、說謊、嫉妒等行為，可以採用心理訓練的方法，糾正自我心理上不良的虛榮行為。當病態行為即將或已出現時，個體給自己施以一定的自我懲罰，如用套在手腕上的橡皮筋彈自己，作為警示與干預作用。久而久之，虛榮行為就會逐漸消退，但這種方法需要有超人的毅力與堅定的信念才能收效。

# 潛意識讓我們更堅韌地面對工作

 **1.分享可以帶來最大的滿足**

談到奉獻與分享，或許有人覺得這是老生常談，而且可能認為這對自己沒有任何益處。事實上，適度的奉獻不僅是值得嘉許的人生精神，而且，當它發生在特定的時間、特定的人物身上時，就可能迸發出光彩照人的幸運的火花。我們不妨舉個例子說明。這是一個農夫的親身經歷，他說：「去年一月，有個人來到我家房前，說他的汽車陷在積雪裡了。我和兒子就出去幫了他一把。於是，我們便隨便聊了起來。他告訴我們，最近他在金斯頓開了一家商店，還說要設一個專門經銷農具的營業部。當時，我的兒子正準備找工作，正想從事這個行業。我向他說了我兒子的心願，結果他爽快地答應了。我兒子先當了一段時間的銷售員，現在，他成了農具營業部的總經理。」

這個故事看上去平淡無奇，但這就是實實在在的運氣，運氣就是這樣出現在日常生活中的。它與某人的利益息息相關，結果，影響了當事者一生的成就。當然，我們必須承認，此類運氣的根源比事件本身深刻得多。如果農夫與兒子是另外一種人，不願冒著風雪走出家門，不願幫助陌生人，那麼機緣就會從家門口溜走。在這裡，我們關心的是問題的第一步，也是招來機遇的重要一步。

前任通用麵粉公司董事長哈里·布利斯曾給屬下的推銷員這樣的忠告：「忘掉你的推銷任務，一心想著你能給別人什麼服務。」他發現，人們的思想一旦專注於服務別人，就馬上可以變得更有衝動、更有力量。布利斯說：「我告訴我的推銷員，如果他們每天早晨開始工作的時候這樣想：『我今天要幫助盡可能多的人』，而不是『我今天要推銷盡可能多的產品』，他們就能找到一個跟買家打交道更容易、更靈活的方法，推銷成績就會越好。誰若是盡力幫助別人，誰就會活得更愉快、更瀟灑，誰就進入了推銷的最高境界。」

有個旅行家名叫沙都·遜達·辛格。有一天，辛格和一個旅伴穿越高高的喜馬拉雅山脈的某個山口時，看見了一個躺在雪地裡的人。那個人已經奄奄一息，顯然如果再得不到救助就要被凍死了。辛格想

停下來幫助那個人，但他的同伴卻說：「如果帶上這個累贅，我們自己就會送掉性命。」但辛格卻無法殘忍地丟下這個可憐的人，讓他死在冰天雪地裡。當他的旅伴獨自走開時，辛格把那個人抱起來，放在自己的背上。他使盡力氣背著這個人往前走。漸漸的，辛格的體溫使這個凍僵的人溫暖起來，他甦醒過來了。過了不久，兩個人開始並肩前進。當他們趕上辛格先前的那個旅伴時，卻發現他已經死了，是凍死的。

在這個例子中，辛格心甘情願地把自己的一切——包括生命給予另外一個人。他保存了生命，而他那個無情的同伴只顧自己，最後卻丟了性命。這個例子可以給了我們一個啟示，就是做人要有奉獻精神。奉獻、無私地付出自己的才華和力量，也意味著潛意識將使它們得到相應的回報。在科學界也同樣如此。比如，創造性的靈感之花，絕不會與獨自鑽研、不肯與人交流的人有緣。它那不受常規的本性，決定了它只能與活躍的交流性環境結伴。

1979年的諾貝爾物理學獎授獎儀式上，發生了一件非常有趣的事情。該年度三位得獎者中，美國的格拉肖、溫柏格都是康乃爾大學資優班的同學。不僅如此，他們還是紐約布朗克斯高級理科中學的同班同學。這個班級僅在物理學領域就出了八個博士。事實上，布朗克斯中學的那個班級有二十來個學生，他們自發組織了一個科幻小說俱樂部，格拉肖、溫柏格、范伯特等人都是其中的成員。在這個俱樂部中，誰想出什麼有趣的新玩意兒便會主動公開，並很快在夥伴中傳開。這種自由自在、討論和競賽式的學習氣氛，對培養他們的創造力發揮了很大的作用。

在波爾領導的「哥本哈根學派」中，諾貝爾得獎者和初出茅廬的大學生一起討論問題，他們彼此之間沒有什麼身分與地位的差別，可以互相爭論、反駁、置疑和答辯，使彼此的思想碰撞、知識相通，互相激勵、彼此促進。這種特殊的奉獻型氛圍一旦形成，將十分有利於激發人的創造精神，誘發人的靈感，使人產生群體感應和共生效應。

## 2.潛意識總是在創造奇蹟

從前，有一個拳擊家，在得到冠軍之前一向表現得很好，但在得了冠軍之後的一次比賽中，他卻輸掉了，而且輸得很慘。在他失去冠軍寶座之後，他又打得非常好，並且再度奪回了冠軍寶座。他的一位明智的經理人叮囑他：「不管你是挑戰者還是衛冕者，只要能記住一件事情，就能表現得一樣出色。那就是：當你登上拳壇時，你就不再是為了爭奪衛冕冠軍而是為了爭奪寶座。你爬過拳擊場的繩欄時，寶座就擺在中央線上，而不是在你的身邊了。只有這樣，你才能做到超常發揮。」

在我們的事業當中，常常需要有「超常發揮」的臨場作戰能力。要實現「超常發揮」，首先必須做到「意識先行」，即不斷強化有關成功的潛意識，從而引導我們的潛意識自動提供幫助。另外，要充滿自信、放下包袱，就像前面所說那位拳擊手的經理人所教導的那樣。不僅不要懷疑自己的能力，還要想像目標實現後帶來的快感，這樣會增強我們的欲望和信心。還有，應當專心致志，達到忘我境界。在實現目標的過程中，高度集中注意力，盡量排除一切干擾。

需要強調的是，超常發揮的關鍵是要有輕鬆的心態。在精神鬆弛、沒有壓力的情況下，潛意識才能夠創造奇蹟。比如，人們從失火的建築物裡找到出路的時間，一般比在正常情況下學會逃離現場的時間多兩三倍。過分強烈的壓力和心理動機會嚴重干擾意識性思維推理與判斷的過程，而潛意識思維也因此而被阻塞。這就需要想辦法克服這種阻塞。

比如，射擊新手在非正式射擊的情況下，可以使槍身穩固不動；而一旦使子彈上膛，瞄準靶心，準備進行實彈射擊時，槍身就會不可控制地出現晃動。這正是過強的心理壓力帶來的結果。因此，優秀的射擊教練都會建議多練習虛彈射擊，以便克服這種情況。由於不再對射擊結果發生過度擔憂，射擊新手就能透過大量的虛彈射擊練習，培養出良好的心理狀態。

不少人往往過分誇大危機帶來的後果，即便是微不足道的機遇或威脅，都被其視為生死攸關的大事。事實上，如果對危險或困難估計過高，做不出正確的判斷，就可能產生過度的「興奮感」。倘若這種「興奮感」不能透過創造性行為及時排除，就會封存於心，成為「煩躁感」。它對於我們「臨場發揮」有害無利。

所以，凡事要避免小題大做，要學會冷靜、運用理智。應當問問自己：「要是我失敗了，最壞的結果可能是什麼？」在深思熟慮、權衡得失之後，不少人為設置的壓力自然會煙消雲散，從而更有利於自己「超常發揮」。

## 3.不能左右天氣，但可以改變心情

辛苦地工作一天後，小王覺得筋疲力盡，恨不得馬上找個地方躺下來休息休息。當他回到家裡時，電話突然響起，原來是女朋友要過來看他。他高興地掛上電話後，剎那間忘記了奮鬥了一天的疲勞，帶著興奮愉快的心情準備約會了。

是什麼原因使一個人從極端疲憊轉變成神采飛揚？是我們對事物的態度。態度就像磁鐵一樣，不論我們的思想是正面還是負面，都要受到它的牽引。好的態度得到好的結果，不好的態度得到不好的結果。

全美國最受尊崇的心理學家威廉・詹姆斯曾經說過：「我們的時代成就了一個最偉大的發現：人類可以藉著改變他們的態度，進而改變自己的人生。」一位哲學家說「兩個人從同樣的柵欄往外看：一個人見到污泥，而另一個人卻見到星星。」火可以使奶油軟化、雞蛋變硬，成功者與失敗者之間最大的差別，就在於他們用不同的態度來面對人生的難題。哈佛大學在幾年前做過一個研究，證實了這個論點。研究結果發現，態度比聰明才智、教育、特殊才能、機會更重要。研究人員總結：人生中，85％的成功都歸於態度，另15％則在於能力。雖然，要將這些特徵以準確的百分比列出來是很困難的，不過，那

些研究人類行為的專家都認為:一切成功的起點,是培養一個好的態度。

我們無法改變人生,但可以改變人生觀;我們無法改變環境,但可以改變自己的心態;我們無法調整環境來完全適應自己的生活,但可以調整態度來適應一切的環境。

有位老太太請了個油漆匠到家裡粉刷牆壁。油漆匠一走進門,看到她的丈夫雙目失明,頓時露出憐憫的眼光。可是男主人一向開朗樂觀,所以油漆匠在那裡工作了幾天,他們談得很投機,油漆匠也從未提及男主人的缺憾。工作完畢,油漆匠取出帳單,那位太太發現比談妥的價錢打了一個很大的折扣。她問油漆匠:「怎麼少算這麼多呢?」他回答說:「我跟你先生在一起覺得很快樂,他對人生的態度,使我覺得自己的景況還不算最壞。所以減去的那一部分,就算我對他表示的一點謝意,因為他使我不會把工作看得太苦!」油漆匠對她丈夫的推崇,使她流下眼淚,因為這位慷慨的油漆匠只有一隻手!

我們不能決定生命的長度,但可以控制它的寬度;我們不能左右天氣,但可以改變心情;我們不能改變容貌,但可以展現笑容;我們不能控制他人,但可以掌控自己;我們不能預知明天,但可以利用今天;我們不能樣樣順利,但可以事事盡力。

「像我這樣的人,肯定一事無成。」「別胡思亂想了,我們公司最有前途的人就是那些既年輕又有學歷的人。」「我這樣的人還能抓住什麼機會?壓力如此之大,還是隨波逐流吧!」就是諸如此類的思想限制了人類的潛能。事實上,上天對每個人都給予了無窮無盡的機會去展示他的才華,關鍵在於我們怎麼去做。

## 4.用積極的努力去創造機會

願不願意積極生活,是個人的選擇。一旦做出了積極的決定,就意味著日常生活中俯拾都是機會。每一次經驗都是全新的開始,可用不同的想法和感覺去體會。面對生活中源源不斷的挑戰,在取得主動

的地位後，便能鎮定自若地調兵遣將，決定應付的方式和態度。我們是自己的指揮官，沒有任何人能命令或以其意志驅使我們，一切主動權皆操之在我們手中。

那些擁有積極心態的人，是積極主動的，他們不僅有選擇、拒絕的能力，而且能夠擔負自己的責任、塑造自己的未來、發揮人性的光輝潛能，也只有這種人才能成為愛因斯坦、摩根和洛克菲勒等卓越的人物。而那些具有消極心態的人則是被動消極的，他們的一生碌碌無為，受消極潛意識和本能的盲目驅使，成為一個機械的而非積極主動的人，注定將一無所成。

積極的態度也會改進對自己的認識和評價。慢慢的，我們會越來越喜歡自己，並且逐漸清楚自己的目標，學會安排眼前的生活。一旦進入這樣的境界，便能獲得無限的平靜與成就感。跨過這些階段後，所處的環境和人際關係將呈現另一番風貌。這是因為關注這些事的心態已經不同。從此之後，無論是對自己和其他人的交往上，由於不再抱特定的想法，也不再期待他人的回報，彼此間的互動關係將更為自然。

人的潛意識的作用是很大的。但是，如果對潛意識放任自流、不去管理，便會氾濫成災，而且會使自己的潛意識變得懶惰和消極，從而使潛能發揮不出來。事實上，潛能是沉睡在潛意識裡的，只要用行動、用信念去刺激潛意識，我們的潛能就會像泉水一樣涓涓流出。

謝利曼年輕時在公司任職，有了經濟基礎以後便向敏娜求婚，不料敏娜早已和別人訂婚。這是他一生中不能挽回的失敗。此後，他便積極從事貿易，更加努力研究語言學，為發掘特洛伊遺蹟而日夜工作。他在經商貿易中獲得大筆盈餘，業務蒸蒸日上，不久便成為著名的大富翁。但他並不因此稍有懈怠，反而更加勤奮地學習古希臘和拉丁語，為實現其少年時代的夢想全力以赴。他說：「過去致力於累積財富，以作為實現美夢的基礎。現在，金錢財富已經不成問題，目標已然近在眼前，所有的心血將不會白流。對於經商貿易，我將不再多費心力，我將把後半輩子投入使美夢成真的行動中。」

他終於成功了，特洛伊遺蹟被挖掘出土，對世界考古學有著輝煌的貢獻。謝利曼在邁向發掘遺蹟的人生路上遭到許多人的輕視和譏笑，說他像小孩子般喜歡追求遙不可及的幻想，平白把大筆鈔票丟到臭水溝裡，簡直是個大傻瓜。但是謝利曼仍然下定決心去做，直到最後成功為止，因為他的態度是執著而積極的，這注定了最後的勝利。他有理由為自己的這份執著而驕傲。

保持樂觀的進取的態度，是激發潛能、取得成功的關鍵。「好事」也可以說是「壞事」，「幸事」也可以說是「倒楣事」。到底如何看待，是取決於個人習慣和心態。對現實抱有什麼樣的觀念，就會給我們的思想方法和行為舉止塗上什麼色彩。

積極心態是一種對任何人、情況、環境所持的正確、誠懇、具有建設性、不違背人類權利的思想、行為或反應。積極心態允許我們擴展自己的希望，並克服所有消極心態，給我們實現自己欲望的精神力量、感情和信心。積極心態是當你面對任何挑戰時應該具備的「我能……而且我會……」的心態，是邁向成功的不可或缺的要素，也是成功理論中最重要的一項原則，我們可將這一原則運用到我們所做的任何工作上。

如果認定了什麼事都很糟，我們就有可能不知不覺地給自己造成不愉快的環境。一旦覺得厄運即將臨頭，我們就會做出一些消極行為的事，使自己的預言真的應驗。如果把內心的思想和言談都引導到奮發向上的念頭去，我們就會打開一條積極的思路。於是，我們的行動也變得積極起來。因此，在看待事物時，應該考慮生活中既有好的一面也有壞的一面，但多強調好的方面，就會產生良好的願望與結果。

積極心態是使我們的大腦預備成功的先決條件。實際上，從一個人現在的思維模式便能預測將來成功與否。成功並不僅指純粹的成果，而指比這更難做到的功業，即如何使我們的生活過得更有意義、更有效率。面對困難，我們能自我控制、有條不紊，不認為那是不可解決的難題，而是能提出解決之道。那麼，這種心態就是積極的，就是成功的。

　　假如我們每天去上班都得越過一個水塘，這個水塘有些地方結了很厚的冰，在上面走路很安全；而有些地方的冰很薄，稍微不小心就會掉進冰冷的水中。

　　對於心態消極的人，他無論什麼時候總是集中精力考慮如何避免失敗，而不是考慮如何越過這個水塘。他們戰戰兢兢、小心翼翼地往前走，每走一步都先仔細試探冰面厚薄，輕輕地落下腳步，弄清楚冰面確實結實之後再踩下去，然後猶猶豫豫地再前進一步。這樣一步步地走，不惜一切代價地避免失敗。他們一刻不停地擔心犯錯誤，擔心掉到冰水裡面，如果不慎掉進水中就痛罵自己。

　　對於心態積極的人，他在沒到水塘之前就會先研究有關冰層的問題，找遇到過類似情況有經驗的人討論，閱讀所有關於這個問題的資料。真正開始過水塘的時候，集中精力考慮要解決的問題，就是怎麼樣走過去，而不是幻想掉進冰水的可能性。因為失敗的可能性非常之大，他們會穿上一套不怕落水的衣服。他們不為掉進水裡擔憂，心裡確信自己隨時可能落水，因為在生活中不管走到哪裡都會有冰層很薄的地方。他們不停地走，真正掉到冰水裡的時候，趕快爬上來，接著往前走，絕不動搖。

　　成功者不管面臨著什麼樣的水塘，總是著眼於他的最終目的。他努力應付挑戰和克服困難，以便達到他的目標。如果成功者作了一個輕率的決定或者估計錯了形勢，他就這樣來使自己定下心來：「我盡了自己最大的力量了。」然後，他做一些有建設性的事情，很快又行動起來去追求他的目標。他知道兩點之間直線是最短的距離，所以一心一意考慮如何盡可能直接和盡快地到達目的地。他努力不去浪費精力和氣力。不管什麼時候，只要有可能，他就尋找捷徑和節省時間的辦法。

　　如果我們對積極心態的力量持一種否定與排斥的想法，那說明一點，我們並不完全真正了解積極心態力量的本質。一個積極心態的人並不會否認消極因素的存在，只是不讓自己沉溺其中。積極心態要求我們在生活的每件事中學會積極思考。積極思考是一種思維模式，它

使我們在面臨惡劣的情形時仍然能夠尋求最好的、最有利的結果。換句話說，在追求某種目標時，即使舉步維艱，仍然有所指望。

事實也證明，當我們往好的一面看時，便有可能獲得成功。積極思想是一種深思熟慮的過程，也是一種主動的選擇。

##  5.潛意識也是導致人們拖延的因素

全力投入到我們的事業中去。假如它值得我們去做，它也就值得我們去研究。假如不清楚某些具體情況，就多加觀察、收集更多的資料，這也可以當做一種準備工作。它會給我們一股力量去開始工作。我們對自己的工作知道得越多，就越有興趣。

大家或許知道，做事拖拉是一個毛病。如果我們是經理，必定不會喜歡做事拖拉的下屬。然而，我們許多人自覺不自覺地形成了這樣的習慣，染上了這樣的毛病。或許我們每個人都有一種不良的習慣——拖延時間，這種現象我們不時遇見，以至於看見或發生在自己身上時都不以為然了。

然而，拖延時間卻是一種極其有害的惡習。魯迅先生說過：「耽誤他人的時間等於謀財害命。」那麼，大家是否經常拖延時間呢，還是已經討厭這種毛病，並希望在生活中改變它呢。但是，我們總是沒有將自己的願望付諸實際的行動，有了具體的想法而沒有實施，這又是一種拖拉。也許其中確實存有某種原因。

我們每個人都知道，拖延時間的確是一種不健康的行為，然而卻很少有人能夠說自己從不拖延時間。這本身就是一種無可奈何。其實，生活本身就是充滿這樣的哲理，並不喜歡這樣做，恰恰又這樣做了。對大多數人來講，拖延時間不過是讓自己避免投身現實生活而採取的一種手段。

造成拖延惡習的原因有很多，其中的主要原因是缺乏信心、責任感、安全感，害怕失敗，或者無法面對一些有威脅性、艱難的事。潛意識也是導致人們拖延的因素。他們知道該做些什麼事情，但原因不

明，就無法去做。有的時候是因為某些潛意識的恐懼拖住了他們行動的腳步。

停止拖延的最好時機就是現在。那麼，就讓我們現在開始改變自己！

 ## 6.思維的態度決定人生的高度

思維的態度決定人生的高度，這是一個亙古不變的人生命題。比如，對於一個裝了半杯水的玻璃杯，積極的人認為玻璃杯是半滿的，而消極的人則說玻璃杯是半空的，可見心態的差異是多麼的大。所羅門說：「一個人怎樣思量，他就是怎樣的為人。」也是同樣的道理。這就是說，相信自己會成為怎樣的人，就可能得到相應的結果。由於潛意識的存在，一個人沒有追求與信心，就絕不可能取得更大的成就。

潛意識訓練大師蘇埃爾・皮科克說：「成功人士始終以最積極的思考、積極而主動的認識自我、最樂觀的精神和最成熟的經驗，支配和控制自己的人生。」一個人所處的地位與環境，並不能確保他的將來。因此，對於某個目標，除非心中「決定」自己是否想把它實現、是否具有實現它的充分信心，否則任何目標只能是「水中圓月」。只要有了對於人生目標的決心和信念，那麼，獲取未來的幸福就是輕而易舉的事情。俗話說：「人生如戲，戲如人生。」欣賞一場戲，我們是用一種樂觀的態度還是用一種悲觀的態度，所得的結果是截然不同的。

有這樣一個故事，一天晚上，美國德克薩斯州的一個農民家裡，小男孩正在和自己的家人玩牌。可是一連幾次，他抓的牌都很差，結果全輸了。於是他開始抱怨自己手氣不好、命運不好。男孩的母親聽到男孩的抱怨，突然停止了玩牌，嚴肅地對他說：「無論你手中的牌怎樣，你都必須接受它，並盡力打好它。」小男孩望著母親堅毅的面孔，不由得愣住了，只聽母親接著說道：「人生也是如此，你無法選

擇牌的好壞，但你可以用積極的心態去接受現實，並盡你所能，讓手中的牌發揮出最大的威力，獲得最好的結果。」從此以後，小男孩一直記著母親的話。他不再抱怨自己的命運，而是以良好的心態去迎接人生的每一次挑戰。就這樣，他終於從德克薩斯的這個小農村中走了出來，一步一步成為陸軍中校、盟軍統帥、美國總統。這個小男孩，就是美國第34任總統艾森豪。

美國潛意識學研究權威、科學家墨菲曾經指出：「許多人總是沮喪地認為，自己天生就扮演著承擔失敗及不幸的角色。其實，問題並不在於他們的想法是否正確。只要堅持人生的信念，一切難題均可迎刃而解。」所以，我們必須懷有堅定的信念，相信它的力量，並積極地加以實現。倘若對它視而不見或在頭腦中充斥著某種錯誤的、消極的觀念，潛意識勢必受到影響，而我們自己所具有的潛在能力，便無法真正發揮出來。

為此，墨菲博士舉了跳蚤和尾蟲的例子。他說，在實驗中，科學家把一隻跳蚤放到盤子裡，並用一個透明的玻璃罩罩住。跳蚤用力向上跳，由於被玻璃罩擋住而掉了下來。跳了幾次後，牠就停止了努力。然後，科學家把玻璃罩移走。但此時，跳蚤已經不再能夠跳出了——牠認為自己必然跳不出去了。這種行為叫做「自我設限」。墨菲博士說，一個人倘若自我設限，就沒法獲得突破。比如，某人認為自己無法學好英語，就永遠難以把這門語言學到家，其實這是自我設限。美國著名影星史特龍，曾拜訪過紐約五百多家電影公司，總共跑了1588次，才第一次應聘成功。信念使他決心成為強者，並且終於實現了夙願。他並沒有自我設限。相反地，如果一個推銷員拜訪了幾家公司後，因沒有推銷出一件商品，便認為自己不會推銷，這正是「自我設限」的結果。另一個例子是尾蟲，牠是一種毛毛蟲。通常，牠只會跟在前面那條尾蟲後面爬行。於是，科學家把尾蟲排成一圈，然後牠們開始爬行。在圓圈中間，科學家放入了食物，可是尾蟲對此彷彿一無所知，最後竟至活活餓死。對於這一實驗，墨菲博士幽默地說：「尾蟲的確有堅持不懈、一跟到底的精神，不過，牠們並沒有正確運

用潛意識思維。牠們沒有獨創能力，而是隨波逐流，沒有學會將體能轉化為智慧。對於潛意識而言，這同樣是一種不利於開發潛力的消極思想。」

不要讓任何消極的心態成為我們失敗的藉口和自我安慰的理由，不要企圖迴避喚醒積極心態這種挑戰。當心中充滿消極的念頭時，我們的才智就會停止活動。我們希望邁向事業的目標，但心中卻是恐懼、緊張及矛盾。所以，當我們有了任何消極的負面思想的時候，就應當告訴自己：「我不會讓它得逞，我要忘掉一切消極的想法！」當抹去心中消極的陰影後，我們的才智就會凸現出來，並開始茁壯成長，使我們的事業得以一帆風順。

## 7.把敬業變成一種習慣

一個人在追求成功的過程中總會遇到各式各樣的困難。那麼，戰勝困難就要有強者精神。敬業精神是強者之所以成為強者的一個重要方面，這也是由弱者到強者應該具備的職業品行。如果我們在工作上能敬業，並且把敬業變成一種習慣，會從中受益一輩子。

所謂敬業精神，就是要敬重我們自己的工作。為何要如此，我們可以從兩個層次去理解。從低層次來講，「拿人錢財，與人消災」，也就是說，敬業是為了對老闆有個交代。如果我們上升一個高度來講，那就是把工作當成自己的事業，要具備一定的使命感和道德感。不管從哪個層次來講，敬業所表現出來的就是認真負責、一絲不苟，並且有始有終。

很多年輕人初入社會時都有這樣的感覺：自己做事都是為了老闆、為了公司賺錢。其實，這也沒什麼關係，你出錢我出力，情理之中的事。再說，要是老闆不賺錢，員工怎麼可能在這家公司好好待下去呢？但有些人認為，反正為人家工作，能混就混，公司虧了也不用我去承擔。他們有時甚至還扯老闆的後腿，背地裡做些不良之事。仔細想想，這樣做對自己並沒什麼好處。敬業，表面上看是為了老闆，

其實是為了自己。因為敬業的人能從工作中學到比別人更多的經驗，而這些經驗便是我們向上發展的踏腳石，就算我們以後換了地方、從事不同的行業，我們的敬業精神也必定會為我們帶來幫助。因此，把敬業變成習慣的人，從事任何行業都容易成功。

有句古老的諺語：「我們都是習慣的產物。」這種說法是千真萬確的，因為所有的人都是遵從某種習慣來生活的。

某些習慣決定於它的文化，幾乎人人都會養成這種習慣。比如：當我們早晨醒來之後，所做的第一件事就是刷牙。大多數人都有這種習慣，而且這是很好的習慣，它使我們的呼吸芬芳可人，牙齒更健康，嘴巴也更清爽。

如果我們的習慣是好的、有益健康的，那我們一定是很愉快的人，有益於發揮我們的強項。如果我們的習慣不好，那應該盡一切力量來改變，如此才能克服我們的弱點，把弱點變成生存的一種優勢。

對很多人來說，習慣是個消極性的名詞。在這個重視物質、忽視道德與精神的時代中，我們所聽到的都是喝酒、抽菸及濫服藥物的習慣。但是習慣也有好的，甚至還能鼓舞人心。一個人由弱而強的過程就是擺脫壞習慣、養成好習慣的過程。

習慣同時也控制著我們的生活。舉個最簡單的例子，在每個早晨醒來之後，我們總習慣盥洗、換上乾淨的衣服、扣好釦子、吃頓早餐。如果我們未養成這些良好的習慣，那麼將不會被鄰人、同事及親朋好友所接受。如果沒有習慣，我們的日常活動就會緩慢下來，形成一種散漫的生活方式。即使是簡單的生活功能，也會和自己發生衝突。我們需要一整天24小時的時間才能完成白天的工作，將沒有時間睡覺。養成敬業的習慣之後，或許不能立即為我們帶來戰勝弱點的好處，但可以肯定的是，如果我們養成了一種不敬業的不良習慣，我們的成就相當有限。如果那種散漫、馬虎、不負責任的做事態度已深入我們的意識與潛意識，任何事都只會隨便做一做，結果也就可知了。如果到了中年還是如此，很容易因此蹉跎一生，還說什麼由弱而強、改變一生呢。

所以，敬業從短期來看是為了雇主，長期來看是為了我們自己。此外，敬業的人才有可能由弱而強，並且敬業還有其他好處：

（1）容易受人尊重。就算工作績效不怎麼突出，別人也不會去挑我們的毛病，甚至還會受到我們的影響。

（2）易於受到提拔。老闆或主管都喜歡敬業的人，因為這樣他們可以減輕工作壓力，把事情放心地交給敬業的人。我們如此敬業，他們求之不得。

一般來講，如果一個人想由弱而強，在一個地方做不好工作，也很難在別的地方做好工作。當然，有的人會想，現在找工作也並不只有一條路，此處不留，自有他處，不如過一天算一天。這樣的人注定不能由弱而強，只能是強者的臨時工，而要使自己成為不敗的強者，只有良好的敬業習慣能夠拯救我們。

## 8.把每一天都做得最好

人生就是人一日中所想的事情的呈現。這句話相當富有哲理。

「人一日中所想的事情」是指一日24小時的思考狀態，也就是從早上起床去公司上班到上床睡覺為止的全部的心理狀態。因此，這段時間，不論我們想到了什麼、怎樣行動，對人的心靈都大有影響。

更具體些的是對人應提出這樣一些問題：

「是不是光會抱怨和說別人的壞話呢？」

「是不是光看見別人的缺點呢？」

「是不是對有錢的朋友嫉妒憎恨呢？」

「是不是對公司有不平或不滿呢？」

「是不是一直憎恨合不來的上司呢？」

「是不是下意識地希望同事遭遇失敗或不幸呢？」

這樣問過他們後，大部分人都會點頭：「這麼說起來的確是這樣。」

所謂的積極思考並不是只有一時性的，因為人生是由許多個一天

組成的，在某種意義上，一天就是一生的縮影。過好每一天的人，其實就已過好了一生！

人生中，每一天都應該是進步的。

人生不可能一步到位，不要想一下子實現理想，先試著在短時間內從比較容易達到並符合個人能力的願望開始。但有一點是必須特別注意的，那就是完成這個理想後，不要老是想著「只要這樣子就好了」，而應朝更高一級的目標繼續前進。

有人在實現了符合個人當時能力的願望後就此滿足，不再追求更高遠的目標。有了這樣的想法，遲早有一天會陷入後悔的窘境中。為什麼這麼說呢？因為他們光想著維持現狀，不知不覺地熱情就消失得無影無蹤。

人生要維持現狀是不可能的，充滿幸福的人生是在經常積極前進的過程中才能品味的。

有一位教英語會話的S先生，原本是中學英文老師。雖然是英文老師，口說方面卻不甚流利。為此，他被太太和親戚們輕視：「這種程度的人也能教英文，教師其實沒什麼了不起的嘛！」

S先生自己也滿是羞愧和後悔，終於明白：雖說自己已經是英文老師，但口說能力如此差勁，實在不是一名合格的老師。於是暫停了自己的教師工作，到國外留學三年。之後，S先生在45歲時辭去工作，成立英語會話教室直到現在。他曾說：「如果就那樣繼續做教師，也許一生都沒有展現自己的真正價值。」S先生現在抽空學習法文，因為在不久的將來，他還想開設法文教室。

如果我們已經實現一個願望，不要就此滿足，應該瞄準更高一層的願望。如此重複累積，對最後的成功和願望的實現將有很大的幫助。讓我們的每一天都在進步，這樣的人生方是成功、有價值、有意義的人生。

真正努力過後，一切就不會落空，總有一天會有收穫的。

在一家大公司宣傳部當科長的T先生，自孩提時代就熱愛繪畫，抱著成為畫家或設計師的夢想。然而在10歲時，父親生意失敗，負債累

累，他不得不在中學畢業後打工賺錢。

進了公司三年後，他的命運出現轉機。當時，在工廠有一個關於安全活動的提案在徵招人才，T先生運用他所擅長的繪畫能力去應徵，結果脫穎而出折桂而歸。隔了一年，機會又一次來臨，T先生的公司決定展開大型銷售宣傳活動，以銷售員身分奔波於各大電器行的他，用繪畫才能製作漫畫、附插圖的戶外廣告宣傳、附插圖的電器用品說明書大為成功，並得到銷售冠軍的佳績。

銷售員必須每天做出報表，通常只要寫出銷售狀況和實際成績就行。但T先生不只如此，他特別買了照相機，拍下戶外廣告、傳單和裝飾得熱鬧非凡的店面照片，和報表一起送出。諸如此類一連串的工作情形，給人事部留下深刻印象：「那個T職員是個很有趣的傢伙呢。雖然沒什麼學歷，但擅長出點子，乾脆把他挖到宣傳部來。」終於，他被挖到宣傳部，成功地做到自己心儀已久的宣傳設計工作。

由此可知，努力是會在某日突然得到結果的東西。

殷切期盼的事情必會實現，人生確實是如人們所想像的形象去發展。但走錯一步，最先產生的就是焦慮，而焦慮過度就會陷入「老是不進步」「事情老是不按自己的意思發展」的負面情緒。如此一來，負面念頭就可能被輸入到潛意識中。相反地，如果能想成「工作是上天賦予的使命」或「完成這工作是自己的使命」的話，就不會覺得工作是公司委派的任務，只是因為上司的命令才行動。

想挑戰什麼事情的時候，我們容易以自己的尺度去思考而行動。然而過分考慮自己，就會形成以自我為中心，這是不對的，應該要以「對他人有助益，對社會有助益」的意識為主。

對社會有貢獻、為他人服務，這樣的意識若能成為支配行動的支柱、思考核心，就不會只意識到自我，也就能符合潛意識的生存方法。如此一來，就會有「即使遭遇麻煩或困難，也一定處理好」的心境，更進一步導入積極的想法——正面思考的堅定信念。

年輕時，如果能做到即使工作再乏味都絕不輕視怠慢，對待每一個工作都保持誠意、認真負責，不是光為外表的功名、功勞所誘，努

力把每一個任務正確地完成，那麼我們就一定會成功。

很多人把目光盯在外表光鮮的工作上，輕視細微的工作。結果，一旦被交代重大任務時，想要圓滿順利地完成任務，恐怕就很困難了。其原因是不僅沒有培養好對待工作的應有態度，也沒有實踐的經驗，一旦面對艱鉅工作，就會徹底喪失完成它的自信了。

一家公司的負責人A先生，因為家庭困難在高中時休學，在公司一邊整理商品一邊記帳，做的是一份既枯燥又非常辛苦的工作。但是，他想：「高中輟學的我，只有這裡是棲身之地了。」於是，認真做著倉庫主管的工作。一轉眼就過了兩年，A先生變成了查商品的活字典，增加的商品數量都牢記在腦中，即使沒有一一查看也能正確地回答。這樣的工作態度給董事長留下了深刻的印象。5年後，他升遷為物流科科長；10年後，升遷為分店店長。而在成為分店店長不久後，因為比其他分店早一步提出電腦聯網作業的構想，並成功付諸實行，在工作能力一再受到肯定後，終於被提拔為公司董事。

A先生說：「我能有今日這番成就，就是因為當時那份工作相當枯燥乏味。但是如果沒有經歷過那份工作，懶惰又怕麻煩的我大概只能做一份不太好的工作吧。因此，至今倉庫都是我的根據地，每當想要好點子時，就會去那裡。」正是因為做過倉庫主管這份工作，每日孜孜不倦、踏踏實實地努力工作，才能成功發展。

讓我們每天建立一個快樂而富有建設性思想的計畫，並為我們的快樂而奮鬥吧！如果能夠照著做，我們就能消除大部分的憂慮，大量地增加生活上的快樂。

今天，一切就從今天開始。

只為今天，我們要很快樂。假如林肯所說的「大部分的人只要下定決心都能很快樂」這句話是對的，那麼快樂是來自內心，而不是依存於外在的。

只為今天，我們要讓自己適應一切，而不去嘗試讓一切來適應我們的欲望。我們要以這種態度接受我們的家庭、事業和運氣。

只為今天，我們要愛護自己的身體。我們要多多運動，善加照

顧、珍惜我們的身體，使它成為爭取成功的基礎。

　　只為今天，我們要充實我們的思想。我們要學一些有用的東西，不要做一個胡思亂想的人，要看一些需要思考及集中精力才能看的書。

　　只為今天，我們要用三件事來鍛鍊我們的體魄。我們要為別人做一件好事，但不要讓人家知道；我們還要做兩件平常並不想做的事。這就像威廉‧詹姆斯所建議的，只是為了鍛鍊。

　　只為今天，我們要做讓人喜歡的人，要修飾外表：衣著要得體，說話輕聲，舉止優雅，絲毫不在乎別人的毀譽。對任何事情都不挑毛病，也不要看不起別人或教訓別人。

　　只為今天，我們要試著考慮怎麼度過今天，而不是把我一生的問題一次解決。因為，我們雖然能連續12個小時做同一件事，但若要我們長久下去，是不可能的。

　　只為今天，我們要訂一個計畫。我們要寫下每個小時該做些什麼事，也許我們不會完全照著做，但還是要仔細擬定這個計畫，這樣至少可以免除兩個缺點──過分倉促和猶豫不決。

　　只為今天，我們要讓自己安靜半個小時，輕鬆一下。在這半個小時裡，要想到我們的生命充滿希望。

　　只為今天，我們要心中毫無恐懼，尤其是不要懼怕快樂。我們要去欣賞美的一切，去愛、去相信我們愛的那些人也會愛我們。

　　假如我們想改善自己平常不快樂的心境，那麼請記住：只要心中有快樂的思想和行為，我們就能感到快樂。

## 9.選擇做自己最感興趣的工作和事情

　　不管我們現在工作的待遇如何優厚、報酬如何豐厚、地位如何高不可攀，千萬不可委屈心靈的需要，違心地從事一種並不適合自己天性的職業。你應當將自由、自立的精神作為神聖不可侵犯的擇業權利。同樣，任何困難都不能使人放棄自己所熱愛的職業。在我們服務

於一種職業時，應該想到，那是自己的理想，我們時刻在為自己而工作。薪水的數目對大家來說，當然希望多多益善，但應該記住：選擇職業時，不應當以報酬的多少、名利的厚薄作為唯一標準，應當選擇最能鍛鍊人格、發揮才能的工作為終身職業。毫不誇張地說，這種工作的本身，比名利更為偉大，比名利更為崇高。

我們應該選擇一種適合於個人發展的職業，一種能夠使自己不斷進步的職業，一種前途無量的職業，一種可以學到必要的人生技能的職業。在可能的情況下，我們應該拋棄那種有損健康並需要夜以繼日、經常不休息的職業，盡可能從事與我們的潛能相配的工作。一切與天性無關的工作，大可不必去嘗試。實際上，許多人對於工作懷有錯誤的想法。他們把工作看成是取得麵包、衣服、居室的無奈的「需要」，一種不得已而為之的苦役。他們從不把工作當做開發潛意識、鍛鍊個人能力的一種手段，也不認為這是一所訓練與造就良好品格的學校。他們不懂得，只有內心的「需要」驅使自己工作時，才能驅使自己發展身上最為優良的品格，讓自己在奮鬥與努力中發揮出所有才能，克服一切阻礙成功與幸福的因素。

當然，從另一方面說，任何工作，只要對它有絕對的尊崇，它就具有至高無上的神聖意義。對於其本身而言，凡是有利於人類的工作，沒有一件是卑賤和低下的。不管怎樣，我們必須熱愛自己的工作。只有這樣，才能使潛意識成為我們最得力的助手。否則，我們極有可能走完一生卻一事無成。同時，為了完成每一項工作，我們必須設定某種難以踰越的「界限」。這樣，由於是在刻板的時間壓力下工作，反而會使潛意識產生某種特定的「腎上腺素」，從而達到事半功倍的效果。同時，也要避免時間「失控」的情形，確立起有迴旋餘地的現實性「界限」。換句話說，對工作的安排，最好是留出一點兒能夠提前完成它的時間。

另外，當我們從事某種職業時，我們就獲得了深入職業本身及接觸他人的機會。可以用我們的耳目，盡量吸取關於職業的全部知識。首先，應該盡量選擇最適合自己的工作環境，然後竭盡全力，把工作

做到盡善盡美，以期達到預期的人生目標。我們所選擇的工作環境，必須適合自己的性格、才智和體力。如果發現工作的確與自己的心靈相去甚遠，那完全可以及時考慮「跳槽」。一般人往往存有一種並不正確的觀念，以為從小就對某事具有某種興趣，所以長大之後，從事這方面的職業就一定最為適合。其實並不見得。有許多人，一直要到中年時，才能確定自己究竟應該走哪一條路，因為在那個時候，他們的知識和技能才算比較定型，而且對工作具有相當的經驗和體會。因此，如果要決定自己一生的事業，請記住唯一的定律：「你所要從事的事業，必須比其他任何事業更能夠讓你勝任。」

大家都知道著名科學家愛因斯坦，正是對於職業的無比熱愛與追求，使他形成了許多優秀的品格：勤奮的精神、堅韌不拔的毅力、攀登科學高峰的志氣、忘我的科研態度。這一切都成為他獲得成功的有利條件。他上大學的時候生活貧困，只能勒緊褲腰帶生活，卻把全部精力花在學習上。大學畢業後，他好不容易在一家專利局當上了一個僅有500瑞士法郎年薪的低級職員。在貧困的生活和惡劣的生活環境下，他仍然堅持不懈地從事學習和研究工作。他一方面研究送到專利局的各種發明創造專利，一方面利用業餘時間看大量書籍，思考問題，進行物理理論的研究。他常常是用半天時間完成一天的工作，然後偷偷拿出小紙片來演算物理學方面的題目。繁重的生活負擔，給愛因斯坦帶來了巨大的困難。25歲時，他就做了父親，家庭的重負壓在他的肩頭，但他始終沒有終止他所悉心致力的科學事業，因為他對於這一事業懷有無限高尚的熱情。一次，一位朋友到他家做客，看見他一手搖著搖籃，一手夾著一根劣質雪茄，桌上打開書本，正聚精會神地讀著。剛點燃的爐子在屋裡冒著嗆人的濃煙，加上刺鼻的雪茄菸味、晾著的小孩尿布的臊味，混合成窮人家特有的味道，使人感到一分鐘也難以待下去。客人問他怎麼受得了這樣的環境，他笑著說：「我必須忍受！」皇天不負有心人，經過整整10年的時間，愛因斯坦不僅建立了相對論理論體系，而且推廣了相對論原理。在他的一生中，他在物理學的許多領域都有著非凡的成就。

　　總之，我們所從事的事業，必須適合自己的才華、體格和智力；同時，它還必須符合自己的個性，使我們感覺愉快、永不抱怨。如果現在已然選定了這樣的職業，那就不必遲疑，盡可放心，大膽著手去做。只有這樣，我們才會明顯的感到，自己做起事來精神飽滿、信心十足，絕不會懷疑自己走錯了方向。我們將因此神清氣爽，也會為周圍的人帶來快樂的氣息。

　　綜觀世界文壇曾經有許多著名作家，如巴爾札克、卡夫卡、史蒂文森等在大學時期，都曾迫於父母之命而學習法律。因為，在他們的父母看來，這樣的專業才實用，能夠為他們帶來豐厚的物質回報和很崇高的社會地位。但是由於個性、天分與內心需求的原因，這些作家對法律絲毫不感興趣，始終堅持學習文學創作，因為只有寫作是他們真正的興趣所在。在他們的潛意識中，蘊藏著某種「文學情感」的強大因素，這使他們最終放棄了父母的願望而選擇自己熱愛的事業，並最終獲得了成功。

##  10.在工作中忠實地執行每一件事

　　正確地對待日常工作的態度應該是：即便是對於那些尋常與微小的工作，也要忠實地執行。這是我們一步一步邁向高層職位的階板。遺憾的是，現實生活中，很多人都忽略了這一點。

　　英國著名作家狄更斯，不到準備非常充分的程度，絕不肯輕易在公眾面前朗讀他的作品。美國著名小說家福克納，為了斟酌一句話甚至一個詞語，竟然花費了好幾天的工夫。就是靠著這種精益求精的精神，使他們的聲譽遠非一般作家所能企及。

　　小說家艾略特在他的《初春》中描寫了一個名叫維西的失敗者。他本來是一個出名的絲織品經銷商，只是因為聽了舅舅的話，使用一種廉價的染料，以至產品品質低劣，生意也就一下子滑落谷底。相反地，一個名叫皮特的人，卻因為做事認真，對產品的生產工序、原料皆做到萬無一失，所以有資格拿很高的薪水。天下事不做則已，要做

就非得做得十分完善不可，不然就會被淘汰。那些做起事來只有一半可用的人，任何人都不會對他產生信任。他開出去的支票，沒有任何人願意接受；他替人管理金錢，也沒有人敢相信他。無論他走到哪裡，都不會受到人們的歡迎。因此，事情不分大小輕重，都應採取正確的態度，將事情做到完美才好，否則還不如不做。一個人如果能從小養成這樣的好習慣，他的生活一定會過得十分愉快和幸福。

一個人如果累積起一種別人所需要的能量或特長，無論在任何地方都不會被埋沒。一個熟悉商情、經驗豐富的青年，在商界一定會有立足之地。那些企業家隨時都在尋找刻苦努力、敏捷伶俐、意志堅強的員工。他們相信，只要將一件事務交到他們手上，他們必定會千方百計地追求完美，以最快的速度和最高的品質完成它。

一場激動人心的足球比賽，可以吸引成千上萬的觀眾前來觀看。雖然助威聲地動山搖，吶喊聲此起彼伏，但是相信絕大多數觀眾只是看看哪個隊贏了，看看熱鬧罷了，真正懂得欣賞足球、看出哪個球進得好、哪個球員水準高、哪個隊戰術得當的只有那些內行的教練與球迷。一般人只不過是過過「眼癮」，而內行們卻可以通宵達旦地看，有條有理地評論這場球賽，總結這場球賽的得失。

為什麼同樣是看球賽，內行和外行看到的東西卻大不相同呢？那是因為內行本來就是準備來看門道的，外行本來就是來看熱鬧的。前者有著明確目的，後者卻沒有。只有那些有充分思考的人，才能做到對事物進行科學的觀察，才能有效磨練自己的工作能力。

要磨練自己的工作能力，不僅要有發現問題的心理準備，還要盡快掌握足夠的理論知識。一個真正的足球迷之所以能夠精確地評論球賽，就是因為具有豐富的足球專業知識。一個連「越位」都不清楚的人，當球賽結束後，除了知道比賽的結果外，恐怕其他的也說不出什麼。這正如去醫院去做掃描一樣，一個對人體結構或X光片沒有任何了解的人，坐在X光機的螢幕前或手裡拿著一張X光片，能說出什麼嗎？除了能指出哪裡黑一點、哪裡亮一些外，就說不出什麼東西了。但醫生就不同了，他能在同一張片子上指出哪裡沒有問題、哪裡出了

問題，並且說得頭頭是道。這也是「內行看門道，外行看熱鬧」的道理。

由下面的幾個例子即可見一斑。有一次，在德國的哥廷根舉行國際心理學家會議，出席的都是當時各國著名的心理學家。正在會議開幕式剛剛舉行完畢的時候，突然從會場外面闖進來一個慌慌張張的男人，他往主席台跑去，緊隨其後，另一個身強體壯的男人舉著槍追了上來。會場頓時大亂。這些心理學家都屏住了呼吸，想看看這兩個人到底要做什麼。兩個男人在眾目睽睽之下廝打了一陣之後，忽然一聲槍響，兩個人又衝了出去。這時，會議的主持人問道：「在座的各位，有沒有人認識剛才衝進來的那兩個人？」大家都說不認識。主持人那繼續說：「剛才發生的事情，是此次會議事先安排好的一次表演，而且我們對此已做了錄影。現在就請大家把剛才所觀察到的整個過程寫下來吧。」

由於整個過程十分短暫，前後不過20秒鐘，但是場面卻十分驚人，因而引起了與會者高度的注意。況且這些參加會議的每個人都是訓練有素的心理學家，而且與事件沒有牽連，不可能進行有意的歪曲。在這麼多有利的條件下，按理說，他們能夠寫出很好的觀察報告。但是，事實卻出乎人們的意料。經過與錄影對照，交上來的40份觀察報告中，僅有一份與事實完全符合，有14份報告在主要事實方面錯了20％～40％，有25份報告錯了40％以上。更讓人驚訝的是，有一半以上報告10％以上的細節是臆造的。

顯然，即便是專家，在工作能力的培養與訓練方面，也往往難以盡如人意。相比之下，我們應該注意自己的工作能力，任何工作都要做到高人一等。我們要擦亮眼睛，觀察自己所接觸到的事物，務必將之觀察、思考得完全明白才肯甘休。

我們每時每刻都要抓住機會學習、磨練與研究，要對那些與你自己前途有關的學習機會看得非常重要，甚至看得比財富還要重要。

我們要隨時留意學習工作的方法和待人接物的技巧，對任何技巧和方法都加以詳細研究、考慮，探求成功的奧秘。當我們把這些都

——學會之後，我們的潛意識就會釋放出巨大的創造性能量，而我們於其中所獲得的財富與有限的薪資比起來，真不知要寶貴多少。總之，工作的興趣應當完全是為了自身的學習與磨練。

# 潛意識讓我們的
# 生活更加積極

## 1.對生活要有一顆奔騰的心

拿破崙‧希爾曾經說：「如果你有一顆熱情的心，那麼毫無疑問，現實將會給你帶來奇蹟。」

他回憶，當年，在一個濃霧之夜，當他和他的母親從美國紐澤西州出發，乘船渡河駛往紐約的時候，母親看著滔滔河水，開懷地說：「這是多麼驚心動魄的情景啊！」

「有什麼出奇的事情呢？」拿破崙‧希爾不解地問。

希爾的母親雖然年歲很大了，但聲音裡依舊充滿了熱情：「你看，那白色的濃霧、船隻四周若隱若現的光芒，還有消失在霧中的風帆，這一切多麼動人而美好，多麼令人不可思議啊！」

當時，或許是被母親的熱情所感染，拿破崙‧希爾也被那厚厚的白霧、遠處若隱若現的船隻所吸引。那一刻，他那顆一向遲鈍的心似乎突然得到了滋潤，因為它開始滲透進一種新鮮的血液。他對於世界開始多了探索之心、熱愛之情，感受到了人間萬物的壯美景象。

母親注視著拿破崙‧希爾，微笑著說：「親愛的兒子，一直以來，我從來都沒有放棄過給你各種人生忠告。不過，無論以前的忠告你接受與否，但這一刻的話語，你一定要永遠牢記。那就是：世界從來就有美麗和幸福的存在，它本身就是如此迷人、令人神往。所以，你自己必須對它要擁有不倦的熱情，這是你一生幸福的保證。」拿破崙‧希爾一直牢牢記住母親的這些話，而且努力體會、感受世界，始終讓自己保持一顆充滿熱情的心。這使他不論在怎樣的環境下，始終具有積極、向上的力量和勇氣。

在人的一生當中，有許許多多成功的機會，使我們可以發揮自己的一切潛力。而內心中是否始終充滿熱情，往往成為成功者與失敗者之間的分水嶺，那些意氣風發的成功人士，必定都具有熱情的品質。熱情，一方面是一種自發的素質，能使我們始終保持自身的活力與鬥志，同時又是一種珍貴的能源，能幫助我們集中全身力量，投身於某一事業或工作，並獲得大量的驅動力。

有一個小學生，在班裡，學習成績一般；在老師眼中，他是個學習成績不好的學生，也沒有什麼特長，因此對他很少理睬。因為他的少言寡語，同學們也認為他不是個好夥伴。後來，因為搬家的原因，他來到了一個新的學校，進入了一個新的班級。當他第一次走上講台，聽老師向同學們介紹他時，台下的同學們為他的到來發出了熱情的掌聲。同學們對他很熱情也很關心，老師和同學主動要求給他補習前面中斷的課程。下課時，同學們邀請他一起遊戲；放學時，同路的同學邀他一起回家。在這個班，他不再是不受人關注的對象。從此，他的學習成績有了很大進步，而且積極參加學校的各種文藝活動。他發現原來自己的演講水準很好，就參加了學校的演講比賽還獲了獎。是同學們的熱情激發了他的力量，使他「脫胎換骨」。

在你的身邊，有的人積極、開朗、樂觀，而有的人卻總是心態憂鬱，乃至或多或少有自卑感。後者常常低估自己，對前途失去信心、缺少熱情。其實，每個人都應該相信自己的體魄、精力與耐力，相信自己具有極大的潛在力量。

南非著名企業家阿爾夫‧麥克伊凡，從第一天開始做推銷員起，就對客戶非常熱情，和各種各樣的顧客建立良好的合作關係，即便是那些粗野、脾氣暴躁的顧客，他也知道該如何應付他們。

在阿爾夫‧麥克伊凡年輕的時候，曾經負責出租起重機給建築承包商。在他的客戶中有個叫史密斯的老闆，是個非常粗魯的傢伙，對人不尊重，動不動就發脾氣。阿爾夫‧麥克伊凡去史密斯的工地推銷起重機，史密斯態度很不友好，連續兩次都把他給趕了出去。但是阿爾夫並不灰心，他又來到了史密斯的工地。阿爾夫在自己的回憶錄中這樣描述他和史密斯的第三次會面，「當時，他又在大發脾氣，站在辦公桌前向另一個年輕的推銷員大聲吼叫。史密斯先生的臉因為激動過度，紅得就像番茄一樣，而那個可憐的推銷員正站在幾尺之外，渾身抖個不停。我當時同樣年輕，但不願意被這種景象嚇倒。我決心表現出我的熱情。我剛一走進辦公室，他就粗聲粗氣地說：『怎麼又是你，你要做什麼？』在他打算繼續說下去之前，我先展開圖紙，面

帶微笑,以平靜的聲音和熱情的態度對他說:『我要將所有你要的起
重機租給你。』然後,我介紹了這種產品的優點,以及它對他們公司
的價值所在。他站在辦公桌後面,足足有十秒鐘沒有說話,並以有些
疑惑的眼光看著我,然後說:『你坐在這裡等我一下。』他離開了。
一個半小時後,他回來了,看到我,他驚訝地說:『你竟然還在這
裡?』我繼續告訴他,我有更為詳細的出租計畫提供給他。因此,只
有介紹完這個計畫之後我才會離開。結果,在商談之後,我們簽訂了
為期一年的合約,並從此成為鞏固而長久的生意合作夥伴。我的熱情
與堅持獲得了極大的回報。」

　　一個人應當經常反省自己,看看自己是否具有足夠的熱情。不管
是對自己的親人、朋友、還是對人生、萬物、自己。如果一個人的思
想總是被各種有害的病態心理佔據,熱情就缺乏生長和生存的土壤。
要改變這種狀態,關鍵是需要自己做出切實的努力。要不斷地鼓勵
自己、給自己打氣。不妨常常對自己說:「我需要幸福地度過人生的
每一天,要盡全力去爭取每一次獲得快樂與激情的機會。這種機會,
我過去得到過,今天和明天還將得到。我的努力必然可以換得快樂與
充實。」如此這般地嘗試這種方式,使之訴諸我們的潛意識思維;那
麼,它就可以給我們更多的信心與熱情,使我們充滿快意投入到工作
和生活中。

　　每時每刻都要提醒自己,要保持熱情與活力,避免心理上出現
「病態」,盡力消除一切憂鬱與自卑的情結。這對我們能否獲得成功
至關重要。

##  2.用樂觀與進取來正視自己的生活

　　每個人都應該正視自己的生活。當然,人生之舟總是要經歷風
風雨雨,往往在最不幸的時候,其他的挫折和困苦卻接踵而來。毫無
疑問,只要有可能,就應該盡量迴避苦難。但是,假如無法逃避,我
們就應該透過自己的努力化害為利,使苦難成為生活的一種有益推動

力。承受苦難使人崇高。只要擁有積極的人生目標，就有力量去承受苦難，而不是被它壓垮、一蹶不振。迎接苦難的挑戰是我們責無旁貸的選擇。

我們從苦難中獲得人生的真意，艱苦和磨難是生活中的良師益友。無憂無慮、一帆風順的生活固然不錯，但是只有經歷過苦難的人，才能獲得完美的人生，才能逐漸走向成熟。苦難可以使潛意識的力量得到釋放，成為促進我們品格發展的強大推動力。「梅花香自苦寒來」，只有從苦難中走出來後，才能真正理解生命的意義、體會到人生的韻味。

美國20世紀20年代著名的體育播音員格蘭漢姆‧麥克米的事蹟足可以證明：只有有著正確的人生態度，才可以在不知不覺間獲得上天的賜福。當時，無線電廣播事業還剛剛出現，一切都不是很成熟。麥克米正值青春年少，是一個沒有名氣的歌手，一直都找不到工作，以至於生活窘迫。但他並不因此而氣餒，相信自己能夠走出困境，每天都保持著好心情。突然有一天，他接到一個朋友的電話，勸他到紐約去碰碰運氣。來到紐約，麥克米依舊心情不錯。一天，他看到有人在一座建築物上懸掛標語，標語上只有四個沒有意義的字母而已。他很好奇，就走上前，詢問掛標語的工人這幾個字母是什麼意思。工人們說這幾個字母是一家廣播電台的代碼。此時，他對廣播電台一無所知，但他認為廣播電台可能很需要一名歌手。不久後，當這個廣播電台開始招聘的時候，他就來到經理的辦公室。可惜經理說他們並不需要歌手。麥克米遭到了善意的拒絕，但是他並不急於走，而是問了一些問題，明白了廣播電台的運作機制。經理見他對這一行確實很有興趣，就走進控制室，對麥克米說：「你願不願意看看廣播電台是什麼樣的？」好運隨之而來。他們圍著電台轉了一圈，經理若有所思地說，麥克米有一副好嗓子，電台需要一個播音員，麥克米不妨試試。十分鐘後，麥克米試完了錄音。又過了十分鐘，麥克米被通知已被錄用。於是，他步入了廣播事業的行列，並有了很好的成績。

可見，擁有一個好的心態、保持樂觀進取的精神，才可能獲得人

生的奇蹟。

## 3.努力克服潛意識中的自卑感

　　在現實生活中，我們每個人或多或少存在著自卑，自卑並不可怕，可怕的是沉浸在自卑當中而喪失了追求成功的勇氣。

　　從前在美國有個人，相貌極醜，街上的行人都會回頭對他多看一眼。他從不修飾，到死都不在乎衣著。窄窄的黑褲子，傘套似的上衣，加上高頂窄邊的大禮帽，彷彿要故意襯托出他那瘦高的個子。他走路姿勢難看，雙手晃來盪去。

　　他是小地方出生的人，儘管後來身居高職，但直到臨終，舉止仍是老樣子，仍然不穿外衣就去開門，不戴手套就去歌劇院，總是講不得體的笑話，往往在公眾場合忽然憂鬱起來、不言不語。無論在什麼地方——法院、講壇、國會、農莊，甚至於自己家裡——都顯得格格不入。

　　他不但出身貧賤，而且身世低下，母親是私生子，他一生都對這些缺點非常敏感。沒人比他出身更低，但也沒有人比他升得更高。他後來當選美國總統，這個人就是林肯。

　　一個人有這麼多的弱點而不去克服，難道也能得到像林肯那樣的成就？其實，林肯並不是用每一個長處抵每一個短處以求補償，而是憑偉大的睿智與情操，使自己凌駕於自己的一切短處之上，置身於更高的境界。另一個方面，就是透過教育來補償自己的不足。他拚命自修來克服早期的障礙。他早年非常孤陋寡聞，在20歲以前甚至認為地球是平的。但他後來在燭光、燈光和火光前努力讀書，讀得眼球在眼眶裡越陷越深，眼看知識無涯而自己所知有限，他總是感覺沮喪。他填寫國會議員履歷，在教育一項下填的竟然是：「有缺點。」

　　可見，林肯的一生不是沉浸在自卑中，而是對一切他所缺乏的進行全面補償。他不求名利地位，不求婚姻美滿，集中全力以求達到自己心中更高的目標。他渴望把自己的獨特思想與崇高人格裡的一切優

點奉獻出來，從而造福人類。

　　但是，作為平凡的人必須選擇可以達到的目標，不可好高騖遠，妄自追求那些根本達不到的目標。

　　許多心理學家認為，自卑是由於一種因過多自我否定而產生的自慚形穢的情緒體驗。其主要表現為對自己的能力、學識、品格等自身因素評價過低；心理承受能力脆弱，經不起較強的刺激；謹小慎微，多愁善感，常產生猜疑心理；行為畏縮、瞻前顧後等。自卑心理可能產生在任何年齡層和各種各樣的人身上，比如說，德才平平，生命仍未閃現出輝煌與亮麗，往往容易產生看破紅塵的感歎和流水落花春去也的無奈，以至把悲觀失望，當成了人生的主旋律。經過奮力拚搏，工作有了成績，事業上創造了輝煌，但總擔心風光不再，容易產生前途渺茫、四大皆空的哀歎；隨著年齡的成長，青春一去不回頭，往往容易哀怨歲月的無情和發出紅日偏西的無奈。這幾種自卑心理是壓抑自我的沉重精神枷鎖，是一種消極、不良的心境。它消磨人的意志，軟化人的信念，淡化人的追求，使人銳氣鈍化、畏縮不前，從自我懷疑、自我否定開始，以自我埋沒、自我消沉告終，使人陷入悲觀哀怨的深淵不能自拔，真是害莫大焉。

　　自卑是一種消極的自我評價或自我意識，自卑感是個體對自己能力和品質評價偏低的一種消極情感。自卑感的產生，不是其認識上的不同，而是感覺上存在差異。其根源就是人們不喜歡用現實的標準或尺度來衡量自己，而相信或假定自己應該達到某種標準或尺度。如「我應該如此這般」、「我應該像某人一樣」等。這些追求大多脫離實際，只會滋生更多的煩惱和自卑，使自己更加憂鬱和自責。自卑是人生成功之大敵。自古以來，多少人為自卑而深深苦惱，多少人為尋找克服自卑的方法而苦苦尋覓。

　　強者不是天生的，強者也並非沒有軟弱的時候，強者之所以成為強者，在於能善於戰勝自己的軟弱。一代球王比利初到巴西最有名氣的桑托斯足球隊時，害怕那些大球星瞧不起自己，竟緊張得一夜未眠。他本是球場上的佼佼者，但卻無端地懷疑自己、恐懼他人。

後來，他設法在球場上忘掉自我、專注踢球，保持一種泰然自若的心態，從此便以銳不可當之勢踢進了一千多個球。球王比利戰勝自卑的過程告訴我們：不要懷疑、貶低自己，只需勇往直前、付諸行動，就一定能走向成功。

現在的問題是：假定我們有一兩種自卑感，而想加以利用、轉弱為強，辦得到嗎？

當然，這並不容易。但是辦不到嗎？就過去的經驗來說，並非如此。有幾位偉人的生平就是一部奮鬥史，顯示出藉補償作用而獲得成就的可能性有多大。讀一讀達爾文、濟慈、康德、拜倫、培根、亞里斯多德的傳記，就不會不明白，他們的品格和一生都是因個人缺陷形成的。像亞歷山大、拿破崙、納爾遜，正因為生來身材矮小，所以立志要在軍事上獲得輝煌成就；像蘇格拉底、伏爾泰，正是因為自慚其醜，所以在思想上痛下工夫而大放光芒。

唯一的阻礙，不是我們不能改變自己，也不是改變的困難，而是我們不想改變。只要別人或是別的事物改變了，你就會看到，我們把自己調整得多好。

現在是開始的時候了，任何人都有自卑的時候，但不能因自卑而影響自己的生活，我們可以過更好的生活。我們不應讓自卑感作祟而使自己覺得難堪，應該像一般成功快樂的人那樣，好好地發揮自卑感原有的作用。雖然起初不大有把握，可是我們會發現自己不再受它的驅使，而是在利用它，將人生變得更精彩更豐富。

## 4.一個能成就大事業的人不畏挫折

我們經常說：「逆境出人才」，的確，這句話有著廣泛的適用性。很多有成就的知名人士，出身都不是很富裕，正是因為貧寒的家境造就了他們不屈不撓的性格和堅強的意志，使他們最終獲得成功。

經濟的窘迫、事業的慘澹、生活的艱辛，這是每個人都不願意面對的。但是，這樣的不幸，很可能成為一個人在品格和稟賦上實現飛

躍的機遇。沒有在逆境中的奮鬥與磨練，就很難使自己獲得更大的長進，也難以使自己的生命煥發輝煌。從苦難中走出的人們，會更加成熟、更加自立，也更容易走上成功的道路。這樣，當面對以後的挫折和苦難的時候，我們才能更容易挺過去。

　　一百多年以前，薩爾托‧莫斯博士率先研究了潛意識力量存在的基本原因。他說：「面對逆境，人的心理可能出現某種『斷層』或『脫節』效應。只有當物體處在脫節的狀態中時，預感才會出現，潛意識本能的力量才會釋放⋯⋯無論直覺還是預感，都是下意識或潛意識的產物。」

　　其實厄運、貧窮本身並不可怕，可怕的是貧窮的思想，即自認為貧窮是命中注定的。這樣的思想，只能使人在現實中以貧窮的信念虛度一生。在感覺到「前無去路，後有追兵」、一切外援都已無望的時候，我們才能發掘出自身全部的潛在力量。正所謂「置之死地而後生」。在別人停止前進的時候，我們仍然堅持；在別人因失望而放棄時，我們仍然前行。那麼，一定可以走出貧困之境，向世人昭示我們勇毅的品格和風采。

　　有個年輕人，因為家境貧寒而中途輟學。他記得家境富裕的同學時常嘲笑他破爛的褲子、露了腳趾的襪子和帶補丁的上衣。他被這種嘲笑深深刺痛，立誓不但要把自己從貧窮中解脫出來，並且要刻苦學習，使自己日後成為一個有價值的人。後來，這個青年果然達到了驚人的成就，成了一位出色的政治家。他承認，在學生時代所遭遇的貧窮的煎熬、聚集於身上的各種嘲笑，是鞭笞他奮發向上的強大動力，因為他的潛意識能量受到了激發，不甘居於人下，並由此產生了巨大的奇蹟。

　　遭遇心理刺激而沒有氣餒，反而立志圖強，可以喚醒我們極大的潛能。事實上，不經歷這種奮鬥，許多人都難以發現真正的「自我」，也難有所作為。據說，有一位法國著名學者，從小就因折斷手足而殘廢，但他卻在學術領域成就斐然。一位慕名而來的客人對他既欽佩又好奇，想知道他到底如何料理自己的生活。當他見到這位學者

時，學者那優雅的風度、美妙而充滿哲理的語言，不禁讓客人嘆服，甚至一度忘記了自己面前的這個學者其實是個身患重度殘疾的人。

一個能成就大事業的人，是能夠不畏挫折，滿懷希望和自信的人。他會矢志進取，一心為成功而奮鬥。面對個人事業，只要他做出決定，就不會畏首畏尾，一切困難和艱苦均勇於承擔。他會盡全力排除一切阻撓、障礙，從不自怨自艾、半途而廢。相比之下，有些人卻存有這樣的想法，以為任何人都逃不出命運的掌握，所以不思進取，只等命運作弄。這樣的念頭實在要不得。

人生就如同一幅沒有盡頭的畫卷，有的人在上面盡情書寫、描繪，向世人展示了一幅最美、最長的畫，而有的人則草草畫上幾筆，就戛然而止。敢於不斷地展示自己、開啟畫卷的人，就是一個自信的人。一個人的自信心有多強，能力就有多大。

有這樣一個人，發誓要尋找到一塊法力無邊的魔石，於是，跋山涉水、餐風露宿。年復一年，他走過很多村莊和城市，問過許許多多的人，但仍然沒有找到那塊奇特的魔石。他太累了，一天，疲倦的他終於受不了了，不知不覺中就在一口井旁睡著了。他睡得很甜，多少天來，他已經好久沒有睡得這麼香甜了。在睡夢中，他見到了那塊魔石，並牢牢把他抓住，藏在了自己心中。睡夢中，他的臉上露出了喜悅的神色。夢醒後，他便真的以為魔石已經為自己所有了，於是，他不再疲倦、不再自卑，對一切都充滿了信心，因為他相信，魔石已經成為他心靈不可分割的一部分。從此以後，他每次遇到困難，總是能夠想出辦法努力克服。

其實，每個人心中都藏著一塊法力無邊的魔石，那就是自信。心理諮詢大師大衛‧史華茲年少的時候，最喜歡和母親一起到鎮中心去兜風。母親常常會說：「大衛，我們坐下休息一會，看看路上的行人吧！」他的母親是個出色的「觀察家」，她指著那個神情恍惚、走路很慢的人說：「你看那個人，是不是受到了什麼困擾？」然後，她又指著那邊幾個嘻嘻哈哈的婦女說：「你猜猜看，那幾個婦女要去做什麼呢？」史華茲被母親所感染，他發現觀察人們走路其實是一件非常

有趣的事情，因為可以從人們走路的姿態、神情看出那個人的心態和目的。在他看來，從別人走路的姿態中，就可以感受到他們的精神狀態和內心情緒，可以發現他們是否有自信的力量。

許多心理學家將一個人懶散、緩慢的步伐同他對自己、工作、別人的不愉快的感受聯繫在一起。但是，心理學家同時也告訴我們，借助於改變行走的姿態與速度，可以改變自己的心理狀態。如果仔細觀察就會發現，身體的動作是潛意識活動的影子。那些遭受打擊、被生活拒絕的人，走起路來通常拖拖拉拉、沒有自信心。普通人有普通人走路的模樣，他們作出的是「我並不怎麼以自己為榮」的表白。另一種人則表現出超凡的信心，走起路來比一般人快，給人以步履矯健之感。他們的步伐是在告訴整個世界：「我要到一個重要的地方去。我準備去做一件很重要的事情。更重要的是，我會在短時間內成功。」

試著將走路的速度加快25％，抬頭挺胸地走，就會感到自信心在滋長。拿破崙‧希爾指出，有很多人思路敏捷、天資很高，卻無法發揮他們的長處，也不願參與各種集體討論。實際上，並不是他們不想參與，而只是因為他們缺少自信。在會議中，那些沉默寡言的人都認為：「我的意見可能沒有什麼價值，如果說出來，別人會覺得很愚蠢。因此，我最好什麼也不說。而且，看起來別人懂得比我多，我可不想讓別人知道我那麼無知。」這樣的人常常這樣對自己說：「我還是等下一次再發言吧。」但是，等到下一次，他們又會對自己說：「唉，這次我真的說不出什麼，還是等下次吧。」這樣，他們一次一次地往後推，結果自己的信心也越來越少。所以，不要害怕被人笑話，盡量多發言，這也是培養信心的一種營養素。

## 5.在潛意識裡給自己一個清晰的定位

有一個叫麥克的人，在獵野鴨的季節帶著他的獵槍，興致勃勃地來到一座沼澤邊的小木屋。在好好地休息了一晚，養足了精神之後，他向旅店的老闆租了一頭獵犬，便朝著獵野鴨的目的地出發。

接連幾天，麥克在那頭租來的獵犬協助之下，一切異常順利，愜意無比。那頭獵犬靠著靈敏的嗅覺，可以毫不費力地找到大批野鴨的棲息之地，並且快速地趕起野鴨，讓麥克在第一時間射擊。同時，獵犬還會穿越沼澤，將麥克擊落的野鴨叼回他的腳邊。

假期結束之後，麥克依依不捨地離開旅店，他真誠地向旅店的老闆表示，明年的獵鴨季節一定會再來，並感謝老闆租給他這麼好的狩獵幫手。

翌年，麥克果然如期出現在旅店的櫃台，第一件事便是要向老闆租那條靈活的獵犬。但旅店的老闆搖了搖頭，嘆氣道：「唉，那條狗不行了，你自己看看吧。牠變成了那副德性，怎麼還能去獵野鴨？」

麥克順著老闆的手勢望去，見到屋角陰暗處躺著的，正是那條熟悉的獵犬。不過牠身上少了去年那股剽悍之氣，只是懶洋洋、病懨懨地躺在那裡，一點兒精神也沒有。

麥克好奇地問道：「牠是怎麼了，生病、還是受傷了？」

老闆答道：「都不是。你還記得牠原本叫什麼名字嗎？」

麥克很快地道：「當然記得，不是叫『推銷員』嗎。」

老闆無奈地道：「對。不幸的是，前一陣子有個客人來到這裡，看到牠表現出眾，一時興起，幫牠改了個名字叫『經理』，然後牠就變成那副要死不活的德性了。」

有這麼一句話是：「要成功，一定要從改變自己開始！」我們也相信，人生經過挫折的不斷洗禮，人們才能夠克服挫折，從而改變自我、迎接成功人生。

但更重要的事情在於改變自我的過程，我們必須謹慎小心，切莫如那頭荒謬的獵犬一般，因為錯誤地改變方式，造成自己一生中最重大的挫折。審慎地評估自己、快速改變疏失之處、掌握改變的真正動力，將會是面對挫折的另一個好方法。

名畫家畢卡索曾在法國巴黎舉行個人回顧展，所有的作品依照畢卡索創作年代的先後依序排列。

從這一次的回顧展中，可以看出畢卡索畫風的轉變與沿革。他初

期的畫作都是一些風景畫以及靜物的寫生；接下來的作品，可以看到風景畫上出現了一些不搭調的新顏色，而靜物寫生也不像原先那樣的風格。再向後期發展，畢卡索的作品開始展現出世人所熟知的畫風，抽象而變形的人體、充滿活力的線條及各種用色大膽的方塊圖形，形成一代大師的完美風格。

有一位畫家兼評論家的友人，在看完這次回顧展之後，對當時85歲高齡的畢卡索質疑道：「對於你這次畫展的年代排列順序，真是令我感到不解。你初期的作品看起來是如此穩重、端莊和嚴肅，而越往後發展，越是變得不同，顯得狂放不羈、沒有規則可循。依我看，你的畫作按年代排列，應該要倒過來才對，你對於這一點，有什麼看法？」

85歲的畢卡索兩眼閃著光芒，頑謔地回答道：「我的看法很簡單。人一旦開始有了年紀，往往需要用很長的時間，方才能夠回歸青春！」

大師的看法的確有其引人深思之處。從孩提階段開始，我們每天期待著可以盡快成長，隨著年紀日漸增加，卻又在不經意間讓自己受到一些無謂成見的困惑影響，而讓我們只在原地打轉，無法再有任何突破和創新。

在人生當中，許多人的問題就在於對自己的定位不夠準確。在不適當的場合做不適當的事，在不適當的場合說不適當的話，或是在不清楚當下的情況，僅憑己意大放厥詞，因而導致自己陷入困境當中，或是蒙受不必要的損失。

其實，假如我們在生活當中、在自己的潛意識裡，能夠時時刻刻提醒自己、清楚地定位自我、找對自己的人生主軸，相信對我們本身以及周圍的人們，都會是一種令人愉悅的美好生活經驗。

美國歷史上唯一的一次內戰──南北戰爭，經歷無數次激烈的戰役，最後由主張廢除黑奴制度的林肯所領導的北方軍獲得勝利。

在南方同盟正式投降的典禮上，林肯派遣戰功彪炳的格蘭特將軍前往受降，而南方同盟則由南北戰爭中的一位名將──李將軍代表

出席。代表勝利一方的格蘭特將軍提早到達受降現場，等候對方的到來。雙方約定的時間一到，李將軍準時出現在會場的門口。

格蘭特將軍一見到李將軍，不禁登時愣在那裡。只見李將軍一身筆挺的軍服，上衣的銅扣擦得雪亮，胸前整整齊齊地佩掛著勳章，身著燙得筆直的軍褲，穿著光亮的皮鞋走進會場內。

格蘭特將軍望著自己一身陳舊的軍服，甚至連領口的鈕釦都未扣好。兩人相較之下，真分不出到底誰才是戰敗一方的將領。

在完成受降典禮之後，格蘭特將軍好奇地問李將軍，為什麼要穿得如此整齊光鮮。李將軍的回答頗發人深省，他答道：「戰敗的，是我所屬的南方同盟，是由一群政客所操控的政治團體。我是軍人，雖然在戰爭中失敗，但仍需為我的軍隊負責。我不能對不起身上所穿的這套軍服所代表的意義，更不能對不起我自己成為美國軍人所許下的誓言。」

李將軍的風範的確為後世留下一個絕佳的優良模範。在失敗的時候，當然必須加以檢討，但檢討的重點應該放在所發生的事情之上，而不是忙著檢討自己這個人身上，不能總想著自己是否有著什麼樣的問題。

等到事情的始末都檢討結束，發現問題終究還是出在自己的身上，這時才需要對自己進行深刻的反省。自我的反省，重點最好放在需要迫切改進的地方，諸如個性、習慣等，而並非一味地自憐自艾，拚命地往牛角尖裡猛鑽，使自己陷於難以掙脫的困境之中。能夠適當地檢討現狀並自我反省，這才能幫助我們正確面對人生、完善自我。

還有一個童話也是寓意無窮。

經過屢次失敗之後，小老鼠們開會協商，決定想出一個好方法來對付出沒無常的大花貓。

會議的結論終於在大家的腦力激盪之下產生，老鼠們決定研發生產機械老鼠，透過欺敵的策略來引開大花貓的注意力，以方便所有的老鼠外出覓食。這個計畫果然成功，每次當老鼠們放出機械老鼠時，那隻大花貓總是疲於奔命地忙著追趕那些機械老鼠，而讓老鼠有機可

乘，免於斷糧之苦。

日子一天一天過去，老鼠們也慢慢習慣了沒有大花貓威脅的生活。每天，只要放出機械老鼠，便大搖大擺地走出洞口，四外搬運食物。這一天，牠們還是和往常一樣放出了機械老鼠，又在洞口靜靜等候大花貓離去的腳步聲。

過了一會兒，大夥兒聽得大花貓的腳步聲越來越遠，便想走出洞口。這時，有一隻老成持重的老鼠制止大家的動作，說道：「等一等，今天大花貓的腳步聲不對勁，需防其中有詐。」

老鼠們又等了一會，聽見洞外傳來一陣陣的狗叫聲。既然有狗在附近，那大花貓一定逃之夭夭，老鼠們也就安心地魚貫走出洞口。卻不料，那隻大花貓居然還守在那裡，當牠們出來之後，全數落入大花貓的爪下，無一倖免。那隻老成持重的老鼠心有不甘，掙扎地問大花貓，為什麼牠們放出機械老鼠，又有狗的叫聲，大花貓竟然還會在洞口等候。

大花貓笑了笑，回答道：「你們都進步到會生產機械老鼠了，我當然要趕緊學會第二種語言。」

安於現狀、不肯改變，這是造成人生失敗的主要原因之一。當我們一味地責怪環境瞬息萬變、難以適應，是否也靜下心來仔細想想，自己的腳步有沒有變得更加遲緩？是否受困於自己所熟悉的領域，再沒有突破現狀的勇氣？過去或許可以認為，只要抓住一次曾經成功的經驗，不斷重複去做，就能獲得最後的成功。但在科技突飛猛進的新時代裡，過去成功的經驗，卻極可能成為今日失敗的沉重包袱。這樣的觀念轉變，讓許多習慣安於現狀的人們不得不警覺。

勇於突破自我的思考習慣，不再讓自己停留在溫暖而具有危險性的現狀中，讓自我更健全、更有改變力和競爭力，如此才能真正地自己拯救自己，完成人生的大業。

讓自己的思緒回歸年輕時期，重新變得柔軟而具有彈性；讓心弦不再那麼緊繃，試著放鬆對自我苛刻的要求。或許在年輕而放鬆的心境中，我們可以生活得更快樂，同時也能真正地自己拯救自己。

莫要囿於己見，多聽聽周圍不同的聲音，設法接受完全和自己想法牴觸的見解，看看事物在不同的角度之下所呈現出來的不同感覺，到一個自己從未想過的地方去旅行。所有我們可能想到的創新概念，都可能是具備更超越性的規律。

突破自己固有的想法，靠自己拯救自己，用創新的眼光來看待這個世界，才是獲得成功和快樂的新視角。

有一句話說：「人貴有自知之明。」那就是既不高估自己也不低估自己。知道這一點容易，但卻非人人能夠做到。想使自己的權力更大，想到更能發揮自己才能的職位上去，想做出更大的成就……幾乎所有人都有上進心，都有改善現狀的想法。但是，正確評價自己的人，完全有能力接受自己目前所處的環境，這對於想成功的人來說是一個關鍵。

世上沒有十全十美的人，有些缺陷是與生俱來並要帶進墳墓的。這一點只要看看那些偉大的成功者就能立即明白，他們都接受了自然的本身存在的自我。

接受自我，非常重要的就是對於自我正確的評價。對自己所做的一切都要勇於承擔責任。在名著《哈姆雷特》中，莎士比亞透過御前大臣波洛涅斯這樣說：「最重要的是忠於自己。你只要遵守這一條，剩下的就是等待黑夜與白晝的交替，萬物自然地流逝；倘若果真有必要忠於他人，也不過是不得不那樣去做。」

提高自我評價的有效方法之一，是把自己平時的優點大聲地複述給自己聽。對自己性格中的長處、出色的成績，都要給予肯定的評價，並把這些評價灌注到自己的大腦中。

這種評價帶給自己的印象越強烈，那個潛在的自我就越會被發掘出來。這種評價中的自我形象，還應隨著時代的推移不斷地更新，使其總是適合我們的最高基準。

目前，科學家正在進行語言和形象對身體機能影響的研究。研究成果顯示，即使胡亂說出的話，也會對身體機能發生驚人的影響。

因此，很有必要控制自己的言語。在成功者的語言裡是不會出現

輕貶自己的話語的，即使是自言自語也不會。有些人卻不然，只要情緒一低落，語言就立即變得微弱，「我嘛，本來就不行」，「天生就不成器」，「要是能有那麼個條件嘛⋯⋯」，「不過⋯⋯」，「那時候本應該⋯⋯」云云。

成功者每天都在對自己說「我行」，「我已經準備好了」，「這次沒問題」，「比上次精神狀態好得多」。他們的自言自語，正是為了勉勵和激發自我。

勝者相信自己的能力，他們為自己而自豪。因為他們確信自己有價值，所以才能像愛自己一樣去愛大家。

但是也不要過高地估計自己的能力，就猶如一個胃口小的人吃下一塊大餅會撐著一樣。如果一個能力低的人做的事超出了他的能力，那麼一定會一事無成。不如做自己力所能及的事，這樣不僅會成功，而且也會提高能力、增強信心。

我們要認識自己的力量，有下面的四個方法可以參考：

（1）利用心理方法，客觀地評價我們的能力。

（2）留意周圍的人對我們的反應。

（3）用心檢視我們的過去。

（4）把自己置於新奇的環境中，然後從行為中去認識自我。

這四種方法都可以產生寶貴、新鮮、不同的認識，對認識自我大有裨益。

## 6.用微笑的態度來對待人生

笑，是對待人生的積極態度。關於積極態度帶來的驚人效果，有名的著作之一，就是卡爾斯所寫的那本《病理的剖析》。書中，他談到自己如何借助笑聲，從長期的病痛折磨中奇蹟般恢復了健康。大笑，是卡爾斯努力使自己生活下去並一天天好轉的方法之一。他的康復之道，是每天大部分時間都花在能讓他笑聲不斷的電影、電視、小說裡，進而明顯地改變潛意識的力量及內心的情緒，並帶來身體機能

的迅速好轉。他發現，不斷地把積極性訊息透過神經系統加以傳送，生理狀態的好轉便能隨之而來。他的睡眠比以前更好，疼痛逐日減輕，最後竟完全康復。起初，醫生認為他康復的機會只有千分之二。卡爾斯對於自己的體驗，下了這樣的結論：「我已經掌握了一種『再生能力』——即使希望再渺茫，也千萬不要低估你在身心兩方面的潛力。」

人們都知道，笑能給自己很大的推動力，它是醫治信心不足的良藥。但是，仍有許多人不相信這一點，這是因為在他們心情鬱悶或恐懼時，從不試著大笑一下。真正的笑不但能治癒自己的不良情緒，還能馬上化解別人的敵對情緒。如果能真誠地向一個人歡笑，他就無法對我們生氣。拿破崙・希爾曾講過這樣一段自己的親身經歷：「有一天，我的車停在十字路口的紅燈前。突然間，『砰』的一聲，後面那輛車撞了我的車的後保險桿。我下了車，準備痛罵他一頓。但是，很幸運，我還來不及發作，他就微笑著走過來，並以最誠摯的語調對我說：『朋友，我實在不是有意的，不過我可以賠償你的損失。』他的笑容把我感染了。我說：『沒關係，這種事經常發生，我會自己把它修好的。』轉眼間，彼此間可能發生的敵意變成了友善。」

我們常聽到這樣的說法：「是的，笑很重要。但是，當我害怕或憤怒時，就是笑不出來。」當然，這個時候，可能任何人都笑不出來。竅門就在於，必須強迫自己說：「我開始笑了。」然後，盡力微笑對人。

美國著名保險商瓊・白德格多次告誡人們：「有微笑的人永遠受到歡迎。」有一個叫湯姆的人，受到這個理論的啟發，談了他的微笑經歷。他說：「我和我的太太結婚已經十年了，可是這十年中，我很少對她微笑，老是顯得悶悶不樂。因此，我和我太太的感情也不是很好，只是勉強維持。我也覺得這樣的生活很累。後來，我的一個朋友讓我試著微笑面對人生，面對生活。於是，第二天早上梳頭時，我對鏡子中滿面愁容的自己說：『你得微笑，把臉上的愁容都收起來。』接著，我轉過身來，跟我的太太打招呼：『早安，親愛的。』同時對

她笑笑。她頓時愣住了。我說：『親愛的，妳不必驚慌，從今天起我要以微笑面對生活。』此後的兩個多月，每天早上醒來，我都微笑著向我太太打招呼，結果我的生活發生了很大的改變。兩個月中，我在家庭中所得到的快樂比起過去一年中所得到的快樂還要多。我和我的妻子更加恩愛。現在，我對大樓的電梯管理員微笑，對地鐵的售票員微笑。我發現，每一個人都對我回報以微笑。我帶著這樣輕鬆愉快的心情去和一些滿腹牢騷的人交談，一面微笑一面恭聽。過去很棘手的事情，現在變得很輕鬆。毫無疑問，微笑給我帶來了許多的方便和收入。我對同行說，最近我學到了一門新哲學——微笑。對方馬上承認說，過去和我相處真費勁，每天見我都哭喪著臉，使他也悶悶不樂，最近才有了改變，微笑時簡直充滿了慈祥。這真的改變了我的人生。從此我快樂、富有，擁有友誼和幸福，這是真正重要的。不微笑的人，在生活中將處處感到困難。」

　　開心地笑，不要使冰霜結在我們的臉上。東京股票交易所的一位高級行政人員佐佐木說：「對日本男人來說，笑不是一件容易的事。傳統教育使我們終日緊繃著臉，喜怒哀樂深藏不露。」日本有許多公司甚至為職員開設了微笑學習班。角川宏先生是一家「笑臉迎人」培訓班的教師。他說：「我的大部分學生都不懂得如何微笑。你簡直難以想像，要讓他們肌肉僵硬的面部變成一副笑臉需要花費多少力氣。」這位教師曾採取一種機械的方法讓學生會微笑：咬住一根筷子，嘴角努力向上翹，然後把筷子取下，努力保持嘴角向上的表情不動。從老闆到職員，這些公司這樣費勁地讓大家學會微笑，是為了推銷出更多的汽車、電腦、照相器材。當然，也有日本人並不認同這種可笑的做法，他們說：「為什麼日本人要把自己的臉弄得像猴子似的難看？」

　　是的，真正有益身心的笑，應該是發自內心的。它首先是一種樂觀開朗的生活態度，是對人對己的寬容大度，是不計較得失的坦然心胸。笑的修養也是人品的修養。當走出家門時，微笑會給我們帶來友誼和成功。

## 7.永遠不要相信自己是注定要倒楣的

有人說：他們「注定要倒楣的」。從這句話中，我們會了解到，潛意識會把破壞性或負面的思考動力，轉化為實質的對應事物，正如潛意識會遵循並奉行正面或建設性的思考動力一樣。正是這種心理導致了上百萬人指稱自己經常不幸或倒楣的奇怪現象。

有達數百萬的人會自以為是注定要貧窮落魄失意的，因為他們相信有某種奇特的力量超乎自己的掌握。他們是創造自己不幸的人，因為這一觀念的負面思想，讓潛意識接收並轉化為實質的對應事物了。

再次提醒大家，只要將成功的渴望傳輸給潛意識，並滿懷期待、由衷相信，轉化的過程終將發生。我們的信心、信念，正是主宰潛意識行動的因素。當對自己的潛意識進行暗示的時候，沒有人能夠阻擋我們去「欺騙」自己的潛意識。

在每個人的內心裡，失敗的種子永遠存在，除非我們介入其間將它砸毀。一個人體驗到空虛之後，空虛就會成為避免努力、避免工作、避免責任的方法，也因此成為隨波逐流的理由與藉口了。

我們都可以化失敗為勝利。請從挫折中吸取教訓、好好利用，就可以對這個失敗泰然處之了。

我們可以透過各種方法來完成這種轉化。最好的方法是讀一讀書，從偉人的著作中汲取精神力量。

比如當我們孤獨、苦悶、意志消沉的時候，可以讀一讀《約翰‧克利斯朵夫》。它讓人們感受朋友的溫情，使人們不再孤獨；讓人們領受創造的快樂，使人們不再苦悶；讓人們擁有奮鬥的力量，使人們不再消沉。

《約翰‧克利斯朵夫》告訴我們：世界永遠是充滿希望和陽光般的溫暖，只要我們去尋找。當約翰‧克利斯朵夫懷著自由的希望來到法國的時候，首先看到的是法國巴黎社會的頹廢。但他卻不相信法國就是這樣，巴黎就是這樣。他沒有失去探索的心，而是帶著一顆永遠充滿希望的靈魂去揭開法國的神祕面紗。他要找到在這朦朧的面紗下

發光的生命。

人生旅途中，誰都有苦悶的心情，誰也有不幸的時候。這時，我們不免會問：我該做怎樣的人，我活著是為了什麼，我怎樣才能快樂？約翰·克利斯朵夫是一個追求真善美的人，痛恨一切的做作、自欺欺人和自我標榜。他從來沒想過要為了什麼而去屈服。他這樣真實地活著，也真實地看著這個世界。他的音樂就是要給痛苦徬徨的人以安慰。他用音樂表現自己，用音樂去愛別人，真實地奮鬥與生活，堅定地奉獻愛與真誠，無罣無礙而清明寧靜。有了這個信念，就有了快樂的基礎。他說：「生命的快樂在於創造。難道你們一無所見、一無所聞、一無所感、一無所悟嗎？」這是克利斯朵夫對自認為會欣賞音樂的人的憤怒，也是對那些麻醉而不知領會快樂的人的憤怒。我們都不願擁有苦悶，想要有一個快樂的人生。那首先得做一個真的勇士，永遠能夠用一顆天真的心去體驗宇宙間生生不息的現象。這樣就有了快樂的基礎。然後，我們為了愛那些可愛的人、善良的人、可憐的人活著，就有了快樂的源源不斷的泉流。最後，我們得去創造，而創造需要奮鬥。奮鬥，去創造生命的奇蹟；奮鬥，去創造生命的美麗。在創造的時候，快樂的天使如約而至。

我們奮鬥、追求，但誰都知道失敗難免。誰都有消沉的時候，但我們要不斷去尋找幸福。我們從克利斯朵夫身上找到了一種永不屈服的動力。失敗可以鍛鍊一切優秀的人物；它挑出一批心靈，把純潔的和強壯的放在一起，使它們變得更純潔更強壯；但它把其餘的心靈加速它們的墮落，或是斬斷它們飛躍的力量。一蹶不振的人在這裡與繼續前進的優秀人士分開。

當災難無緣無故地降臨，我們要勇敢地說：「我們得祝福災難。我們絕不會背棄它，我們是災難之子。」

沃克林是一個農民的兒子。他從小家境貧寒，但聰明好學，上學時常受老師的讚賞。老師常對沃克林說：「努力吧，孩子，總有一天，你會像教區委員一樣尊貴的。」一位鄉村藥劑師欣賞沃克林強壯的臂力，答應給他提供一份搗碎藥片的工作，但不允許他勤工儉

學。熱愛學習的沃克林毅然辭去了這份差使，揹上書包離開家鄉去了巴黎。在巴黎，他想找到一份藥劑師助理的工作，結果沒有找到。後來，疲勞和貧困折磨得他病倒在街頭，正當他斷定自己必死無疑時，一位過路的好心人把他送到了醫院裡。他康復後繼續去找工作。皇天不負有心人，他終於找到了一個藥劑師的工作。後來，著名化學家福克・羅伊聽說了這個年輕人的事蹟，他非常喜歡這個勤奮好學的年輕人，就把他帶在身邊，成為自己的得力助手。多年以後，福克・羅伊去世了，沃克林作為化學教授繼承了他的事業。他衣錦還鄉，回到了闊別多年、曾有過不堪回首記憶的童年的家鄉。

在某些情況下，人們有理由認為他們受到不公平的遭遇。大家都知道，許多事件尤其是不幸的事件，能把我們擊垮，不論我們做過或能夠做什麼事。飛機墜毀、火車出軌、親人突然去世、經濟形勢突然惡化，此外還有火災、地震、洪水、瘟疫、戰爭……這些都是隨時可能出現的厄運。預見或減少這類事件對生活的影響大大超出了我們的能力。所以，我們只能依靠自己的性格和信念勇敢地接受現實的挑戰。

連遭厄運的人應當牢記，不論在生活中碰到怎樣的厄運，都不意味著永無出頭之日。只要他順勢而為，運氣時時都會光臨，不間斷地連遭厄運畢竟比較少見。生活中的機遇並非一成不變地向我們走來，它們像脈動一樣有起有伏、有得有失。每當人們坐在一起相互安慰時，總是說黑暗過後必有黎明，這才是隱匿在生活中的真諦。如果我們時刻處於準備狀態，良辰美景必露端倪，有些事會出乎預料地成功。

生活記錄一次又一次表明，只要一個人全力以赴奮鬥，與背運的屠刀拚死相搏，時運終究會逆轉，終究會抵達安全境地。莎士比亞說：「與其責難機遇，不如責難自己。」這就是人生的基本課程。我們只要仔細回顧一下生活中壞運變為好運的大量實例，就會發現人的素質在改變命運時所發生的作用。

生活的實踐反覆證明，人不能老是安於現狀，因為一旦如此就會

產生惰性。挫折能鍛鍊人，更能造就人。

　　逆境常常可以激發人的潛能，促使一個人去競爭。「逆境出天才」這句話更是被歷史和現實中的許許多多的人所驗證。有一個作家就是從逆境中走來的。他並沒有因逆境而消沉，逆境反而激發了他出人頭地的欲望。他發誓一定要成功，一定要成為身邊的人們中的佼佼者。在他最初學習寫作的時候，由於生活貧困買不起需要的書籍和其他用品。沒有書讀，他就到離家很遠的一家工廠的圖書館去，在那裡一待就是一天。每天寫作讀書，感到極為充實。正是當時那種不利的處境，激發他產生了持久的抗爭力，堅持寫作，到今天他已成為著名的作家協會會員。而和他一樣熱愛寫作的其他人，由於有了一份輕閒自在的工作，失去了競爭意識，結果無論是在寫作上還是其他方面都是一事無成。

　　環境對人能否擺脫平庸非常重要。有人曾讀過這樣一則故事：一位動物學家，曾對生活在非洲奧蘭治河兩岸的羚羊群進行過研究。他發現東岸的羚羊繁殖能力比西岸的強，奔跑的速度每分鐘要比西岸的快出13公尺。對這些差別，這位動物學家曾百思不得其解。因為這些羚羊的生存環境和屬類都是相同的，飼料來源也完全一樣。有一年，他在動物保護協會的協助下，在東西兩岸各捉了10隻羚羊，把牠們分別送往對岸，結果運到西岸的10隻羚羊，一年後繁殖到14隻；而送到東岸的10隻羚羊卻只剩下3隻，那7隻全都被狼吃了。這位動物學家終於明白了，東岸的羚羊之所以強健，是因為牠們附近生活著一個狼群；西岸的羚羊之所以弱小，正是因為缺少這樣一群天敵。由此可見，好的環境卻使羚羊變得弱小，而惡劣可怕的環境反倒給羚羊以強健，不能不承認這是一種典型的逆境狀態。

　　有了比較與參照，才會有競爭的需要，繼而樹立信念、堅定目標。仔細想想，大自然的這一現象在人類社會中也同樣存在著。

　　如今人們有句愛說的話：「競爭中的人是快樂的。」這對競爭有了最好的詮釋。憂患和安逸同樣是一種生活方式，但一個可以培育信念，一個可以播種平庸。

　　一則寓言故事講道：同一座山上有兩塊相同的石頭，三年後發生截然不同的變化，一塊石頭受到很多人的敬仰和膜拜，而另一塊石頭卻受到別人的唾罵。這塊石頭極不平衡地說道：「老兄呀，在三年前，我們同為一座山上的石頭，今天產生這麼大的差距，我的心裡特別痛苦。」另一塊石頭答道：「老兄，你還記得嗎？在三年前，來了一個雕刻家。你害怕刻在身上一刀刀的痛，告訴他只要把你簡單雕刻一下就可以了；而我那時想像未來的模樣，不在乎割在身上一刀刀的痛，所以產生了今天的不同。」

　　兩者的差別是：一個關注想要的，一個關注懼怕的。過去的幾年裡，也許同是兒時的夥伴、同在一所學校念書、同在一個部隊服役、同在一家公司工作，幾年後，發現兒時的夥伴、同學、戰友、同事都變了，有的人變成了石頭「佛像」，而有的人變成了另外一塊石頭。就像一輛沒有方向盤的超級跑車，即使有最強勁的引擎，也一樣會不知跑到哪裡；同理，不管希望擁有財富、事業、快樂，還是期望別的什麼東西，都要明確它的方向在哪裡，我為什麼要得到它，我將以何種態度和行動去得到它。

　　「人生教育之父」卡內基說：「我們不要看遠方模糊的事情，要著手身邊清晰的事物。」假設今天上天給我們一次機會，讓我們選擇五個想要的事物，而且都能夢想成真，第一個想要什麼？假如只有一個選擇機會，會做何選擇呢？假如生命危在旦夕，人生最大的遺憾，是什麼事情沒有去做或者尚未完成？假如擁有一次重生的機會，最想做的事情是什麼？如果發現了最想要的，就把它馬上明確下來，明確就是力量。它會根植在我們的思想意識裡，深深烙印在腦海中，讓潛意識幫助我們完成所想要的一切。在這個世界上沒有什麼做不到的事情，只有想不到的事情，只要能想到、下定決心去做，就一定能得到。

　　每個人的內心都有一個屬於自己的小宇宙，當我們有了某種決心，並且相信它會變為事實時，我們小宇宙裡的所有力量就會動起來，把自己的決心推向實現的方向。在不經意的某一天，我們會發

現，理想真的成為現實了。回頭看一看，當初這些都是自己的選擇，重要的是那種認為自己可以做到的念頭一直在支撐著我們，從而改變並影響著自己的行為。但這仍然是我們自己的選擇，也是我們自己的能力，只是我們將這種能力表現出來，就像將深深沉睡在地下的礦藏挖掘出來一樣。它本是屬於我們的，關鍵在於是否知道自己有，是否相信只有自己才是命運的決定者。

長相平凡的陳穎在公司企劃部裡實在引不起人們更多的注意，但恰恰是她成了企劃部的總監，管理著一群比她小不了幾歲的俊男美女。

其實陳穎的相貌不僅僅是平庸，簡直是「有點醜」，各公司的企宣部門常常是俊男美女的所在，像她這樣長相的並不多見。說來也怪，從小就不指望靠相貌打天下的陳穎卻偏偏要在這樣需要「門面」的部門工作。

陳穎吃的苦可謂不少。19歲那年，她連考了兩年大學都落榜。當時她的心情很灰暗，覺得自己的夢想幾乎不可能實現了。就在這時，學校老師找到她們幾個落榜的女生，說有家飯店正在招考服務員，讓學生們去試試。陳穎因此抱著志在必得的信念參加面試，不過她未被錄用，原因就是長相「有點醜」。看著昔日同窗紛紛奔向職場，陳穎心理上受到很大刺激，覺得自己無才無貌，簡直是個廢物。

後來，陳穎在家人的鼓勵下參加了企業實務訓練班，並加強各種技能。比如電腦、外語和社會交際能力。經過兩年的學習生活，她開始重拾自信。首先，她在卡內基口才班接受的培訓派上了用場：一家公司決定聘任她為市場行銷人員；一年後，當她在英語口語班練就了一口流利的標準英語後，她接受了一家外商公司的聘用。

不過，她並沒有滿足，在她已經成為那家外商公司的銷售總監時，現在的這家公司招聘啟事又一次吸引了陳穎。憑著多年的銷售經驗和練就的職業素養，公司人事部經理一下看中了陳穎，但在分配工作時把陳穎分到了企宣部門。一開始就牴觸「門面」部門的陳穎對於公司的安排深感奇怪，不過公司老總表示，企宣部門不是靠長相生存

的，這裡需要更多有內在實力的人參與進來，以提高公司整體形象。陳穎就這樣成了企宣部的一名員工。

　　進入企宣部門的第一個月，陳穎便成功地策劃了公司的一次宣傳推廣活動，這次成功的推廣會不僅奠定了她在企宣部門的地位，也使陳穎感到了自身的不足。同行對於國際公關策劃活動的諳熟讓她自愧弗如，在他們的啟發下，陳穎不久報名參加了一個在職工商管理進修班的學習。兩年讀下來，收穫真是不小。學業結束後，陳穎又準備出國深造。所謂當機立斷，現在的工作雖然不錯，但自身能力獲得提高後，理想也會隨之提升了。

　　有時，回過頭來看當年未被飯店錄用這件事，到底是福還是禍呢？還真說不清。

　　這就是陳穎的心得：現代社會給予才女的機會可能比美女還多；如果不甘於平凡的工作，就選擇不斷提升自己，自己付出的辛苦最終會換來一片藍天。

　　俗話說：「天有不測風雲。」生活中每個人都可能遇到許多不盡如人意之處。比如：你在外面做生意失敗了；回到家中突然遇到父母不幸去世；太太被老闆炒了魷魚；孩子踢球把鄰居家的玻璃打碎了，人家找上門來；等等。面對上述情形，很多人會有「發瘋」的感覺罷。其實生活中有許多人和事，就是因在突發情況下不冷靜，從而使事情發生惡變，自己也在其中成了受害者。

　　曾聽說過這樣一件事：一位大學畢業生應聘於一家公司做產品行銷，公司提出試用三個月。三個月過去了，這位大學生沒有接到正式聘用的通知，於是一怒之下憤然提出辭職。公司一位副經理請他再考慮一下，他更是火冒三丈，說了很多偏激抱怨的話。對方終於也動了氣，明明白白地告訴他，其實公司不但已決定正式聘用他，還準備提拔他為行銷部的副主任。這麼一鬧，人家無論如何也不用他了。這位涉世未深的大學生因他的不冷靜而白白地喪失了一個絕好的機會。

　　在生活當中，冷靜地面對社會百態，才能使我們的生活提升至較高水準。冷靜處事，是為人的素質展現，也是情感的睿智反應。韓信

肯受胯下之辱，非但不是怯懦，恰恰展現了他過人的冷靜。劉邦與項
羽決戰在即，正要韓信出兵相助之時，韓信提出要劉邦封他為「假齊
王」，劉邦勃然大怒，大罵韓信不該在這個時候要求封為假齊王。然
而一經張良提醒，馬上恢復冷靜，轉而罵道：大丈夫要當王須當個真
王，怎麼可以要求封為假齊王？遂當即封韓信為齊王，從而使韓信出
兵，打敗了強敵項羽，最終奪得了天下。如果當時劉邦不能冷靜地分
析局勢，那天下最終屬誰所有，尚是個未定數。

　　生活裡有太多的逆境，這是生活中的偶然，但在理智面前偶然會
轉化為令人快慰的必然，偶然與必然儘管有理論上的反差，但它可在
冷靜和智慧中達到完美的統一。以冷靜面對社會，有利於順境與逆境
的反思，可既利社會又利自己；以冷靜面對生活，有利於苦樂中的洗
練，可盡享人生中的愜意；以冷靜面對他人，有利於善惡的辨識，可
近君子而遠小人；以冷靜面對名利，有利於道德上的不斷完善，可提
高人品和素質；以冷靜面對坎坷，有利於安危中的權衡，可除惡保康
寧。冷靜使我們大度、理智、無私和聰穎。

　　冷靜是知識、智慧的獨到涵養，更是理性、大度的深刻感悟。我
們面對著一個高速發展的物質世界，必須具有人性的成熟美。否則，
就是成功送到我們面前，還是難免在毛躁中遭遇失敗

　　1900年7月，一位叫林德曼的精神病學專家獨自一人架著一葉小舟
駛進了波濤洶湧的大西洋。他在進行一項歷史上從未有過的心理學試
驗，預備付出的代價是自己的生命。

　　林德曼博士認為，一個人只要對自己抱有信心，就能保持精神和
機體的健康。當時，德國舉國上下都在注視著獨舟橫渡大西洋的悲壯
的冒險。已經先後有100多位勇士相繼駕舟橫渡大西洋，結果均遭失
敗，無人生還。林德曼博士認為，這些死難者首先不是從肉體上敗下
陣來的，主要是死於精神上的崩潰，死於恐怖和絕望。為了驗證自己
的觀點，他不顧親友們的反對，親自進行了試驗。

　　在航行中，林德曼博士遇到了難以想像的困難，多次瀕臨死亡，
他的眼前甚至出現了幻覺，運動感也處於麻木狀態，有時真有絕望之

感。但只要這個念頭一升起,他馬上就大聲自責:「懦夫,你想重蹈覆轍,葬身此地嗎?不,我一定能夠成功!」求生的希望支持著林德曼,最後他終於成功了。他在回顧成功的體會時說:「我從內心深處相信一定會成功,這個信念在艱難中與我自身融為一體,充滿了周圍的每一個細胞。」他的試驗證明,人只要對自己不失望,自己充滿信心,精神就不會崩潰,就可以戰勝困難而存活下來。

在日本的一次大地震中,有許多死者並非死於饑渴、傷痛,而是死於絕望。據觀察,他們的身上並無任何傷痕——除了滿身自己手抓的傷痕以外,他們是在極端絕望中自己結束生命的。而有一對夫婦被壓在地下三天,仍然活了下來。在被壓在地下的日子,傷痛和饑渴也幾乎使他們喪生。丈夫找了一把菜刀努力想挖出一條生路,但四周都是水泥地板,菜刀除了砍下一點灰塵之外並無作用。但是菜刀砍在水泥地板上的聲音使妻子得到了振奮,她不停地問丈夫:「快了嗎,快挖開了嗎?」丈夫也滿懷希望地說:「快了,快了。」

聰明的丈夫用「希望」拯救了妻子,也拯救了自己。

心理學家從大量的觀察事實中發現:在危險的情境中,經常是那些性格樂觀、富於自信的人存活下來,因為他們總是沒有熄滅自己的希望。

對於希望效應,心理學家進行了一次廣泛的調查,他們要求許多人回答題為「你有哪些希望」的問卷。問卷分析的結果表明,抱有希望的種類(不論大小)越多的人,往往充滿了自信並注意生活的樂趣,精神煥發、精力旺盛;而那些沒有明顯的或者較少希望的人則往往表現出漠然、悲觀、消沉。一位富翁在試卷上只填了一句話:「我沒有希望,所有的希望都已經滿足了——除了長生不老之外,而這能算是希望嗎?」經過調查,這位富翁患了嚴重的憂鬱症。心理學家與他進行了接觸,勸告他從事一些具體的活動,並列出分階段的計畫表,如對外孫的培養、對某個足球俱樂部的支持等。經過指導,以及不斷的、各種各樣的希望的「煎熬」,這位富翁在精神上已判若兩人。

　　希望感是人類能夠生存的根本欲望。一些剛剛步入社會及人生之路的青年，過早地結束了自己的生命，大多數是由於對生活感到失望以至累積成絕望。而一個對生活有希望的人，即使環境再艱難，他都會發揮同環境抗衡的能力，在改造環境中改善自己的生存條件和地位。

　　讓我們一起去尋找生命中的希望，讓它牽引我們前行。

# Chapter 7

# 潛意識讓我們正確
# 面對人生成敗

 **1.失敗之後就要勇於爬起來**

「失敗了就爬起來」，看似一句非常簡單的話，但是要真正做到這一點卻著實不容易，這需要有自我鼓勵的性格和勇氣。

美國百貨大王梅西於1882年生於波士頓，年輕時曾經做過海員，之後自己開了一家小雜貨舖，賣些日常婦女用的針線。由於經營種類單一，舖子很快就倒閉了。一年以後，他又開了一家雜貨舖，仍舊經營類似的東西，結果仍以失敗告終。

不久，淘金熱席捲整個美國，許多人都來到美國的西部，都想趁此機會大撈一筆。梅西想這也許是個賺錢的好機會。於是他在加利福尼亞州（也就是淘金熱最狂熱的地方）開了一家小飯館，專門供這些淘金者食宿。可是事與願違，多數淘金者來到這裡並沒有像預想的那樣淘到金，自然就什麼都買不起。梅西的生意也就支撐不下去了，小飯館不久也倒閉了。

但是梅西不死心，他相信自己一定能夠賺到錢。他不住地對自己說：「梅西，你一定能成功！」就是靠著這種自我鼓勵，他的命運終於開始轉變。他又跑到新英格蘭地區做起了布匹服裝生意。這次老天開始眷顧他，他做買賣做得很靈活，甚至生意擴展到了許多街上商店。他的生意越做越大，剛開始營業的時候，他的帳面一天的收入才1108美元，而現在梅西公司已經成為世界上最大的百貨商店之一。

再來看看美國另一位著名的生意人彭尼。他出生在密蘇里州。高中畢業後，他到了一家布匹服裝店做了學徒，在那裡待了11個月，整天起早貪黑地工作，還得不到老闆的賞識。最後，他忍無可忍，離開了那裡，老闆只給了他25美元作為這11個月的工錢。

本來彭尼的身體就不太好，又在服裝店裡經受了11個月的折磨，他的身體更差了，醫生勸他多到戶外活動。於是他離開服裝店後，來到了科羅拉多州，轉做起了零售商的行業，他把這些年來所積存下來的錢都投到了一家小肉舖。肉舖的最大主顧是附近一家旅館。這家旅館的採購員是個嗜酒如命的人。有一天，他來到彭尼的肉舖買肉。他

偷偷地對年輕的彭尼說：「小彭尼，如果你每星期送我一瓶威士忌，我就把整個旅館的生意都包給你做，你看怎麼樣？」涉世不久的彭尼並不懂得這些人際交往中的門道，認為這是賄賂，就堅決地拒絕了採購員的提議。採購員當然很生氣，立即斷絕了與彭尼的生意往來。彭尼失去了最大的主顧，小店也維持不下去了，只好關門。

沒辦法，彭尼只好再去當地一家布匹服裝店當店員。由於他以前在布匹服裝店做過一段日子，知道這個行業很賺錢，就說服了這家商店的兩名店主，讓他做第三名合夥人。他出一部分資金，加上原店的一些存貨，由他單獨去經營一家新店。這個主意就是聯營的最初想法。

過了幾年，彭尼開始了他自家的聯營商店。他允許自己的雇員享有自己從前享有的機會。當彭尼的聯營商店發展到24家的時候，彭尼公司誕生了，後來，這家公司已經擁有了2400家分店。此外，他還涉足銀行、信貸和電子行業。昔日的小學徒終於成了赫赫有名的大商人。

再來看看愛爾蘭的保羅・高爾文，一個身強體壯的農家子弟，一個充滿進取精神的年輕人。在他13歲的時候，看見比他大的孩子們在火車站的月台上賣爆米花。他被這個行業吸引住了，也做起了這個買賣。但是他並不知道，其實這些賣爆米花的孩子們並不歡迎他的到來的，因為他的到來，他們的生意就會受到影響。為了讓高爾文懂得先來後到、別人的地盤不許侵佔的道理，高爾文付出了慘痛的學費，那些孩子們把高爾文的爆米花都搶走了，並且毫不留情地倒在了大街上。高爾文傷心極了，這是他第一次做生意的經歷，沒想到卻以這樣的結果告終。

成年以後，正值第一次世界大戰期間。熱血沸騰的高爾文參了軍，做了一名軍人。大戰結束後，他復原回家，在維斯康辦了一家電池公司。可是無論他用什麼方法，產品就是打不開銷路。有一天，高爾文離開工廠去外面吃飯。回來就看到工廠的大門上了鎖，門上還貼了封條，他的公司被查封了，高爾文甚至不可以拿回自己放在辦公室

的大衣。

1926年，高爾文又和朋友合夥做起收音機的生意來。當時，全國的收音機也僅有3000台，他們預計兩年後收音機的使用率將擴大100倍。可是當時的收音機都是用電池的。於是他們發明了一種燈絲電源整流器做電池的替代品。這個想法本來不錯，但是產品還是打不開銷路。眼看著生意一天一天地走下坡路，他們似乎又要等待關門了。此時，高爾文想出了透過郵購的辦法招攬顧客。這一招果然靈驗，不久就招攬了大批客戶。他手裡有了錢，就辦起了專門製造整流器和交流電真空管收音機公司。可是，好景不長，3年後，高爾文的公司又宣布破產了。

此時的高爾文簡直陷入了無底深淵，只剩下最後一個掙扎的機會了。當時，他一心想把收音機裝到汽車上，但是有許多技術問題得不到解決。到1930年，他已經虧損374萬美元了。在一個週末的晚上，心神俱疲的高爾文回到家中，妻子正等著他拿錢回來買食物、交房租，可是他摸遍了全身只有24塊錢，而且這錢還是從銀行貸款貸來的。

窘迫的高爾文並沒有因此而放棄自己，他相信自己的願望一定能夠實現，自己的生活一定會一天比一天好。正是憑藉著這種不服輸的精神，他終於走出了困境，成為腰纏萬貫的大富商。

透過上面三個例子，我們發現，其實那些大富商、經理並不是一開始就那麼富有。他們往往都是來自貧寒的家庭，但是並不因此而放棄自己，透過自己的努力最終走上了事業的巔峰。家境貧寒不可怕，生活困難也不可怕，可怕的是自己沒有信念、沒有戰勝困難的決心和信心，一個沒有信念的人就如同一具僵屍，永遠也不可能擁有絢爛的生活。只要在心中為自己定下一個目標，潛意識就會幫助我們實現它。因此，親愛的朋友們，尤其是正在痛苦中掙扎的朋友們，放開心中的包袱，相信自己，相信明天！

## 2.挫折之後的教訓最為可貴

　　著名成功學大師金克拉經歷過這樣一件事情。他在某大學授課時，曾經給畢業班的一個學生的成績打了不及格。這個打擊對這個學生來說簡直太大了。因為這個學生早就做好了畢業後的各種計畫，現在因為金克拉教授的原因，他的這些美好的計畫都將不能實施，真的覺得十分難受。他面前只有兩條路可以選擇：一、重修這門課，這意味著他將在下一年度才能獲得畢業證書；二、不要學位，直接走人。但是如果沒有學位，工作肯定不好找。而如果推遲畢業，自己的計畫又無法按時實現。

　　在得知自己不及格後，這個學生簡直要瘋了，以往教授們對學生的要求都不是很嚴格，尤其是對畢業班的學生，只要分數相差不太多，教授們通常都會讓他們過關。可是，現在這個可惡的金克拉竟然讓自己不過關，他心裡對金克拉充滿了不滿和憤怒。於是，他怒氣沖沖地來到金克拉的辦公室找他理論。金克拉很耐心，對他說：「你的成績太差了，我真的不能讓你這樣矇混過關。你自己心裡清楚你對這門課下的工夫到底有多少。」這個學生承認自己的確沒有在這門課上下多少工夫，但是他還是試圖說服金克拉給他一個及格的成績，他說：「教授先生，我以前的成績都在中等水準上，這次我馬上面臨畢業，你能否通融一下，好讓我能順利畢業。我已經做好了畢業後的計畫，如果因為這一門課不過關，我的一切計畫都將泡湯，你可憐一下我吧。」

　　金克拉並不為這些話所動，他說這個成績是經過多次評估才決定的。金克拉還提醒學生說，學籍法規定禁止教授以任何理由更改已經送交教務處的成績單，除非這個錯誤是由教授造成的。這個學生看到金克拉的態度這麼堅決，就更加氣憤了，他說：「教授先生，我可以隨便列舉出本市50個沒有修過這門課而照樣成功的人。你的這門課沒有什麼了不起！為什麼難為我，讓我拿不到學位！」他發洩完以後，金克拉並不急於辯駁，他知道，現在最好的辦法是讓這個在氣頭上的

學生冷靜下來。他靜靜等了45秒鐘。然後對這個學生說：「你說的大部分都很對，確實有許多知名人物不知道這門課的內容。你將來可能不用這門課就能獲得成功，你可以一輩子都用不到這門課的知識，但是你對這門課的態度對你卻大有影響。」「你是什麼意思？」他反問道。金克拉說：「我能不能給你提個小小的建議呢？我知道你因為不能按期畢業而感到相當的失望，我了解你的心情，我不會怪你對我不滿和憤怒。但是請你用積極的心態面對這件事情吧。這是一門非常非常重要的課程，如果不努力培養起自己積極的心態，根本做不成任何事情。請你記住這個教訓。五年以後，你就會知道，這個教訓將是你最大的收穫。」

金克拉的一番話讓這個學生陷入了沉思。幾天以後，金克拉了解到，這個學生真的去重修這門課了。這一次他的成績非常優秀。過了不久，他特地向金克拉致謝，讓金克拉知道他非常感謝上次他們的那場爭論。他說：「那次不及格使我受益匪淺。看起來可能有點奇怪，現在我甚至慶幸那次沒有通過這門課。」

不要把失敗的責任推給命運，要仔細研究失敗的原因到底是什麼。很多時候，人們往往會花時間去設想最糟糕的結局——這等於在預演失敗。史丹福大學的研究證明，頭腦裡的想像會按事情進行的實際情況刺激人的神經系統，比如當一個高爾夫球運動員囑咐自己「不要把球擊入水中」的時候，他的腦子裡將出現球掉進水裡的情景。試想，頭腦中呈現著這樣的景象，在這種心態下打出的球會往哪裡飛呢？

為什麼不設想一下自己成功了將是什麼樣的結果呢？如果想像自己獲得成果時的情景，自己就會為這個成功而努力，其實潛意識中已經成功了。

##  3.不要抱怨命運的不公平

有的人總是抱怨上天對他不公平，為什麼別人可以生活幸福、

工作順利，而自己卻事事不順。於是，他們開始討厭這個世界，產生厭世情緒；更有甚者，想到了逃避現實，選擇死亡以「解脫」自己。其實，這些都是怯懦的表現。人的一生中不可避免會遇到一些不如意的時候，個人的承受能力不同，有的人可能很快從挫折和打擊中走出來，有的人可能不堪一擊。在屈辱的時候，不要計較面子、身分、地位，也不要急著出人頭地，要沉得住氣，只要自己好好活著就有機會。要相信，不經歷風雨哪能見彩虹。這是潛意識發揮作用的最簡單方法，那就是在心裡相信自己能夠戰勝一切困難和挫折。

如果由於怯懦而不敢做一件事情，那麼在做這件事情之前，要先預測一下如果做了這件事，它的最壞結果將會是什麼。有的時候做出最壞的打算，可能喚起一個人心中最大的勇氣。一旦有了這種勇氣，就可能在氣勢上先壓倒對方，獲得絕處逢生的效果。只要對自己說：既然我別無選擇，那麼還不如鼓起勇氣冒一次險，即使失敗了也比在這裡猶豫不決、寢食難安強得多。要相信誰也不能主宰自己的命運，只有自己才是命運的主宰。

在人生的路上，我們在很多時候都需要這種挑戰的勇氣和精神：挑戰傳統、挑戰權威、挑戰大自然、挑戰自己，沒有挑戰的人生就如同一灘死水。人生沒有什麼邁不過去的坎，沒有什麼越不過的難關，只要心裡不放棄自己，不給自己打退堂鼓，就能夠取得勝利。既然已經成為事實，就不要太多抱怨，一味地奢望和一廂情願是不能解決問題的，唯一的辦法就是不斷地前進、不斷地奮鬥。我們堅信，勇於奮鬥的人不會永遠失敗，成功遲早會光顧我們。

一個人絕不能讓隨波逐流和千篇一律來玷污自己的生活，因為那樣就會使人喪失鬥志，對任何事情都得過且過。我們都是凡人，我們的生命有限，但是如何在有限的生命裡做出最多最有意義的事情呢？不要放棄自己的理想和願望而去聽從別人的意見，也不要放棄自己的理想和願望而去追隨別人所選擇的道路。我們自己的路是自己選擇的。每個人的資質和興趣不同，也會選擇不同的人生道路。有時，我們總是缺乏勇氣，在困難面前退縮、在機遇面前猶豫、在壓力面前屈

服。所以，有許多理由令我們失去信心。那麼我們不妨把自己「置之死地而後生」，在絕境當中，我們的潛能才可以被求生的欲望激發出來，往往會產生驚人之舉。

在潛意識當中，可能埋藏著某些失敗、傷心的記憶或個別不堪回首的經歷，但這並不意味著需要以理性思維將其發掘出來，時時觀瞻把玩，陷入它們給我們帶來的痛苦之中。往日的一切錯誤、失敗和消極性經驗，會自覺地在潛意識思維中留下痕跡，成為某種「回饋性資料」，從而對以後的人生產生影響。這些資料確實可以產生警世和教育的作用，但是我們必須有意識地把它們逐漸忘掉，讓頭腦中充滿快樂與幸福的記憶。只有這樣，以往的經驗與教訓，方能變為有益於人生的財富而不是道德障礙。我們的意識性思維，應當集中於積極性的意念與目標之上，而對於以前的錯誤、失敗應當拋之腦後。天下最可悲的人，莫過於死死糾纏於往事而難以自拔，莫過於總是不斷地譴責自己所犯下的錯誤。譴責自己於事無補，反而會使潛意識思維受到不正確的「鼓勵」和「暗示」，從而形成惡性循環，本來不想這樣做，結果卻是這樣做了。

著名哲學家羅素，在年輕的時候曾經一度厭惡生命、想自殺。後來，他成了無比熱愛生活的人。他說，每過一年，自己就對生活更多一層熱愛之情。究其原因，是他不再過分關注自己的過去，不再像從前那樣動輒沉浸在罪惡與各種缺點當中。他逐漸學會了寬容和諒解，把注意力集中到外部世界，開始關注世界上人生的真理。他還認為，一個人應該以觀念改變觀念，而不是以意志對抗觀念。也就是說，某些人陷入思想困境難以自拔，並非是某種事實的結果，而是完全出自一種愚蠢至極的信念。比如，有的人認為自己無論怎麼努力，都不可能買下一幢價值上百萬的別墅，那麼這種消極的觀念會將其手腳牢牢束縛，從此難以發財致富。

而正確的信念對於潛意識能夠產生非常重大的作用。信念的力量能夠使潛意識的內涵在一夜之間發生改變。如果我們為某種不當的行為而懊喪或悔恨，而理性告訴我們那並非邪惡之舉時，我們就要振

作精神，檢視一下消極性心緒的成因，認清這種心緒的荒謬之處。我們要讓頭腦中的信念充滿陽光與活力，它們會對潛意識施予有益的影響，從而消除從孩童時代起便形成的心理陰霾。

一個人應當樹立積極向上的人生信念，不讓任何消極或頹廢的想法支配自己。只有這樣，他才會發現，自己所賴以生存的世界並非地獄而是天堂。

同樣，一個人不應該常常生活於預期與幻想的世界中。幻想過度，就會使我們的生活枯燥乏味。一個人既然生活於現實之中，就應該充分利用現實，既不要把精力虛擲於對過去錯誤與失敗的追悔，也不要把精力浪費到對未來的過度夢幻當中。同樣，要學會「只為今天考慮」的習慣。我們可以為未來做出計畫，但不要擔心未來的結果，不要介意明天將會怎樣、5分鐘後將會怎樣。「生活在今日」這一原則，可以保證我們一生幸福。除了今天的24小時，不要顧慮明天和後天。我們應該充分利用今天的生活，使之豐富多彩；應該學會每次只做一件事情，不必急於把所有的事情一下子做完。

##  4.任何時候都要相信生活總是美好的

朗斯特已經到了絕望的邊緣，自從她的體重又增加了25公斤以來，她的心情糟糕透了，每天以睡覺打發時光。就在這天，她從收音機裡聽到的一則廣告引起了她的興趣。朗斯特的醫生已經給她下了「死亡令」，認為她不可能再恢復到以前的體重了，因此對於一般人來說，此時的健康俱樂部廣告根本不會引起她的興趣。然而，令人驚訝的是，朗斯特竟然搖搖晃晃地跑到了那家俱樂部想看個究竟。也許這就是潛意識催促她這麼做的吧。

朗斯特來到這家俱樂部，發現這裡的推廣人員既和善又活潑，顯然都很喜歡這裡的工作。朗斯特愉快地加入了這個俱樂部，開始了自己的運動訓練課程。經過一段時間的訓練，她發現自己的精神比以前好多了。於是，她說服俱樂部給她一份推廣的工作，她要把更多的人

介紹到這裡來。朗斯特以前在鞋店賣過鞋，她很喜歡這個工作，成績也不錯，但是迫於家裡的壓力，不得不改行當了老師。她一點也不喜歡老師這個職業，心裡很鬱悶，於是就拚命地吃巧克力蛋糕，結果使自己的體重大增，精力也不如從前了。現在重新做起了推銷工作，這令她回想起在鞋店工作的時光，但是她的情緒還是時好時壞。總經理發現了她的不正常，就給了她一卷錄音帶，裡面是鼓勵人們志氣的內容，總經理要求她每天都聽，沒想到朗斯特的工作業績大幅度提升。

朗斯特一向對廣播推銷十分神往，有意向這方面發展，但是她所鍾情的電台沒有職位空缺，也不願意給她面試的機會。那時，她已經領會到堅持就是勝利的道理，就死死守在總經理辦公室門前，直到總經理熬不過她，答應她來面試為止。朗斯特表現出來的信心、決心和毅力讓總經理不得不屈服，答應雇用她。剛一開始工作，朗斯特就表現出了驚人的力量，不久就遙遙領先於其他同伴。

接下來是朗斯特的人生轉捩點，她不小心跌斷了腿。這使她不得不連續幾個月都得打石膏、纏繃帶，但是這並沒有讓她停下來。她在家僅僅休息了12天，就回到了工作崗位。她雇用了一個司機，每天把她帶到指定的地方去。但是因為上車和下車很不方便，她開始用電話進行推銷和接訂單，結果她的業績沒有受到絲毫影響，反而大幅度提升。與朗斯特從事同一工作的其他四個推銷員看到她的卓越成績，都來向她請教。朗斯特使有問必答，絲毫也沒有隱瞞，這使同事們對她更加信任，她在同事中的威信也提高了。不久，朗斯特的上司辭職，大家便推舉她為總經理。朗斯特並未因此放鬆對自己的要求，她每天召開銷售會議，還保持自己的業績，雖然電台銷售僅占市場的2％，但他們每個月的營業額由4萬美元上升至10萬美元。這令廣播電台的總經理大為吃驚。聽說這個電台的聽眾最少，可是業績卻名列前茅，於是他聘請朗斯特到其他城市作報告，不管她到哪裡，成果都相當顯著。因為一旦有了凝聚信心的動機，再配合顧客至上的銷售技巧，生意自然蒸蒸日上。

由於研討會成績優異，迪士尼連鎖電台聘請朗斯特為整個連鎖線

的銷售副總。全國廣播協會也邀請她到全國大會中對2000名聽眾發表演說。雖然朗斯特從未有過這樣的體驗，但是她對自己所學的技巧都有無比的信念。她認真準備演講稿，想像自己說話的樣子，在心裡想著聽眾對她演講報以熱烈的掌聲的情景。每試講完一次，她就給自己來個起立鼓掌。

那一天終於來了，她準備了一大堆演講稿，一切準備就緒。但是當她走上講台，炫目的燈光卻讓她很難看清楚演講稿的內容，於是她就依照心中的感想發表了演說。聽眾們聽得如癡如醉，不斷用熱烈的掌聲打斷她的演講。而聽眾的反應也與她事先想像的一模一樣。從此，朗斯特名聲大振，如今她已經成為全國知名的演說家、作家，也是她自己的公司——朗斯特推銷與激勵公司的董事長。她比任何時候都快樂、健康。

朗斯特的故事可以說明很多問題。但是最重要的一點就是，如果自身存在不足或者危機，那麼不要害怕，只要在信念上訓練自己，用潛意識的力量強化自己的信念，我們就可以擺脫和克服自身的危機，從而走向勝利的彼岸。只要在內心不求失敗、不放棄自己，給潛意識下命令，它就會不斷使我們提高自身的能力，直至我們的願望得以實現。

## 5.掃除那些存留在心靈的垃圾

大多數內心存在恐懼感的人都有一個共性，就是不能忘記過去的陰影——可能是打擊、挫敗、傷心、流淚，因此一天到晚情緒低落。這種人的生存危機是顯而易見的，用「可憐蟲」來形容他們是再確切不過的了。對於這些人來說，揮去心中的陰影、重現生活的樂趣、面對人生之路，是他們最迫切的任務。

有一個心理醫生曾經遇到過這樣一個人。這個人是個建築工人，做這行已經很多年了，令人羨慕的是，他曾經親手為建築曼哈頓的摩天大樓出了不少力。但是，他卻沒有任何成就感；相反地，他恨自

己，有時候甚至想一死了之，想從建築工地的高樓上跳下去。

為了幫助這個可憐的人，心理醫生詳細詢問了他過去的生活。他終於吐露了自己內心深處的祕密。原來在他讀小學的時候，由於他的成績不是很好，反應也不快，老師就說他是個傻孩子，一輩子也成不了什麼大事。於是，這句話在他頭腦中始終揮之不去。從那以後，他就一直恨自己，學習成績也一落千丈，好幾門功課都亮起了紅燈。最終他開始厭倦學習生活，開始蹺課。而在他的內心，他也認為自己是個失敗者。

然而，確切地說，這是矛盾的。他在工作中取得了不小的成就。他在建築業當了建築工人，而且做了好多年，成為工地中少有的幾個技術能手。他曾經當過兵、打過仗，後來還娶了一個既漂亮又能幹的老婆，現在已經是5個孩子的父親了。他的大女兒了解了父親的苦楚，就向他介紹了這位心理醫生寫的書。他因此才來找這個醫生，希望得到幫助。

醫生非常誠懇地對他說：「你應該這樣對待自己，既然曾經失敗過，為什麼一個人就不能有失敗呢？世界上的每個人都不可能是一帆風順的，總會有失敗和挫折，但是你應該注意發現自己的成功之處。擺脫過去，看看自己獲得的成績吧。這些年來，你工作穩定、家庭和睦，你養育了五個兒女，還供你的大女兒上了大學，你用自己辛勤工作換來了一家人的幸福快樂。看到這些，你難道不覺得這是你的成功嗎？」

他臉上掠過一絲笑容，「我從來沒有那麼想過。」他說。醫生繼續說：「你已經成功了，想想你的成功吧。這樣，你就知道什麼叫享受，你就會笑得更多。」

如何對待過去人生的各種不幸？安東尼·羅賓提出的忠告就是：把苦惱、不幸、痛苦等認為是人生不可避免的一部分。當你遇到不幸的時候，你得抬起頭來，嚴肅對待，並且對自己說：「這沒有什麼了不起的啊，它不可能打敗我。」其後，你得不斷向自己重複使人愉快高興的話：「這一切都將過去。」

面對遇到的巨大不幸，要自己寬容自己，這也許是最難的事情。通常情況下，寬恕別人要比寬恕自己容易得多。沒有任何一種懲罰比自我責備更為痛苦的了。

過去的事情就讓它過去吧，因為已經無法改變它了。我們唯一能做的就是，盡快忘掉不愉快的事情，不斷為自己打氣，終有一天會重新拾回昔日的輝煌。

## 6.內疚自責永遠無濟於事

積極心態具有改變人生的力量，雖然人人皆可達成，但有些奇怪的心理障礙會導致積極思想的無效。一個人若是不斷地懷疑、質問，活在自憐的情緒中，安慰自己總是比較容易的。一旦我們了解正是這種不健康的心理因素作祟時，積極思想便開始發揮它的作用。我們因為做錯了事感到內疚，便希望被人懲罰。人性通常如此。懲罰完全沒有必要，過去的已經過去，內疚自責完全沒有必要。

兩位年長的女性在同一星期內去世。在第一個家庭，死者兒子說：「我覺得母親過世是我的錯，我應該堅持送她去醫院，才不致延誤病情。如果我堅持的話，她今天一定還活著。」另一家的兒子說：「我覺得母親去世是我的錯，要是我沒有堅持送她去醫院就好了。一連串的檢查、治療，環境又無法適應，她吃不消。」

許多人經常不知不覺中陷入內疚的情緒當中，有的內疚當年對先生不夠好，所以先生病倒；有的內疚太專注於工作，以致疏於照料孩子；也有的內疚當年沒有聽父母的話……世界上有太多的人集中注意力於過去的事，他們對已做過或已說過的事感到頹喪或懊惱，使「現在」完全被對過去行為的感覺所霸佔。心理學家羅伊‧姆斯特的研究發現，一般人每天自責的時間總計約為兩個小時，其中39分鐘是中度至嚴重愧疚。

為什麼這麼多人會陷入內疚的泥沼？多半是因為，如果我們不感到內疚，就會被人家認為很「壞」、不近人情，這均與「在乎」

有關。若真的在乎某人或某事，就應該為自己所做不得宜的事感到內疚。這就好像在乞丐的缽盂中投入一分錢，好為自己贖回十分錢的罪孽，以內疚來彌補過去的錯誤，換取良心的平安。

內疚是沒有用的，為從前的過錯悔恨、自責無濟於事，意志薄弱的人才會這麼做，悔恨內疚有時被用來當做裹足不前的藉口，大部分人都犯過這種愚蠢的錯誤。內疚是在浪費我們的情緒、精力，也是在浪費生命。為什麼？因為內疚不只是關乎過去，而因過去的事影響現在，更重要的是，任何內疚均不能改變既成的事實。過去的事已經過去，過去的無法挽回。不要追尋凋落的花，不要緬懷過去，要想一想現在該做什麼，應朝向希望前進，以新的想法面對挑戰。

阿明是一位忙碌的仲介商，從早到晚，幾乎所有的時間都投入了工作。他年邁的雙親住的地方，離他的家只有一小時的路程。阿明非常清楚自己的父母是多麼樂於見到全家團聚。但他總是以工作為重，很少到父母那裡去，跟父母的關係自然漸行漸遠。不料，他的父親突然去世了，阿明有幾個月都陷入內疚之中，回想起父親曾經為自己做過的所有的事，懊惱自己在父親有生之年未能盡孝心。在悲痛平定下來之後，阿明意識到，再大的內疚也無法使父親死而復活。認識到自己的過錯之後，他改變了以往的做法，常常帶著妻兒去看望母親，與母親保持密切聯繫。漸漸地，母親終於找回失去已久的歡樂。

從過去的錯誤中學到教訓且絕不重蹈覆轍是一種反省，是健全而必要的成長歷程。內疚是不健康的，因為把現在的精力消耗在對以前的事感到悔恨、不安、沮喪，這是毫無意義的。記住，為去年的收穫澆水是一無所獲的。無論對過去感到如何慚愧，內疚本身將不會改變任何事物。過去的事情已經過去，我們應該吸取過去的經驗教訓，以修正自己的行為方式。

## 7.壓力與挫折是考驗個人智慧的課題

壓力與挫折是考驗個人智慧的終身課題，每個人都必須找到屬

於自己的排解方式，既不能逃避現實，也不能總是躲在角落中自怨自艾。羅曼‧羅蘭說過一句話：「人生就是戰鬥。」僅此聊聊數字，曾經伴隨他經歷不少艱辛歲月，越過不少坎坷道路。

在《戰地春夢》這本有關第一次世界大戰的著名小說裡，海明威說：「世界擊倒每一個人，之後，許多人在心碎之處堅強起來。」俄國學者和詩人羅蒙索諾夫，原來是一個捕魚青年，求學時一個拉丁字母也不認識，被人譏笑為「大傻瓜」，連老師也叫他坐到最後一排，羞辱他。正是這種處境激勵了羅蒙索諾夫，使他後來變成了一個大學者，並成為世界歷史上第一個創立大學的人，被譽為「俄國科學的始祖」。

眾所周知的日本松下電器公司創始人松下幸之助，曾經是一個只念了4年書、一貧如洗、體質虛弱的窮孩子。這位飽嚐人間辛酸的少年，從不憤世嫉俗、從不氣餒，在人生的「大學」裡吸吮著、累積著，從而建立了他的「松下哲學」。在24歲那年，他終於抓住了創業的機會，用僅有的100日圓創辦了電器公司。憑藉著他執著的信念、誠實的品格、縝密的經營方略，終於獲得成功，建立了130個工廠，成就了龐大的「松下帝國」。松下幸之助的成功，恰恰是得益於他那段含辛茹苦的少年經歷。從這個意義上說，挫折和逆境常會讓人創造出重新崛起的機遇。

記住柏拉圖的話：「人類沒有一件事是值得煩惱的。當克服一次挫折之後，你便提升了一次自我。」富蘭克林曾說：「令人受傷的事會教育我們。」常有人說，人們最痛苦之後得到的那些教訓，才是最有價值的教訓。沒有巨石當道，怎能激起美麗的浪花？因此，無論我們遭遇身體或情緒的創痛，最要緊的便是在創痛中尋找某些意義。創痛教導我們某些事情，但是我們必須樂意於從中學習。如此，我們才能從中領悟，使人生得以更上一層樓。創痛幫助我們克服困難，發現自身的力量，幫助我們踏上成功的彼岸。

有些人似乎天生就會運用失敗與挫折的創痛作為成功的原動力，而另一些人則必須學習使用這種動力。只要是人，總是能夠學會發展

積極心態的。積極的行動會導致積極的思維，而積極的思維會導致積極的人生態度。人的心態在自己人生的成敗上有決定性的影響。

美國西部淘金熱潮中，李維‧施特勞斯抱著淘金發財的希望來到了三藩市。當他看到那裡已經聚集了成千上萬尋找金礦的人們後，改變了自己的初衷，沒有加入淘金的行列，而是開了一家經營日用品的小商店。

有一次，他乘船去擴大業務，帶了一些線團之類的小商品和一批淘金者搭帳篷用的帆布，這些東西在船上很快就賣完了。到達碼頭，他下船去推銷，可是淘金者不需要帆布。懊喪之餘，李維聽到很多淘金者抱怨：褲子不經磨，沒穿幾天就磨破了。他靈機一動，就立即找到一家裁縫店，用自己的帆布做了幾條褲子，賣給了淘金者。褲子很快銷售完了，並且接到了大量的訂單。

此後，他專門從事牛仔褲的生產與銷售，並成立了李維‧施特勞斯牛仔褲公司，設立了專門的服裝廠，大批量地生產淘金工裝褲，專門以淘金者和西部牛仔為銷售對象。由於這種緊身耐磨、看上去很瀟灑的帆布褲迎合了淘金者的需要，銷路便不斷擴大了。

李維有了初步的成功，但他並不滿足，而是矢志不渝地創立自己的事業。他不斷發展自己的事業，根據礦工們的工作特點，不斷改進褲子的布料和樣式，以適應人們的需求，直到生產出一種法國卡其布為布料的褲子，既耐用緊身又美觀大方。與此同時，他還十分注重褲子的實用性，考慮到礦工們經常把礦石樣品裝進褲袋，用線縫的褲袋不牢固，就在縫製臀部褲袋時改進金屬釘釘牢，鈕子則用銅、鋅合金材料，並在重要的部分用皮革鑲起來，形成了牛仔褲的特有樣式。從礦工穿發展到青年人穿，而後打入社會各階層。此後，李維公司根據人們消費的變化不斷推出新的樣式，盡量做到耐穿、便宜、合身。

到現在，李維‧施特勞斯服裝公司在多個國家設有工廠，在許多地區和國家設有銷售網，成了年銷售額達到20億美元的大型企業。

## 8.面對人生，與往事乾杯

　　人生是由失敗及成功交互堆疊而成的，差別只在兩者的次數多寡而已。大浪淘沙，優勝劣汰。成功總屬於那些備嘗艱辛、異常頑強的人們。芸芸眾生在對成功者頭頂上的光環頂禮膜拜之時，不禁悄悄哀歎：成功者如同鳳毛麟角，何年何月，成功之神才能對自己格外關照幾分呢？在自艾自歎的消極心態中，他們早就錯過了一次又一次成功的機會。

　　人人乞求一生一帆風順，航海家也如此。但是航行之中，焉能企盼萬里無雲、波浪不興？每遇風浪，誰不迎風而戰、力挽狂瀾，有誰望風退卻？原因是因為退離暴風圈之後，縱使得以全身而退，風平浪靜後重新啟航，還有無數未知的兇險橫在眼前。一次次地退讓，何時才能到達目的地？

　　人生又何嘗不是如此？失敗並不可恥，可恥的是心因挫折而死，遭受了失敗的打擊，從此一蹶不振，成為讓失敗一次性打垮的懦夫。自古以來，不以成敗論英雄，而以勇敢視豪傑。什麼是勇敢？敢於面對挑戰、克服挫折者就是勇者的表徵。人生是一次次的經驗累積而成的，應該把失敗當做是一種不凡的經驗，而不是障礙。唯有將它當作是經驗，我們才能體會出什麼叫做踏腳石。當我們從低處往上攀爬時，沒有著力點就無從爬起，沒有踏腳石就無處著力，在人生的奮鬥過程中也是如此。

　　要想拾級而上，就需要自己開路造階，一次次的經驗就是我們的路、我們的階梯。萬一失手，如果順勢向後倒下，我們會如何？往下跌幾級台階還不要緊，最怕的是滾回原點，我們還有力氣再站起來嗎？如果能學著向前傾倒，最多不過是雙手撐地，略加思索失敗的原因，就可立即起身去迎接另一個挑戰。然後把這次的挫折看做作另一次的經驗，將來可避免重蹈覆轍，可以幫助我們聰明地成長。

　　不要羨慕登頂成功的人而對自己的屢屢失敗嗟歎不已，因為全世界最成功的人裡，絕大多數的人就是失敗次數最多的人，能夠一蹴而

就者寥寥可數。成功者不害怕面對每一次的失敗，反而把它們當作是成功之路必經的一級台階。

　　把那些破舊的衣物丟棄或送給舊衣回收中心是個不錯的選擇。塞滿家中的舊物品有時和廢物沒有兩樣，多存留一件無用的物品，就是多浪費一點自我的空間。堆積在我們腦中的無用想法也是如此，就像洋娃娃腦袋裡的填充物，既然是無用的草包，就應該早點丟棄。「智慧的藝術，就在於知道什麼可以忽略。」心理學先驅威廉‧詹姆斯如是說：「天才永遠知道可以不把什麼放在心上！」

　　旅行時不能忘帶護照、機票、換洗衣物、相機甚至是筆記本，但最重要的是，請一定要「忘了帶」過去的心情、想法、習慣。要空著頭腦出去，滿載歷程回來。如果我們正在英國旅行，在乘船橫渡英吉利海峽前往巴黎的途中將很容易遇到洶湧的海浪。抵達法國後，如果我們還將時間用在詛咒顛簸的航程上，那麼停留在巴黎享受假期的時間就會越少。你應該盡快忘了這段不愉快的航程，充分把握眼前的一切。

　　一個老農夫肩上挑著一根扁擔信步而走，肩擔上懸掛著一個盛滿綠豆湯的壺。他不慎失足跌了一跤，壺掉落在地上摔得粉碎，這位老農夫仍然若無其事地繼續往前走。這時，有一個人急忙跑過來激動地說：「你不知道你的壺摔破了嗎？」「我知道，」老農不慌不忙地回答道：「我聽到它掉在地上摔破的聲音了。」「那你怎麼不轉身，看看該怎麼辦？」「它已經破碎了，湯也流光了，你說我還能怎麼辦？」的確，對於一個已經摔碎的壺而言，除了扔掉，又能怎麼樣呢？

　　舊的恐懼、束縛，就應該讓它們去，丟棄那些無用的舊衣、雜物和舊的創傷。當我們每丟棄一件東西，必然會帶來一次新的解放。有一年，里查和一群好朋友到東非去探險。在那趟旅途中，里查隨身帶了一個厚重的背包，裡面塞滿了食具、衣服、指南針、觀星儀、挖掘工具、切割工具、護理藥品等各種瓶瓶罐罐。有一天，當地擔任嚮導的一位土著在檢視完里查的背包之後，突然問了他一句話：「這些東

西會讓你更快樂嗎？」里查當場愣住了，這是他從未想過的問題。里查開始回頭問自己，結果發現，有許多東西實在不值得為了背負它們而累壞了自己。

里查決定將自己的背包重新整理，取出一些不必要的東西送給當地的村民。接下來的行程，由於背包變輕了，旅途也變得更愉快。從此以後，他學會了在人生的各個階段定期卸下包袱，隨時尋找減輕負擔的方法，讓自己活得更輕鬆、更自在。

生命的過程就如同一次旅行，如果把每一個階段的「成敗得失」全部都扛在肩上，今後的路還怎麼走？為我們的「舊包袱」舉行一場葬禮，將它埋葬，與過去說再見，跟往事乾杯吧。這樣，我們在今後的人生旅程中輕裝上陣，生活得更加輕鬆和有品質。

## 9.要學會做自己命運的主人

等待別人的恩賜，只能養成一種惰性——那就是把命運的方向盤交給別人。這種人的生存危機是什麼呢？別人給什麼，他們就得要什麼；別人不給東西，他們就得不到。自然，這種時時都會遭受挫敗的人，只能把命運拴在別人的褲腰帶上。

別人的恩賜有什麼用？也許上天最大的恩賜是給你腦、心、手和腳。

5年前，羅傑斯的一位朋友失去了丈夫，她悲痛欲絕。自那以後，她便和成千上萬的人一樣，陷入了一種孤獨與痛苦之中。「我該做什麼呢？」她在丈夫離開她近一個月後的一個晚上來找羅傑斯求助：「我該怎麼辦呢，我還會有幸福的生活嗎？」羅傑斯極力向她解釋，她的焦慮是因為自己身處不幸的遭遇所引起的，應當面對現實。無論是丈夫死了還是太太過世，活著的人都有權利再快樂地活下去。但是，他們必須了解：幸福並不是靠別人來佈施，而是要自己去贏取別人對自己的需求和喜愛。

我們再來看一個故事。

一艘遊輪正在地中海藍色的海洋上航行，上面有許多正在度假中的已婚夫婦，也有不少單身的未婚男女穿梭期間，他們個個興高采烈，隨著樂隊的拍子起舞。其中，有位開朗、和悅的單身女性，大約60來歲，也隨著音樂怡然自樂。這位上了年紀的單身婦人，曾遭遇喪夫之痛，但她能把自己的哀傷拋開，毅然開始自己的新生活，重新開展生命的第二個春天，這是她經過深思熟慮之後所做出的決定。

這位女士的丈夫曾經是她生活的重心，也是她最為關愛的人，但這一切全都過去了。幸好她一直有個嗜好，便是繪畫。她十分喜歡水彩畫，現在更成了她精神的寄託。她忙著作畫，哀傷的情緒逐漸平息，而且由於努力作畫的結果，她開創了自己的事業，使自己能夠在經濟上完全獨立。

有一段時間，她很難和人群打成一片，也不想把自己的想法和感覺說出來。因為長久以來，丈夫一直是她生活的重心，是她的伴侶和力量。她知道自己長得並不出色，又沒有萬貫家財，因此在那段近乎絕望的日子裡，她一再自問：如何才能使別人接納她、需要她。

不錯，才五十多歲便失去了自己生活的伴侶，自然會令人悲痛。但時間久了，這些傷痛和憂慮便會慢慢減緩消失，她也會開始新的生活，從痛苦的灰燼中建立起自己新的幸福。她曾經絕望地說：「我不相信自己還會有什麼幸福的日子。我已不再年輕，孩子也都長大成人、成家立業。我還有什麼地方可去呢？」可憐的婦人是得了嚴重的自憐症，而且不知道該如何治療這種疾病。好幾年過去了，她的心情一直都沒有好轉。

後來，她覺得孩子們應該為她的幸福負責，因此便搬出去與一個結了婚的女兒同住。但結果並不如意，她和女兒都面臨一種痛苦的經歷，甚至惡化到大家翻臉成仇人。這名婦人後來又搬去與兒子同住，但也好不到哪裡去。後來，孩子們共同買了一間公寓讓她獨住，這更不是真正解決問題的方法。

她後來找到了自己的答案——她得使自己成為被人接納的對象。她得把自己奉獻給別人，而不是等著別人來給她什麼。想清了這一

點，她擦掉淚水，換上笑容，開始忙著繪畫。她也抽空拜訪自己的親戚朋友，盡量製造歡樂的氣氛，卻絕不久留。

漸漸的，她開始成為大家歡迎的對象，不但朋友們邀請她參加聚會，社區也請她舉辦畫展，處處都給人留下美好的印象。後來，她參加了這艘遊輪的「地中海之旅」。在整個旅程當中，她一直是大家最喜歡接近的目標。她對每一個人都十分友善，但絕不緊纏著人家不放。在旅程結束的前一個晚上，她的休息艙是全船最熱鬧的地方。她那自然而不造作的風格，給每個人都留下了深刻的印象，並願意與她為友。

從那以後，這位婦人又參加了許多類似這樣的旅遊，她知道自己必須勇敢地走進生命之流，並把自己貢獻給需要她的人。她所到之處都留下了友善的氣氛，人人都樂意與她接近。

許多孤獨寂寞的人之所以會如此，是因為他們不了解愛和友誼並非從天而降的禮物。一個人要想受到他人的歡迎或被人接納，一定要付出許多努力和代價。要想讓別人喜歡我們，的確需要盡點心力。我們要想克服孤寂，就必須遠離自憐的陰影，勇敢走入充滿陽光的人群中。我們要去認識人，去結交新的朋友。無論到什麼地方，都要興高采烈地把自己的歡樂盡量與別人分享。據權威統計顯示，大部分結過婚的婦女都比先生的壽命長。但是，一旦先生過世後，這些婦女都很難再創新的生活。而男性由於工作的關係，基於工作本身的要求，他們不得不驅使自己繼續進步。通常，夫婦當中，先生要比太太來的強壯，也更有進取性。妻子則大部分以家庭為中心，並以家人為主要相處對象。所以，她對必須獨自生活或追求個人的幸福，並沒有什麼心理準備。但是，假如她決心邁向成熟的話，應該是可以做得到的。

天助自助者。完全依賴別人的恩賜是不可能的，只有自己先盡力而為，別人對我們的幫助才能最終解決問題。若我們對自己的問題也不賣力，別人憑什麼要為我們出力呢？任何時候，我們首先想到的應該是自助，其次才是求援。

## 10.寬待別人就是寬待自己

　　寬待別人其實就是寬待自己。嚴以律己、善待他人，這樣可以減少許多麻煩。善於為別人著想，就要理解他人，以寬大的胸懷經受來自於各方的大大小小的壓力，把自己和別人的利益衝突看得淡一些。只有心存高遠目標，才不會為小事動搖，更不會花太多的精力去和別人計較。要明白，在漫長的人生歷程中，要具有忍耐和寬容的精神，善於用自身的高貴品行去感化對方。寬容的基礎是對人的信任和愛，相信別人有求善的願望，要有團結和諧為重的博大胸懷，要能以德報怨、不念舊惡。昨天的敵人在明天就有可能成為朋友。

　　法國著名作家雨果在《悲慘世界》中塑造了一個名叫尚萬強的主人翁，他原本是一個修剪樹枝的散工。一年冬天，他找不到工作，家裡已經沒有什麼可吃的了，尤其是姐姐的幾個孩子已經餓得奄奄一息了。他被逼無奈，只好砸了商店的玻璃，偷了一塊麵包，不料被員警抓住了，被判5年苦役。他四次越獄逃跑都沒有成功，卻使刑期延長到19年。漫長的19年終於過去了，他刑滿釋放了。在進監獄前，他本是個安分守己的良民。可是出獄後沒有工作，人們不願意雇用他而且歧視他。他沒有辦法，只好變成了一個盜竊成性的「飛賊」。員警也在想辦法抓住他的犯罪證據，想辦法懲治他。一個晚上，尚萬強因饑寒交迫昏倒在路旁，被當地的主教米里哀救起並領回家，像對待自己的家人一樣對待他。但沒有想到，尚萬強趁主教睡著的時候，偷走了主教房間裡的大部分銀器。在逃跑的時候，尚萬強被員警抓住了，但主教對員警說，這些東西是他送給尚萬強的，讓員警放了他，並且還給了尚萬強一對銀燭台，對他說：「你拿了這些銀子，是為了做一個誠實有用的人，我贖的是你的靈魂。」主教的仁慈深深感動了尚萬強，善良的人性在他身上又回歸了，他決心成為一個善良正直的好人。一個偶然的機會，改變了他的命運。後來，他辦起了工廠，很快成了百萬富翁，但仍過著清苦的生活。他關心工人、關心窮人，興辦各種慈善事業，發展學校，還被推選為市長。

　　學會寬容，就是要學會尊重別人，也就是要學會尊重自己。學會寬容，也就學會了走好自己的人生之路。

　　寬容是一種器度，是一種胸襟，是一種修養，是潛意識中最深厚的內涵。

　　拜倫說過：「愛我的，我報以歎息；恨我的，我置之一笑。」他的這一笑，真是灑脫極了、有味道極了，聖人、偉人都得受時代、歷史、地位的條件侷限，或多或少都曾在其人生路上留下過失。完人，只是人們的苛求和理想化的產物，何況我們這些芸芸眾生？寬容別人的過失，就給了他一個醒悟的時間、一個悔悟的機會，同時也給了自己一個反思的計畫。

　　寬容，能融洽氣氛、交流情感、活躍思維，從而獲得真知、真情。寬容，可以使夫妻情篤、父子情深、家庭和睦，獲得一種心情舒暢的生活氣氛，給自己一個從容出擊的事業動力。寬容，不是無是非、無原則，不是寵愛，更不是放縱。寬容只是使自己擺脫斤斤計較的心態，放寬凡事都耿耿於懷的狹窄心胸。只要心存寬容，我們就會獲得良好的人際關係和成功的事業，更會贏得別人的尊重和愛戴。

# Chapter 8

# 用潛意識的力量來
# 完善自我

## 1.感情需要建立在尊重的基礎上

現在的社會有一個非常可悲的現象，就是有的孩子宣布與父母脫離關係，原因是父母在生他們時「確定」的志向與他們目前追求的大不相同。驕傲的父親在孩子的滿月禮上誇口「我兒子以後要接管我的公司」，但是兒子並不願意接受父母為他安排的一切，於是家庭裡最大的悲劇開始上演：這些想像破滅的父母，常常是謀殺或者自殺。這樣做的後果非常明顯，父母失去了孩子、孩子失去了世界，或者說父母也失去了世界。

也許讀者正是這樣一位父親或者母親，由於類似的原因，孩子跟家裡脫離了關係。那麼，這正是重修於好的最佳時機，去找我們的兒子或女兒，為自己的愚蠢行為道歉。人必須學習改變自己的本性。有這樣一位父親，在孩子出世時就替他們分配好了以後的職業，並以最嚴格的教育來實施計畫。現在，他所有的孩子都離開了家，他們的目標與職業也都與父親當時的設想完全兩樣。這位父親慢慢地變成了性格乖張、喜愛挑剔的老人，他與孩子們早早就斷絕了一切往來，他把所有的怒氣和失望都發洩到妻子身上。為此，他的妻子經常向朋友們訴苦。他的妻子本來是個可愛而勤勞的女人，卻受著這個暴君的折磨，由此產生的嚴重後果已經顯現出來了，身體開始出現各種疾病，情緒不再溫和，對生活也不再抱有信心。

如果真的愛自己的孩子，就必須支援他們各項發展，要隨時留意讓他們的才能得到開發，同他們交談，聽他們講述自己的願望和夢想。給自己的孩子講解潛意識的奇妙力量，告訴他們，當自己與這美妙的力量取得一致的時候，他們的夢想就會實現。讓孩子把所有的苦悶都說出來，並且認真地對待他們的計畫和目標。如果這樣教育孩子，就會有更大的機會讓孩子權衡自己的建議，重視它們並且考慮運用它們，家長的願望和對孩子們的期望也會在孩子們的積極配合與努力中得到最終的實現。

有一位和父母鬧翻了好多年的年輕人得了哮喘病。他看了一個又

一個醫生，可是誰也無法幫助他。一天晚上，在一次聚會上，他和朋友相互交談了起來，他透露了自己的真實病因：他的內心裡藏著對他父母的怨恨。朋友告訴他，這種怨恨正是他的哮喘病的根源所在。

由於久病不癒，他不想拒絕任何一個建議。他問朋友，假如朋友的話當真，他該怎麼做？朋友給他下面的忠告，讓他每天臨睡前、早上起床時說一遍：「我的父母給了我無窮智慧，我要把地球上所有的祝福都贈送給他們。現在，我看見父母幸福而滿意地站在我面前，當我想起他們時，我的心裡充滿了歡樂。」在他生父母氣的時候，他應該這樣說：「我把你們解放了，一切都很正常！」

四個月以後，他在城裡購物的時候，偶然遇到了自己的父母。經過一段時間的精神訓練，他的意識中再也沒有對父母的怨恨之感，他向兩位老人走過去，向他們問好，他以前可從來都沒有這樣做過。然後三個人一起去了咖啡廳。後來，他告訴朋友說，他們一家人在咖啡廳裡號啕大哭，一把鼻涕一把淚的，周圍的人還以為他們三個人剛剛從悼念儀式上回來呢。大家把事情都談開了，從過去到那一刻，壓抑了幾十年的種種感情頓時爆發出來，相互宣洩著，也相互理解了，十幾年的隔閡就這樣化解於無形之中。

現在，他和他的父母定期見面，恢復了一家人應該過的和諧美滿的日子，而最值得高興的事情是：從那天起，困擾他許久的哮喘病消失得無影無蹤，而且再也沒有犯過。愛永遠是這個世界上最好的治療藥方。

如果這樣去做，我們在生活中也能夠經歷這樣的「奇蹟」。因為，如果不發出「毀滅」的訊息，就不會招致「毀滅」，看似複雜的規律其實就是這麼簡單。

## 2.學會原諒他人與原諒你自己

既要懂得原諒他人，也要學會原諒自己。倘若一個人不想在感情上永遠生活在過去，就應該及早告別悔恨和懊喪。人們都喜歡小孩

子，那是因為孩子的個性總是那樣真實，不會像成年人那樣虛偽、造作。成年人往往把自己緊緊鎖住，向別人展示一個「非我」的形象。他們不僅拚命壓抑自我，而且為了不說錯話而常常三緘其口，為了不做錯事而少動手；他們一天比一天冷淡、精明、滴水不漏。與這樣的人相處，人們只會感到枯燥、無聊、呆板、沒有生氣與活力。他們對別人冷淡，而且會把他們的「壓抑」傳染給別人。當然，造成這種情形的原因並非完全是因為「謹慎」所致，也可能出自幼年某種「心理障礙」的結果。如果在小的時候，一個人因為大聲說話、發表意見和經常「炫耀」而受到訓斥或懲罰，那麼他就會堅信：表現自己真實情感是錯誤的。於是，他便開始下意識地壓抑個人的情感，從而產生過於強烈的「自我意識」，把自己的心緊緊地包裹起來。

如果我們屬於上面這種情況，那麼就要盡快解脫出來。首先，任何感情壓抑者對於自己的言行總是顯得過於謹慎，在鼓足勇氣說完一句話後，他就會立刻對自己說，「也許我說錯話了，對方肯定會誤解我」。記住，永遠也不要這樣折磨自己。適當的反省固然重要，但時時刻刻都在反省、懷疑自己，就是病態了。

解除壓力的最好辦法就是釋放自己。我們要學會大聲說話，因為一般受壓抑的人說話的聲音都比較小，顯得底氣不足。我們要將自己對他人的喜愛之情告訴對方，經常稱讚對方的優點和長處。只有把心中的壓抑釋放出來，才可能避免內心的煎熬。

任何人都應該擁有必勝的信念，抹去記憶留下的一切陰影，為潛意識思維拓展出良好的外部環境。在過去的人生裡，可能有過各種各樣成功的經歷。不管它們的意義是大是小，重要的不是成功本身，而是它們帶來的喜悅與信心。同樣，我們可能經歷過某些不幸和創傷，它們可能在我們的心靈上留下痕跡。重要的不是痕跡本身，而是怎樣避免自己聽命於這些痕跡，應該用必勝的信念逐漸將這些不愉快的痕跡抹平。倘若把當前的窘境歸罪於父母、親人、其他外界因素，以此敷衍、寬慰自己，那麼這無異於掩耳盜鈴。如果一味譴責自己、認為自己毫無用處，也是不可取的。應該肯定自己、相信自己，不要因為

一兩次的失敗就對自己失去信心。記住，我們應當做一個自信、自立的人。只有自己才是我們命運的主宰，外界力量對我們的成功和幸福並不擔負完全的責任。只要樹立並追求嚮往中的人生目標，生活就會充滿樂趣和意義。一個人的內心如果受到傷害，從而變得冷酷無情，歸根究柢，吃虧的還是自己。一個人應當胸襟開闊，學會原諒自己。而真正原諒自己，應該像對待一張註銷的支票一樣——將它撕成碎片或完全燒掉，使它永遠不會對人不利。因為，真正的原諒，意味著徹底而痛快地放棄怨恨，使之如同從來不曾存在過一樣。

既要原諒他人，也要原諒自己。倘若我們不想在感情上永遠生活在過去，就應該及早告別悔恨和懊喪。否則，只會使人沉溺於昔日的情感中而迷失方向。記住，過去的錯誤，僅僅與當時的行動有關，並不代表未來。

壓抑自己，只會使潛意識思維處於封閉狀態中，從而無法進行自由而充分的能量釋放。所以，應當開放自己本真的個性，表現真正的自我。

## 3.神經敏感是非常可怕的「毒瘤」

神經敏感，對於人的精神與品格是一種非常可怕的「毒瘤」。它能使我們在不經意間養成種種卑劣的惡習，比如妄自誇大、對人對事虛假。神經敏感者常常容易自我欺騙，遇到任何小事，都把它看得非常重要，因而自尋苦惱。這樣的話，不但不利於自己的身體健康，更不會快樂地生活。凡事聰明者都應該革除這種毛病，保持身心健康、頭腦冷靜，為人大度，捍衛自己的人格和自信。

詹姆斯‧曼根是一位非常有名的推銷員、作家、演說家。他第一次離開家的時候，患上了神經敏感症，這使他痛苦不堪。當時，他的病已經到了非常嚴重的地步，每次在餐廳用餐的時候，他總覺得每一雙眼睛都在盯著他、判斷他、評價他。這種感覺在使他走路、用餐及吃東西的時候，一舉一動都感到非常不自在，心裡越是緊張，動作

就越僵硬、笨拙。他很苦惱，於是自問：為什麼我不能讓我自己靜下來，做得恰到好處呢？他在家的時候原本不是這樣，他擁有高雅的用餐習慣，禮儀舉止都很得體，為什麼現在就不能像在家裡一樣呢？經過多少天的冥思苦想，他終於得出了結論：在和父母進餐的時候，他不去想自己的用餐動作，也不去懷疑這些動作是否恰當。他既不會小心謹慎，也不會苛求自己，從不在乎自己的態度會產生什麼效果，所以感覺泰然自若、輕鬆愉快，做得也沒有差錯。於是，他為自己找到了治療神經敏感的方法，這就是回憶他在家裡與父母共餐時的動作與感覺。每當他走進高級餐廳的時候，就想像著自己正在和父母共進晚餐，這樣，他就表現得十分自然了。

不僅如此，曼根還發現，當他去看望大人物或參加任何社交場合時，只要對自己說：「我將要與父母共同進餐」，並且以此喚起他過去的感覺與行為，然後照著去做，一切問題便迎刃而解。對陌生人或陌生場合正確的應對態度本應如此，只有做到泰然自若，才能避免因環境生疏而產生的恐懼。

要治癒神經敏感，一個簡單的辦法就是多與他人交往。在與各色人等打交道的時候，應當尊重對方的才能和學識，並真誠地學習他人的一切優點和長處。如果能做到這一點，那就一定能治好自己的毛病。對於神經敏感者來說，往往感覺到自己具有相當的才能，同時又覺得自己在某些品行或機能上有所欠缺。因此，他們非常注意別人的評價或態度。對於這種缺陷，倘若具有過於強烈的自我意識，將是非常有害的，因為它能消滅我們的自信。

要治癒神經過敏還有個方法，即不要總想自己的問題。經常談一些身外的事情，就能忘掉疑慮，使別人對我們產生興趣。舉個例子來說明一下。有個年輕的女士，由於經常神經敏感，因而在生活中幾乎遭到毀滅性的打擊。雖然朋友、親人們都認為她是個親切的人，但與陌生人打交道時，她會非常害羞，甚至感到緊張，不能輕鬆自然。在各種聚會的場合，她走路非常拘謹，很難結交新朋友。因此，她28歲的時候仍然單身。她非常苦惱，認為自己是個失敗者，因此生活變得

更加糟糕，自己也更加的病態、憂鬱。但是，有一天晚上，一個偶然的機會改變了她孤獨的人生。有人邀請她參加一次聚會，她不想去，就一個人離開辦公室，乘公車回家。在汽車上，她孤零零地坐著，對面坐著兩個吵吵嚷嚷的男人。她很快就發現這是兩個醉漢。不一會，其中一個人憑著記憶講起了冗長的笑話，他的朋友不時插幾句嘴。這個孤零零的女士聽著兩個醉漢的笑話感覺很開心，不知不覺就坐過了站。但她發現自己坐過了站時，已經距離自己家有好幾站了。她還發現，邀請她參加聚會的那個人家就住在附近，她來到這個地方全屬偶然。於是，她決定乾脆去參加聚會。

往常，她參加聚會都是先和主人寒暄幾句，然後找個安靜的角落，臉上掛著呆板的微笑，一個人靜靜地發呆。現在，她一想起剛才在車上聽到的笑話就忍不住想笑，於是情不自禁地說：「我必須先給你們講一個我剛剛聽到的事情。」她繪聲繪色地講到了剛才的笑話，連自己都感到吃驚。來賓們停止了談話，全都停下來聽她講，並不時發出笑聲。講過這次見聞後，她說：「我有生以來第一次發現，讓別人像你一樣感到愉快是多麼容易。我就是這樣做的，我太開心了。」

這個年輕的女士發現，自己在陌生人面前能忘掉自我，隨心所欲地講述所見所聞。對她來說，這無異於一次新生。學會以生動、形象的方式談話，是克服神經敏感、步入社交的重要一步。

## 4.利用潛意識把握靈感瞬間

一個心理學家曾經講過一個故事：她的妹妹年僅3歲的時候，一天，正下著大雨，她和祖母仍舊像以前一樣在自家房屋的牆角處吃飯。她們剛剛坐下，妹妹就拉著祖母的手，非要離開不可。平時，她是個聽話、溫順的小女孩，但當時卻變得異常堅決。祖母拗不過她，只好收拾起食物離開那裡。她們剛剛走了沒幾步，就聽「轟」的一聲，那面牆坍塌了，正好砸在她們平素吃飯的地方。

類似的例子，生活中還有很多。我們在本書前面也曾經講過這樣

的例子。其實這未必完全是巧合，很多例子恰恰反映了人類本能的直覺的強大能力。其實，透過潛意識的力量，一個人可以發掘出更多的潛在能力。人們不斷感覺到的闡下意識，便是人類潛在能力的一種表現。比如，在聽別人講話時，人們也可以注意到周圍各種嘈雜而細小的聲音。一個人所感覺到的訊息，只是所接受的無數訊息中很小的一部分。比如多年前，在美國波士頓椰林公寓發生過一場巨大的火災，許多人在火災中喪生。在調查研究中，哈佛大學的一位精神病理學家發現：火災發生前，曾有十來個人走進室內，旋即又走了出來，原因是覺得不舒服。儘管他們也無法確切地說出當時的感覺，只是有異樣的感覺，似乎有某種因素催促他們離開那裡。於是，這位病理學家提出如下的假設：透過嗅覺，這些人已感到一處火源正在某處燃燒。於是，潛意識向他們發出報警信號，他們彷彿看到那些大片透光的帷簾快著火了，得趕快離開這裡！於是，他們奉潛意識之命採取了行動，離開那裡。從這件事中，我們得出以下結論：要更加相信自己的直覺，並依此及時採取行動。

在某些原始部落中，我們同樣可以找到人類這種潛在能力的例證。譬如，印第安人有著非常敏銳的直覺。透過鹿在地上留下的蹄印，他們就可以做出斷言：「此鹿離開這裡已經一個多小時了。」他們甚至可以說出鹿的身高和體重。在萬里無雲、豔陽高照的天空下，一個巫醫那樣感覺敏銳，能夠迅速「嗅」出暴風雨的蛛絲馬跡。許多原始部落的人，都有異常發達的直覺；而我們大多數人，卻由於生活在一氧化碳和其他各種有毒工業氣體的環境中，大大喪失了這種感覺。

著名遊艇選手傑拉德‧蘭伯特，曾經有一段戲劇性的比賽經歷。有一次，他參加一次遊艇比賽，在開賽的前一天，他的遊艇「揚基」號停泊在羅德島新港附近。這天下著大雨，遊艇突然遭到雷擊，還好，損失並不嚴重，只需要校正一下羅盤就成了。為了校準羅盤，他把船開到了海上。他試著航行了一段時間，遊艇看起來沒有什麼毛病。於是，蘭伯特便放心準備第二天的比賽。可是，當時誰也沒有發

現，經過校正的羅盤磁力不準，有4度的誤差。

　　蘭伯特就駕駛著這艘羅盤磁力不準的遊艇參加了比賽。那次比賽的航程與新英格蘭海岸平行。比賽當天下起了大霧。霧太大了，以至於連航線都看不清楚。參賽的遊艇很快就拉開了距離，誰也看不見誰。蘭伯特當然是按照羅盤指示的方向行駛了。大約半個小時後，同船的雷‧亨特大叫起來：「我可不喜歡誘捕龍蝦的籠子。」當時蘭伯特正在掌舵，忙得不可開交，沒有顧及到此事。但是，他心裡也有一絲不好的預感，因為按照他的經驗，航線本應該遠離海岸，不應該看見捕蝦的籠子。幾秒鐘過後，蘭伯特聽到海港上有人呼叫。當時，他們離海岸很近，海面靜悄悄的，連最輕微的聲音都能聽到。當時沒有人向他們發出警告，他們也不知道船在什麼方位。他們唯一能聽到的就是大霧中傳來的「過來！」話音很短很急促，蘭伯特到現在也不知道這是誰喊的。

　　蘭伯特來不及發出指令，趕緊向右舷轉舵。因為蘭伯特熟悉這個地方，知道前面海面有一群巨石兀然突起，他們正朝石頭撞去。當時，他們正向石頭疾駛。方圓幾海里內沒有其他船，只有一片茫然大霧。

　　「真是幸運！可能是一個選手也可能是一個漁夫，待在空曠的海岸上。為什麼他喊了一聲『過來』，卻不對我們說一句話？我不知道，當時這聲呼喊救了很多人的命。」蘭伯特事後說。

　　這個例子很好地說明了直覺的重要性。羅盤出了毛病、捕蝦籠子碰到了船，這些都讓蘭伯特產生了警覺，他預見到可能要出問題。他沒有陷入焦慮，沒有聽天由命，全部感覺都凝聚在周邊的環境上。因此，當他聽到有人喊「過來」的時候，能夠迅速做出直覺性的反應。

　　直覺在各種精神事業中會釋放出不同的能量。心理學家佛洛伊德認為：正是後天的文化教育的不同，所獲得的文化經驗的意識不同，在感受、經驗、體驗、理解、領悟的思維活動中，人們才表現為不同的「主體性」，表現為不同的潛意識「自我本質」。自然，這種本質和主體性，並不是消極地被文化環境和意識決定。他認為：在宗教、

哲學、道德、文學、藝術等深層次價值領域的自我實現中，如果不能集中全部的思想和情感沉浸在對象世界裡，去感受、體驗它的價值所在；如果不能運用自己全部的文化知識，聯想並想像「對象世界」的因果關係，把握它的價值和本質，賦予它新的價值和意義，那麼，對於精神事業的悟性和「自我主體性」，在深層次價值領域裡不大容易實現。

事實上，當人對某種目標或對象懷有強烈的渴望和關切之情時，他的潛意識就可能產生「預感力」。當一個人處在窮途末路、進退兩難的境地時，他的潛意識就會產生巨大的生存力量，並為自己找到出路。例如，古今中外的許多大人物在面臨命運的重大關口時，常常可以突然間看到曙光，於是憑藉預感或直覺，作出影響個人一生乃至人類命運的決定，這正是自我主體性發揮作用的結果。

在藝術創作和科學活動中，我們可以相當普遍地找到這種「主體性」的蹤跡。馬茲馬尼揚曾經對60名歌劇和話劇演員、音樂指揮、導演、戲劇家的創作進行研究，結果這些人全都說到直覺對於創作的重要性。200年前，日本酒悅公司的創業者山崎理左衛門因經商失敗，失魂落魄地站在河邊，打算投水自盡。「唉！沒有錢，店舖破產，一切都完了。」他頹唐的眼睛茫然地盯著流動的河水。河邊的景物雖然萬分美麗，但是他卻無心欣賞，他只想一死了之。湊巧的是，該地剛好舉行隆重的豐年祭，河面上漂浮著蓮藕、茄子、蘿蔔、絲瓜等祭品，而且越來越多。這時，他突然想：讓這些祭品白白流走實在太可惜了，該想辦法利用它們啊！此刻，一心想死的他，卻猛然鼓起要活下來做一番大事業的勇氣，他彷彿看到自己未來重整旗鼓的樣子。他急忙脫下衣服跳進水裡，把河中所有的祭品一點一點都撈起來，並把拾起來的祭品切碎，精心做成醬菜，一心做起不要本錢的生意來。

由於他的醬菜風味獨特，吃過的人都讚不絕口，生意越來越好，因而發了大財。這些醬菜不僅把他從死亡的邊緣挽救回來，而且還帶給他幸福和財富，於是他給醬菜起名為「福神漬」。到了明治時代，他的子孫把「福神漬」改為罐頭包裝向全國推銷。由於世世代代的努

力，到了昭和時代，「福神漬」已成為享譽世界的罐頭品牌。現在，「福神漬」一年的銷售量已達六億多罐。

 ## 5.在潛意識中找到安全感

任何帶來幸福源頭的事物，似乎都依賴於消除潛意識當中緊張情緒的能力，都在於將你的注意力擴大到個人興趣的小圈子以外，都在於不偏不倚地看待你的人生經驗。人際關係的放鬆與解脫，必須以基本的安全感為基礎。

只要有危險感，我們就無法真正利用任何交流技巧去正視他人，而唯一的技巧似乎就是消除緊張、獲得精神的自由。當然，這裡說的交流，不僅是指旁徵博引的交談，而且包括感情交流和全部的「美」的內涵。即便大多數快意皆來源於自然界的事物而非他人，但大多數人都有這樣的體會——他們每天捕捉到的幸福感，主要歸於同旁人的交往。關於這一點，不言而明的諒解之情，顯得尤為重要。

比如有一天，我們把一個老太太從椅子上攙扶到床上去。她老態龍鍾，早已失去了正常的理智，對許多事情的處理，活像一個小孩，例如耍小孩脾氣、不願睡覺等。她長得挺胖，我們完全不知如何是好，心裡直發窘，甚至打算丟下她不管，讓這件事情不了了之。這時，我們無意中瞟見她那雙無能為力的發僵的腳，這雙腳可能把我們吸引住了，使我們超脫了自己，考慮起她的難題。這樣，她的困難也變成了我們的困難。於是，她的腳的僵硬的感覺消失了，輕易地聽從於你的幫助。

心理學家說，有時候，儘管我們沒有做出任何外向的動作，只是伸出了自己內心的無形的觸角，人們的情緒也會變化。比如，當一位母親哄嬰兒睡覺時，她總是靜靜地等在一旁、絲毫不動，而且心裡也是一片寧靜。一旦她露出不耐煩和煩惱的神色，嬰兒就會變得睡臥不安。這看上去似乎是一種巧合，但實際上，母親的內心狀態的確可以對嬰兒具有直接的效力。

美國學者馬爾登說：「不安和多變，是形容現代生活的貼切詞語。我們必須面對不安的生活，使我們的船駛過人生的各種航道。否則的話，就只有退回子宮，恢復妄想和苦悶。因為能使我們真正安全的東西很少，我們就只有學習盡力去克服所有的危險，才能過上更滿意的生活。」他說：「只要你覺得自己活得有價值，人生的危機就不會妨礙你過充實地生活。只有一種安全感取代了平素的焦慮不安，你才可以快快樂樂地活下去，把不安之感減低到最低限度。當你有了這種安全感，也就自然會有心靈的平和與寧靜。」

##  6.快樂不會拒絕任何人

在屬於自己的生活氛圍和完全屬於自己支配的世界裡，我們是唯一的思想者和決策者，還是唯一的執行者。只要自己能夠堅持，認定自己的選擇，就沒有人能夠取代我們的思想，也沒有人能夠代替我們做出任何決定，只有我們自己才能夠完成這一切。因為，在這個屬於自己的世界上，只有我們自己是權威，也只有我們自己才有這個權力。

有一位遭遇失業困擾的工人，他的一段生活經歷，在很長一段時間內都對很多人的心靈產生了震撼。在他53歲那年，他一直賴以生存和養家餬口的公司突然之間倒閉了，這給他的打擊是難以形容的，因為他被迫面臨失業的威脅。當他有工作的時候，只是對那些失業者感到有些同情，有時候甚至還會產生某種優越感。但是現在，所有失業的煩惱和災難都一齊向他襲來，這令他感到手足無措和異常孤獨。在那段不堪回首的日子裡，他逢人便講述自己失業的事情，不管別人是否願意聆聽他的傾訴，不管別人對他的這種牢騷是什麼態度，而且翻來覆去就是那麼一句話：「我這種年紀的人，想必沒人要啦！」這種情形好比是一個人孤獨地面對著山谷高聲大喊一樣，聽到的就只有同樣的回答。他天天咒罵政府只給他微薄的失業救濟金；為了找工作，他在被解雇的一年之內磨壞了好幾雙鞋子。每增加一次被人拒絕的經

歷，他便自然而然地覺得自己有關於年齡大就沒人要的觀點是絕對正確的，於是他也就慢慢地消極起來，對未來也不再抱有信心和勇氣。

直到有一天，他的女兒硬是把他拉去聽了一個關於積極人生思想的講座，他以前是從來都不喜歡這種內容的。三個小時以後，他回到家裡，女兒幾乎認不出來自己的父親了。他整個人好像被換掉了一樣，臉上洋溢著生活的勇氣和自信心，不再像三個小時之前那樣鬱悶不已。原來，在聽講座的過程，他悟出了一個道理：正是他的消極人生思想阻礙了他的思想和勇氣，更對他的發展和自信心產生了嚴重的桎梏作用。

第二天，他依然翻開報紙閱讀招聘廣告，令他的妻子感到吃驚的是，不光是有關他熟悉的鉗工的招聘，而且所有招聘廣告他都看了。他非常樂觀地告訴自己的妻子說：「我過去始終認為我只能做鉗工，別的什麼都做不了，因此我只想在需要鉗工的招聘中尋求工作機會。現在我知道自己犯了一個多麼可怕的錯誤，為什麼要封閉自己的思想與潛能呢？我也可以嘗試著做其他的事情，因為我有好多潛能還沒有被發掘出來呢。經過這次講座，看樣子生活又給了我一個新的機會去證明自己，它不會因為以前的錯誤而懲罰我，我還是比較幸運的。」

兩個月以後，他在柏林市的一個汽車站遇到一位多年不見的老朋友。他們是在好多年前一個生日聚會上認識的，這位朋友現在正在做郵票生意，生意非常昌旺，可是由於他的長期合作夥伴兩年前就去世了，所以他問這位鉗工朋友，憑他的集郵知識，是否有興趣以股東的身分與自己一起合夥經營郵票生意。對於這一天大的機會，鉗工的內心開始震撼，覺得自己的機會可能來了，於是毫不猶豫地答應了那位朋友的請求，將家中所有的儲蓄全部拿出來，作為資本入資加入了這位朋友的公司。結果沒過多久，這位鉗工便在屬於自己的公司裡找到了自己應有的位置，他們的生意也經營得越來越大。幾年後，昔日失業的鉗工已經是一位相當成功的商人了。

今年已經接近70歲的他還在繼續工作，每天忙碌得不行。無論經濟上還是精神上，他都得到了極大的滿足，內心的自豪不是一般人能

夠體會得到的。他自己說，如果沒有當初那次講座，可能至今他還在失業，還在悲歎自己的命苦。

事情的確如此，當一個人沒有真正了解並運用潛意識的力量時，最多只能發揮自己十分之一的潛能；如果他了解了自己的潛意識的力量，就會主動尋找機會發揮自己的全部能力，去實現自己的人生價值和人生意義。現在仍然在失業的人不應該沮喪，而是應該把目前的處境當做重新開始新生活的一次機會，相信自己的潛意識能夠解決一切問題。

 ## 7.誠心就可以影響潛意識

從放棄到改變是一種境界的昇華。有個神父臨終前懺悔，他說：「我年輕時想改變世界，中年時想改變國家，後來想改變附近的地方。現在，上帝啊，再給我幾年，讓我改變自己吧。」

人在基本的需要上，最希望獲得指導的事是：培養能力，使我們願意解除舊思想、戒掉壞習慣，控制自己的意念，存善去惡，能寬恕自己、寬恕他人、解救自己、解救他人。

以上三項，看上去似乎很難做到，其實不然；如果能切實去做，就絕對可以辦到。即使不那麼順利，經過一段艱苦的克服時期，功效必然會明顯地出現。

有位長期患失眠症的女士說，她一直放任自己在上床以後把白天所經歷的事反覆回想；如果有人刺激過她，她就更要多次重溫當時的情景，思前想後、痛定思痛、無休無止。所以，她半夜睡不著是常事，一夜都不闔眼也不稀奇。她以為她不得不如此，因為思想和睡眠都不受她的指揮。

後來，她聽從了心理醫生的勸告，一上床便告訴自己：「要想的明天再想，我的腦子現在要休息。」每次思潮湧來時，她都一下把它推開。這辦法對她發生了效用，她的失眠症痊癒了。她很興奮地告訴別人：「原來我真能控制自己的潛意識。」

其實，我們人人都可以做到這一點。凡是有信心的人都會使自己改變，沒一個人不在改變，所有存活的人都在努力改變中。不過，有些人是稍覺不對就改變，有些人要等到大事不好才改變罷了。人的周遭時時都在改變，人的機能也刻刻都在改變，有執著於現狀，幻想絲毫不變，如何可能？人要是不去適應生命，生命就會低落、沉淪到底。

當我們確定了自己需要改變時，第一件要做的事，就是去實行改變。怎樣實行改變？首先想一想，在我們的生命中，有哪一樣是急於要被改變的。想到了以後，不妨走到鏡子前面，望著鏡子裡的自己，靜靜地告訴自己：「我現在已經知道，所有令我不滿意的情況，都是我自己製造出來的。所以，我一定要改變，把我所有不好的想法、做法都改掉。」

我們並不需要知道實行改變的具體方法，只要誠心去改變，潛意識將會感召改變的因緣，讓我們隨緣而動。我們的思想、一言一行，都能與外界感應、發生影響，而自己最大的力量是在當下，我們現在的思想行為可以斷定我們的將來。所以，大家不要害怕改變，要勇猛精進，革除一切壞習慣。我們的意念是一樣工具，人在精神方面不只有意念，除意念以外還有很多未發掘出來的智慧和力量。有人可能認為意念操縱自己的一切活動，我們一向以為如此，也習慣於讓自己的意念這樣想。只是這樣一來，很多人就自然認為意念要怎樣，我們都不能不聽從。其實，我們可以駕馭自己的意念，重新訓練它。意念如果被訓練成功，就可以成為聽從我們的有用工具。當意念成為我們的工具以後，要怎樣使用它都可以。我們現在使用的意念只是個習慣性的意念，而習慣是可以改變的。我們一定要去改變意念，明白意念可以被重新訓練，成為積極的工具。暫時把自己的思想意念停頓，想一想這個概念：「我的意念能成為我的工具，我怎樣去使用它都可以。」

## 8.告訴潛意識：最大的錯誤是不敢犯錯

要是想做一件事，就儘管去做好了，別怕犯錯，最大的錯誤是不敢犯錯。

小孩子玩遊戲的時候，總是喜歡變更規則、界限、角色和遊戲方式。他們花在翻新遊戲上的時間，甚至比實際遊戲的時間還多。而成人卻喜歡受人支配，喜歡千篇一律，不創新或改變規則。

競爭會造成限制。如果願意遵守那些固定的規則與觀念，我們的思想就會受制於條條框框，使自己的創造力被封閉。

打破規則是一種突破思維的方法，它會讓我們更精準、有效地達成目標。具有突破性思考特徵的人，他們和傳統的行業規則格格不入，對每件事都產生質疑，不喜歡墨守成規，偏愛自由灑脫。

運動場上很多運動選手之所以創造佳績，都是因為打破了傳統的比賽方法。如果想改變習慣、嘗試新的挑戰，那就請去突破規則、改變遊戲方法。

改變規則不難，關鍵在於我們有沒有求變的潛意識。一般人遇到沒有把握的狀況常常會猶豫，因為最大的敵人是自己。通常情況下，我們決定「變」還是「不變」的標準應該是：如果從以前的經驗中找不到任何成功的例子，就應該做最壞的打算──得賠多少？只要賠得起，就應該去改變遊戲規則、求變創新。

有時，越是有很多人擁護的東西，我們就越應該改變。絕大多數的人並沒有預見未來，他們只相信現在看到的，認為現在已經做得很好了。其實過去的成就只需留下腳印，而不是讓自己感到自滿。如果自己想改變卻遇到了阻力，別人又不相信我們，最好的解決方法就是做給他看。

最大的風險是不敢冒險，最大的錯誤是不敢犯錯。大多數人之所以不敢冒險不敢犯錯，就是因為他們只相信看得見的事。對於那些還沒見到的事，他們習慣用經驗去分析，而經驗告訴他們的答案往往令他們不敢輕舉妄動。

　　那些成功的人通常具有一種特徵：喜歡做夢，而且不怕嘗試錯誤。他們相信，心中的夢是支撐他們勇往直前的力量。只有不怕犯錯，才能累積成功的資產。因為有了夢想，所以對失敗與風險就能用樂觀的態度面對。而且，這些成功的人，通常是成功了兩次：他們在潛意識裡相信自己已經成功，然後他們真的就成功了。

　　人的很多潛力是被後天的環境框死的。很多的遊戲規則其實是我們自己定的，結果反而使我們喪失了創造力。工作生活沒有規則是不行的，但過於因循守舊、墨守成規也不行。在適當的時候，要善於改變眾人遵循的遊戲規則。

　　成長是一個不斷瞄準──射擊──再瞄準──再射擊的過程，如果誰拒絕犯錯，誰就永遠不會有進步。在一次關於時間管理的課程上，有一位教授在桌子上放了一個裝水的罐子，又從桌子下面拿出一些正好可以從罐口放進罐子裡的鵝卵石。當教授把石塊放完後，問他的學生：「你們說這罐子是不是滿的？」

　　「是。」所有的學生異口同聲地回答說。

　　「真的嗎？」教授笑著問。然後再從桌底下拿出一些碎石子，把碎石子從罐口倒下去，搖一搖，再加一些，再問學生：「你們說，這罐子現在是不是滿的？」這回，他的學生不敢回答得太快。最後，班上有位學生怯生生地細聲回答道：「也許沒滿。」

　　「很好！」教授說完後，又從桌下拿出一袋沙子，慢慢地倒進罐子裡。倒完後，再問班上的學生：「現在你們再告訴我，這個罐子是滿還是沒滿？」

　　「沒有滿。」全班學生學乖了，大家很有信心地回答。

　　「好極了！」教授再一次稱讚這些學生們。之後，教授從桌底下拿出一大瓶水，把水倒在看起來已經被鵝卵石、小碎石、沙子填滿了的罐子。

　　是的，很多人會說：對啊，無論我們的工作多忙、行程排得多滿，如果要逼一下的話，還是可以多做些事的。答案不錯，但我把這個故事有意放在最後，就是要把本章的內容總結一下。

我想告訴大家的不僅僅是這些，我還想告訴大家：

在生命中，如果不將大的「鵝卵石」放進罐子裡去，我們也許以後永遠沒機會把它們再放進去了。因為，生命只有一次，光陰不能重來。

我們都很會用小碎石加沙和水去填滿罐子，但是很少人懂得應該先把「鵝卵石」放進罐子裡的重要性。

年輕人每一天都在忙，每一天所做的事情好像都很重要，每一天都不斷地往罐子裡灌進小碎石或沙子，然而到底什麼是生命中的「鵝卵石」呢？

是和我們心愛的人長相廝守，是我們的夢想，還是值得奮鬥的目標？是教育，還是信仰？

這些都是，也可都不是，畢竟世界上根本就沒有標準答案。

我說，成長的信仰——那些引領我們穩健快速成長的觀念和信念，才是我們生命中的「鵝卵石」。畢竟，我們都是年輕人。年輕只有一次，成長不能重來。

# 用潛意識來激發
# 成功

 ## 1.用潛意識開發想像力與創造力

假設一個人目前沒有找到任何的工作，他一定很希望知道如何才能夠在既沒有錢又憂心忡忡的情況下開始改變自己，從而改變目前尷尬的處境和心急如焚的心情。

有一種方法是專門為那些決心從現在開始改變處境的人而準備的，不過要是欺騙自己、半途而廢或只是想聽天由命的話，那麼這種辦法就不會產生任何作用，因此我們對自己的思想控制是最為關鍵的一個環節。

每天早晨洗漱完畢後，回到床上平靜地躺上半個小時，聽一段放鬆的音樂，最好是關於激勵人如何奮進的音樂。在此過程中，深呼吸十次，然後開始想像：自己正在專心致志地工作，並且堅信所做的工作能夠帶給我們很多的幸福和自信。在想像時，要培養自己內心的快樂感覺，同時也要盡可能覺得就像生活在現實中一樣。還可以想像上司正在因為我們為公司做出的卓越成績而向我們表示祝賀。許多同事正在握住我們的手，或者十分友好地拍我們的肩膀，向我們表示佩服和景仰。想像自己打開一瓶上好的香檳酒，和家人一起慶祝自己有了一份收入非常不錯的工作。

大膽的開發自己的想像力和創造力，每天溫習這些情景，盡力而做。當然，大家也可以睜開眼睛進行想像，譬如在花園裡工作或散步的時候，都可以充分想像這些美好的能夠改善心情的情景。每次做完這些以後，就可以大聲地告訴自己：「為了我剛才經歷過的一切，我應該感謝我的潛意識。我相信自己體內聚集的力量，它能夠創造出奇蹟，並且從我生命的第一分鐘起，它始終在無微不至地引導著我，我的思想與作品都是前人從來沒有創造過的。我該為此感到自豪，並且一定要發揮出它的巨大作用和無窮能量。」

在開始訓練潛意識時，希望我們能夠用一個月的時間去忘記過去經常參加的一些聚會，忘記掉每天牽腸掛肚的那些電視節目，專心致志地去「想像」自己想要的工作，避免各種各樣的消極論調和思想打

擊。

我們還可以選擇一些介紹積極人生思想方面的書籍，有時間就拿出來讀一讀，而不是經常看一些有關凶殺、暴力等對感官有極度刺激效果的電視劇或者電影，當然更不能留意那些與失業有關的新聞或者消息。如果有人不斷地想用所謂的事實去說服我們放棄，若是我們警告對方三次仍然沒有效果的話，就毫不猶豫地把他趕出我們的屋子。因為我們的潛意識正在積極地工作，不是成功，就是完全放棄。這是因為我們每天都是自己思想的一面鏡子，我們所處的環境當然主要都是要由自己經營的。如果它像泥沼一樣，我們就必須立即脫身出來，假如家人或朋友想要阻止我們，那麼就要拒絕他們，因為失敗而受到損失的只有自己而沒有其他人。

用這種方式自我訓練一個月到六週的時間，我們會慢慢地確信自己開始變成另外一個人了。潛意識賦予我們越來越多的積極情感的自信心，使得我們對自己的未來重新定位，對自己的能力重新認識並試圖挖掘它，對未來就會充滿信心和勇氣。在這段時間裡，無論如何不要停止多去幾個公司應聘，即使遭到無情拒絕也絕不要灰心喪氣，因為已經知道未來就是我們頭腦中想像的那個樣子，所以信心要一天比一天強才可以。

如果仍然對這種方式表示懷疑和不可信的話，那麼不妨回過頭來想一想，在生活中是不是有些事情如自己所願，而且不為任何人所左右而實現了？當時在想像中，我們也看到了事情的結局，而且在願望變成現實以後，我們也曾經說過自己早知道會成功的這樣的話，那還有什麼理由能夠阻止我們去實施這種為恢復信心而發掘潛意識的力量的做法呢？

##  2.學會果斷地做出決定

在我們的前進的道路上，有無數大大小小的事等著我們去決定。在我們做出下一個重大決定時，大概又會犯另一次的重大錯誤。也許

是因為過去犯了嚴重的錯誤——選錯工作、挑錯學校、在錯誤的時刻行動、做了錯誤的生意、買了不合適的房子時，大部分的人只會往後看，站在原地惋惜不已，說「如果我知道得更多」或「如果我有更多時間決定，每件事就會有很不一樣的結果」。

我們沒有辦法可以知道每件事，但是有辦法在我們決定前多知道一些，也有辦法可以給我們多點時間思考。

許多人都害怕作決定，因為每個決定對這些人而言，都是未知的冒險。而且最令人困惑的是，不知道這個決定是否重要。因為不知道這一點，他們毫無頭緒地浪費力氣，擔憂無數的問題，最後什麼都沒處理好。做決定就像在不知道內心想要何物時隨手丟銅板一樣，焦慮感會逼迫、強制我們就目前所為的事實行動。很不幸的是，留給我們決定態度或選擇的時間太短了。瞬間的決定通常最軟弱，因為它們基於只對目前有用的事實。結果總是不好，因為迫使我們做出這樣決定的力量，經常會扭曲事實、混淆真相。當所有的決定都取決於現在時，最好的決定是很早以前就決定的那一個。

決定會反映我們的目標，假如目標是明確的，決定就比較容易。沒有目標的決定只是在那裡瞎猜而已。對我們最好的決定可能不是最吸引人或是能讓我們最快得到滿足的那一個，這就是作決定顯得如此複雜的原因。

在生活中，讓人完全舒服的抉擇很少。人的一生中所做的重大決定，大都有讓人後悔的時候。有時候，放棄現在的享樂和做某些犧牲是享受長期快樂的唯一法寶。有時候，做一些表面上看起來似乎比起另一選擇差的決定，是能達到目標的僅有的方法。

在能夠做出最佳決定前，我們必須先能分辨這個是主要決定還是次要決定。主要決定值得我們花全部或大量的注意力和精力，而次要的決定則不必要。經常做出正確決定的人，會忽略那些明顯的小觀點，因為它對他們的生活沒什麼大的影響。但是，一旦他們相信小的疏漏會產生大的影響時，他們就會快速做出反應，然後採取相應的措施。

對長期的問題提出短期的解決之道，通常是不佳的決定。做出不佳決定的人，通常沒有意識到長期目標，或者只因為短期目標看起來比較容易做到就選擇了它。有許多短期的目標是在害怕失敗的壓力之下決定的。試著花點時間來作決定，多問問自己：「我會因等待而失去什麼？我可能贏得什麼？」雖然並不能總是確定決定是對的，但是花點時間來思考，其正確合理的可能性通常要大。

人們通常會做決定，因為他們不能夠容忍遲疑不決，特別是年輕人。由於社會的期待與影響，許多年輕人還不清楚自己到底想要什麼的時候就不得不做決定、做選擇、做計畫，並且去努力實現它們。於是，有些人就在他們還猶豫不定時就做了選擇。儘管這樣有時是不明智甚至是糟糕的，他們也還是會覺得解脫，感覺比較好過，但是他們很快就會發現更不好受。

遲疑未定會讓人感覺混亂。但是通常在一陣困惑之後，有人就有可能放棄舊的想法和偏見，讓問題更清晰可見，把目標加以調整，依另外的次序來做決定。從這個意義上說，猶豫不決可能是一個相當有價值的成長階段的開始，每個人都應當珍視並從中獲取一些有用的東西，彌補我們的缺陷。

草率地做決定只是在逃避自我懷疑，但是這樣的辦法只能將那些困惑疑慮暫時埋藏起來。在以後的時間裡，它們可能會在另外的人面前再次浮現，變成更棘手的難題。因為拖延問題等到再次面臨它時，就需要花費更大的力氣了。當一些問題出現在我們面前需要定奪時，逃避便永遠無法解決問題；而即使是一些小決定，當沒有得到處理時，最後也可能會成為超過我們能力所及的重要決定。

某個決定可能不能使人快樂，但不意味著它是錯誤的，因為沒有哪個決定會讓每個人都高興，我們只能選擇使目標完成更為容易的決定。

## 3.努力去除一切惰性因素

　　許多人都喜歡經常抱怨，說他們無法成功地解決問題，而且也經常懷疑那些別人建議的方法。可是問問他們，他們每天花費多少時間來想實現自己心中的目標的時候，總是聽到同樣的藉口：「每天都沒有什麼情緒。」「晚上我真是太累了，當我靜下來想的時候，很容易就睡著了。」諸如此類的話。其實只要設想一下，假如一個足球運動員想進入國家隊，可是他每週只願意訓練兩次，每次只有一個小時，那麼基本上已經可以排除他成功的可能性。要實現自己的目標，必須戰勝自身的惰性，否則就會被惰性擊倒，一身惰性還能做成什麼事情呢？

　　實現目標的障礙不是對精神法則的無知，而是懶惰與貪圖舒適的想法。許多人已經為這類培訓班花了不少錢，但是其中大部分人只扮演了消費者的角色，在培訓的時候，他們僅僅是坐在那裡靜靜地聽，只是為了第二天在公司獲取同事的讚揚，根本就沒想到自己也應該身體力行一番。因此，實現目標的第一條是目標要足夠大，這樣才能夠有一顆熱忱的心，才會每天找到時間去接近它。第二條是必須講原則，每天至少三次，每次用五分鐘的時間去想像自己的目標。第三條是始終清楚地認識到，每想像一次，目標實現的可能性就更大一分。我們急迫的需要想像，就像我們需要呼吸一樣。千萬不要懷疑想像的作用，不要認為這種方法只不過是玩玩而已。其實不然，只要真正地去想像了，就會發現其中的樂趣和巨大的威力。最起碼有一點，每天對目標的想像，可以促使潛意識更加迅速地向我們的目標靠近。

　　每天晚上，吃完晚飯之後，往沙發上一靠，看看電視，再喝點啤酒上床睡覺，這是多麼愜意的事情啊。但是為了打破惰性的惡性循環，堅持每日的訓練的確需要控制自己的願望和突如其來的念頭。當然每個人都有馬虎了事、逃避一兩次計畫的時候，但是那畢竟是例外，一定要十分注意不讓這些事情成為習慣。因為沒有好的開始，就一定不會有好的結果，否則又會回到隨波逐流的老路上去，我們所有

的願望、目標和美好的理想將從此化為烏有，生活就會重新歸於平淡孤寂。

更加重要的是，我們不僅要吸取知識，而且更要努力去實踐、具體去行動，行動才能產生結果，光想只是紙上談兵。只要能夠做到沉著冷靜、對內心的力量充滿信心，就沒有解決不了的問題，無論是失業、疾病、貧窮、孤獨還是悲傷。總而言之，日常生活中的一切消極因素最終都會被克服掉。

 ## 4.時刻在心裡進行反省

小時候，我們常常企望到某個地方去，但是一直沒有機會，以為是去不成了。但是，如果突然可以去時，你是否還記得你當時所發出的驚訝聲音？「哦，可以去嗎？」那時你必定會大聲喊叫出來。「我可以當一個成功的人」這句話，想必也可以用這種感情講出來。

有一個人，已經到了該還債的期限。而他的債款是一筆相當龐大的金額，按照他那個時候的經濟狀況來說，無論如何也找不出合理的解決辦法。這時，他對自己提出了一個質問，那個質問竟然完全改變了他的想法，指引他走向成功之路。我們來看看他的質問到底是什麼。

他是這麼說的：「大部分的人都能還債，為什麼我做不到？」到了晚上，這個人輾轉難眠，一直在分析自己的心理狀態。在黑暗中，他不斷地把自己的情況和境遇較好的人比較，無論怎麼比，他發現自己缺乏的就是一股「我可以做得好」的決心。

在黎明的曙光到來之際，那種人生的寶貴秘訣霎時顯現在他的腦子裡。平時，他要是在夜裡睡不著，第二天黎明往往疲憊得爬不起來。今天，他反常地一躍而起，就好像是一個正要去遠遊的小孩子一樣的興奮。後來，他不僅還清了全部債款，還獲得一筆很大的收入。

當我們面臨各種各樣的困境時，多說「我可以辦得到我就能成功」這樣的話，對我們將有很大的幫助，直到牢牢地記住從內心接受

為止。相信那時，我們的潛能也就會汩汩而出。

古代有個印度人，名字叫阿里，是個富裕的農夫，一心想要挖掘埋藏有鑽石的土地。於是把家產全部賣掉，然後到處旅行，最後終於窮困潦倒、客死他鄉。誰也沒有想到，他所賣掉的土地中，竟然埋有世界上最大的鑽石。

這個故事說明有些人不重視自己所擁有的東西，卻愚昧地向外尋求發展。想想看，在自己身邊早就擁有「埋有鑽石的土地」，千萬不要「身在福中不知福」，捨棄自己身邊的寶貴財富轉而求其次，否則只會導致最後的失敗。

世界上沒有任何兩片樹葉、兩朵雪花是完全相同的，我們的指紋、聲音和基因也是如此。因此可以肯定，我們每一個人都是獨一無二的人。

然而，儘管歷史上從來沒有完全和我們一樣的人存在過，但是我們還是習慣於將自己與別人相比。我們把他們作為標準來衡量自己的成功，我們常常在報紙上讀到某人的偉大成就，然後很快就拿來與自己做比較，然後內心得到一點安慰或遺憾。

不斷地拿自己與別人相比，只能使我們對自我形象、自信及取得成功的能力產生負面影響。應該向一個人請教自己的能力是否得到了充分開發——這個人就是自己。把自己與別人比較是毫無意義的，因為我們根本不知道別人在生活中的目標與動力及別人獨一無二的能力。別人有別人的才能，我們有我們的才能。

我們常常認為才能就是音樂、藝術和智力方面的天賦，但實際上，人人都有奇妙的、被忽視的才能，諸如熱情、耐力、幽默、善解人意、交際才能等，它們是可以幫助我們取得成功的強而有力的工具。人都是獨一無二的，使我們獨一無二的是透過思想意識作用在自己內部帶來變化的能力。我們對自己的認識、對自己的定位及我們將要實現的目標決定著我們在這個世界上的獨特的位置，決定著我們潛能的發揮程度。

科學家認為，人的一半的個性與能力來自基因的遺傳，另外的

一半則不取決於遺傳，而取決於創造與發展。如果能夠透過創造與發展改變自己，我們最希望的變化是什麼呢？當然，我們必須承認有些事情是我們無論如何積極思維也無法改變的，比如身高、眼睛、膚色等，但是我們卻可以改變對它們的看法，這是一種優良的品質。我們常常聽到有人說：「我沒什麼特別。」實際上，每個人都是很特別的，如果不相信這一點，那麼便沒有什麼人有特別之處了。

嬰兒受到極大的讚美和無限的喜愛，大人們說他如何了不起，用這種積極的強化了的訊息來發展他的心靈。但是，隨著年齡的成長，這種過程被慢慢地抑制下來。當我們受到別人的讚美時，第一反應就是謙虛一下，久而久之，謙虛也便深入了我們的潛意識，我們逐漸學會了協調與適應。

當我們出去玩耍的時候，不願意使自己突出於人群，不願意自己和別的孩子有什麼不同，希望成為一個普通人。在以後的生活中，我們尋求停留在這種形象的界限之內，因為這樣最安全。我們已經忘卻了改變自己的能力，無意中壓抑了自己的潛能。

「我是誰？」對這個問題清晰的理解與意識就是我們的個性。如果有一個清晰的自我形象，那麼便不會給自己貼上標籤。不要被我們的工作、住房、汽車或衣服限定住，人不是這些東西的總和。成功者相信的是自己，他們取得成功的潛力不依賴於地位或者身分，而依賴於他們自身實現目標的信心和決心。

有位老人臨終前躺在床上，對他的妻子反省說：「年輕時，我決心改造這個世界，我到各種地方，向人們講述如何生活、應該做什麼。」他接著說：「看來是沒有產生什麼作用，因為沒人聽我說什麼。於是，我決定先改變我的家人，但是使我迷茫的是，我的家人對我的話也不理會，他們也沒有發生任何我所冀求的變化。」他停頓了一下，歎息道：「只是到了現在，我生命中的最後幾年，我才認識到，我真正能夠影響到的唯一的人就是我自己。如果我想改變這個世界，應該從改變自我開始。」

沒錯，改變世界先從改變自己開始。要改變自己，就要先認識自

我。透過老人的反省，我們可以看出一個人的想法可以影響他的本領
是大是小。因此，我們應該要想像自己真正有那麼大的本領，千萬不
可低估了自己的能力。

 ## 5.人人都有成功的本能

「事情本該如此！」「那是偶然而已。」「我從來都沒有遇到這
麼好的運氣。」

是否有人經常口出此言呢？據說如果一個人做他經常做的事情，
那麼得到的便是他經常得到的東西。我們的思維習慣在潛意識裡決定
著我們如何反應及如何行動。

只有當我們堅定地相信自己總是一個失敗者的時候，才總是會失
敗；如果決定打破這種觀念，我們便能夠打倒失敗。我們執著信仰的
任何東西都會對自己的潛意識產生影響，進一步地說，潛意識不能區
分事實與虛擬，只會以鼓勵或限制行動來繼續不斷地強化我們在潛意
識中的自我形象。過去的已經過去，我們無法改變。必須接受的事實
是，隨著事物的變化，我們也必須變化。

然而，人們一旦得到提升，伴隨著新的責任與期盼的是一種焦
慮，當要求變化時，他們便會加以拒絕。因為從以往的經驗來判斷這
件要求變化的事情，他們認為沒法做。他們就像是美麗的籠中鳥，被
主人禁閉起來加以餵養。主人死去後，鄰居走過來打開鳥籠，說：
「好了，你現在自由了。」但是那隻鳥卻站在鳥籠的小門裡，四處張
望，自言自語：「我就留在這裡吧。因為這是我所知道的世界，儘管
它有各種侷限，但我在這裡是安全的。」牠不知道鳥籠外面是一個充
滿機會、值得探索的奇妙世界。

很多人在面試時感到害怕，總是想起過去被拒絕的情形，對失敗
的回憶在潛意識中造成了緊張的感情反應，從而導致頭疼、煩躁易怒
等很多問題的出現。越是緊張越無法在面試中表現自己，當壞消息到
來時，我們便會完全信服了自己的預言似的說道：「我知道自己根本

就得不到那份工作！」

　　事實上，不是注定得不到那份工作，不是注定不能成功，而是我們心中的英雄尚在沉睡之中。什麼是英雄？英雄是那些敢於去做或者是使他在本性上感到害怕之事的人，他們所做的事是需要勇氣的，英雄的行為受到人們的讚揚，其品格堪稱典範。每一個人在內心之中都有一個英雄，但已經失卻了和處於休眠狀態的他們的聯繫。

　　成功不是在戰場上贏得獎章之類的東西，而是每次摔倒後再站起來的能力；相信無論摔倒多少次，我們都能夠再一次站起來的決心和意志。記住：贏家只不過是爬起來的次數比摔倒的次數多一些而已。英雄做的事情看起來不同尋常，但實際上，他們與我們平常人一般無二。當我們在生活中面對令我們恐懼、退縮的事情並征服它們的同時，只要表現出內在的英雄本色，就會極大地強化我們的自我信念。

　　潛意識總是趨向於我們所持有的包括自己的目標在內的自我形象。如果堅信自己能夠實現目標，我們便能創造幫助你前行的條件；同樣，如果堅信有什麼不祥之事要發生，那麼當遇到某種意想不到的挑戰時，我們便會心灰意冷、失去自信心。我們會把這些事件當做預料中的失敗，並加以認同。

　　習慣於失敗的人在精神上有一種不可逆轉的失敗感，他們在潛意識中形成了不會成功的信念，並使自己的行動在無意識中遵循這種觀念。相反地，成功者卻在精神上有一種堅強的成功感，他們常常在潛意識裡形成了成功者的形象。當我們確定未來目標的時候，當我們夢想未來成功的時候，要積極地去設想一切，要有一個偉大的夢想，要相信潛意識會幫助我們去實現它。

## 6.讓身體順從自己的意志

　　本世紀初，有個愛爾蘭家庭要移民美洲。他們非常窮困，於是辛苦工作，省吃儉用三年多，終於存夠了錢買了去美洲的船票。當他們被帶到甲板下睡覺的地方時，全家人以為整個旅程中他們都得待在甲

板下，而他們也確實這麼做了，僅吃著自己帶上船的少量乳酪和餅乾充饑。

　　過了一天又一天，他們以充滿嫉妒的眼光看著頭等艙的旅客在甲板上吃著奢華的大餐。最後，當船快要停靠艾黎斯島的時候，這家人中的一個小孩子生病了，做父親的去找服務人員並且說：「先生，求求你，能不能給我一些剩菜剩飯，好給我的孩子吃？」服務人員回答說：「為什麼這麼說？這些餐點你們可以吃呀。」「是嗎？」這位父親疑惑地問，「你的意思是說，整個航程裡我們都可以吃得很好？」「當然！」服務人員以驚訝的口吻說，「在整個航程裡，這些餐點也供應給你的家人，你的船票只是決定你睡覺的地方，並沒有決定你的用餐地點。」

　　人們總是會把「了解自己」解釋成「了解自己的消極方面」，其實不該如此，而是「要全面了解自己」。為了充分了解自己，應該更進一步做「支配自己本身」的工作。

　　要讓身體來順從我們的意志，而不是讓身體來役使我們，精神應該是身體的主人，身體只是扶持精神，每一個人都應該有這種認識。能夠自我支配的人，絕對不會有如下的想法：「我沒有辦法做這件事」，因為他自己認為做得到，才有可能做到。

　　要支配自己並不困難，首先是要尊敬自己。因為，失去自尊心的人是沒有辦法把握自己的。有許多人就是因為喪失了自尊心，所以不敢前進。這種人總是有意無意地認為自己活在世界上，只配看那些運氣好的人取得成功。如果從事任何工作，他們每遭遇一次失敗，更會認為自己一輩子也沒有辦法得到成功的幸福。

　　在經營的事業不大順利時，我們首先會做下面的事情：學習有關企業方面的所有知識，特別關心影響事業的消極因素，然後就會守住積極的一面，去研究那些讓事業活躍起來的原因。如果能這麼做，就能把消極面減少到最低程度。相對的，能把積極的方面擴大，我們的事業一定也能順利發展。若想支配自己，就必須了解自己的缺點，使消極的方面減少，同時也要了解自己的長處，讓積極面擴大。

　　觀察勾畫出來的自我形象，可能會發現新的事實，自己並不是一個十分沒用的人，雖然有許多不太好的特質，但是那些都能在積極的方面中充分地抵銷掉。克服消極傾向，不要想在短短的一個晚上出現奇蹟。我們到達現在的地位，可能已經花費了好幾年時間。所以，我們應該覺悟，要改變這種局面，需要再花一些時間。仔細地考慮，應該先從哪些消極的方面入手，不要一開始就選擇立即可以完成的項目，也許有些人能一次就全部完成，如果沒有這種自信，不妨先選擇其中幾種試試看。

　　一定要堅持到底，千萬不要中途退縮，直到完全勝利為止。把最初選出的消極的方面消除後，又能對積極的方面產生作用。所以，不妨一方面繼續消除消極的一面，一方面要挪出時間來發展積極的一面。為了獲得支配自己的意識，必須常常對自己反覆地提醒：「我是我自己思考和作為的主人，我的未來是由自己來創造的。或許以後我會成就非凡，因為我對未來充滿了健康、樂觀和幸福的憧憬。」

　　每次在心裡反覆念著這些話，我們就能發現一種不可思議的潛意識的力量。

 ## 7.在心底產生成功的力量

　　暗示是一種心理影響，它透過使用語言、手勢、表情等，把某種概念或結論輸入一個人的大腦，使之不加考慮地接受某種意見或做某件事情。

　　心理學家和精神分析學家均指出，一旦某種想法進入潛意識思維中，腦細胞就會獲得訊息，從而留下相應的痕跡；潛意識思維會就人的一生當中所累積起來的知識和想法進行工作，並產生相應的結果。

　　有心理學家曾經對在催眠狀態下的人進行試驗，他發現：一旦人們接受了暗示，潛意識思維就會依據暗示的內容做出相應的回應。比如，心理學家告訴一個正處於催眠狀態的人，說他就是美國總統華盛頓，或者是一隻貓、一條狗的話，那麼他的個性特徵就會發生暫時性

的改變——他相信自己是心理學家所說的那個人或者動物。同樣的道理，如果某個正處於催眠狀態的人被告知說他後背上有條毛毛蟲、他鼻子正在流血或正坐在一個大冰窖裡，那麼，他的身體就會作出相應的反應，而對自己的實際情況視而不見。

再舉一個例子，我們乘坐在一艘行駛在茫茫大海中的航船上，當我們走近甲板上的一個乘客時，他看上去一臉緊張。如果這個時候對他說：「你看上去不大對勁啊，你臉色蒼白得可怕。我看你一定是暈船了，快回臥艙休息吧。」那位乘客聽到這番話，臉色會變得很蒼白，甚至渾身發抖。顯然，我們的「暈船」暗示發揮了作用，乘客將暗示與他素有的恐慌與不祥之感聯繫了起來。他會接受我們的提議，乖乖地回到臥艙裡躺下來休息。

當然，對於同樣的暗示，不同的人可能會做出不同的反應，因為各個人潛意識的狀態有所不同。就像剛才舉的那個例子，如果我們對一個正在甲板上站著的水手說：「嘿，老兄，你看起來臉色不太好，是不是暈船了？」對於這樣一個消極性的暗示，這位經驗豐富的水手必定會以為我們是在說笑話，我們的暗示也根本不會有什麼作用。因為，這個水手從來也沒發生過暈船的現象。那麼，我們這個暈船的暗示，也就不會給他帶來任何恐懼感。所以說，暗示能否真正產生作用，全在於當事者的信心與想像程度。

15～16世紀，瑞士著名的醫師和鍊金術家菲利浦·帕拉切爾蘇斯曾經發明了多種化學藥品，對於現代醫學的發展有著不可磨滅的功績。他曾經說過這樣一段話，值得我們深思。他說：「不管你的信心所訴諸的對象是真是假，你都會得到同樣的結果。」

無獨有偶，與帕拉切爾蘇斯生活在同一時代的義大利著名哲學家比魯索·鮑姆納思也說過：「自信和想像這兩種稟賦一旦結合，就能為醫療事業帶來革命性的奇蹟。」不論是著名醫生還是哲學大師，他們都熟知一個道理：如果一塊骨頭被視為聖人遺骸且具有神奇療效，而患者也對此深信不疑的話，那麼在他身上，就能產生驚人的治療效果。

　　一個剛剛出道的歌手接到了某單位的通知，邀請她參加某次大型演唱會，但要事先進行試唱。在這之前，她曾經接到過類似的通知，但是她去試唱了三次，結果都是因為緊張，三次均被淘汰。儘管她的嗓音很出眾，演唱水準不俗，外型也很好，但她總是擔心等到她演唱時，評委會給她亮出最低分。因為她總是擔心評委們不喜歡她，雖然自己盡力演唱，但是她總是有這種心理。於是，她每次參加試唱的時候就心情焦慮，不知道如何是好。她的潛意識接受了這種消極的自我暗示，並對她的試唱產生了致命的影響，使她屢次遭受挫敗。

　　後來，她聽從朋友的意見，來到一家心理診所接受治療。在醫師的建議下，她開始運用自我暗示的方法向恐懼感挑戰。她把自己關在一個房間裡，走到一個帶扶手的椅子上，盡量放鬆心情，讓自己的全身都感到很舒適，並慢慢閉上雙眼，逐漸驅走腦中的雜念。這樣，她的意識性思維變得馴服了，易於接受自我暗示。她對自己說，「其實，我唱得很好。我很有實力，可以做到心平氣和、非常自信。」按照醫生的建議，她每天都重複這樣的練習。一週以後，她就像變了一個人似的，不再焦慮和恐懼，而是沉著和冷靜。她不僅在以後的試唱中通過了評委的審查，而且演唱水準也大幅度提高。

　　還有一個例子，一個已經75歲高齡的老婦人，總是對自己和他人說：「我的記性越來越糟糕了。」這樣過了不久，原本記憶力還不錯的她，真的開始糊塗了。剛剛和她說過的事情，卻馬上就忘記了。當別人提醒她這件事情剛剛和她說過後，她就會感歎：「哎呀，我的記性真的是越來越糟糕了。」她的女兒發現了母親的這一病態，就把她帶到了心理醫生那裡接受心理治療。醫生告訴她，只要每天數次對自己說：「其實我的記憶力很好。只要我願意的話，可以記住任何事物。它們在我大腦中的痕跡一天比一天清晰。當我回憶起它們時，它們的痕跡便會生動地呈現出來，就像剛剛發生過一樣。」三週以後，這個老婦人的記憶力恢復了正常。還有個女孩子，平時總是愛發脾氣，猜疑心很重。家裡人都很怕和她說話，稍不留心就會惹來麻煩。這個女孩子很苦惱，也知道愛發脾氣、猜疑心重不是好事，但是每次

都控制不住自己，事情過後又後悔。後來，她接受了醫生的建議，經常對自己說：「我的脾氣其實很好。我每天都充滿了快樂，我和我的家人相處得很好，我很愛他們、他們也喜歡我。我關心他們、體貼他們，我身邊的人都因為我的存在而感到幸福快樂。我的良好的修養和高雅的氣質深深感染了他們。」一個月以後，奇蹟出現了，她成了一個氣質優雅、活潑熱情的好小姐。

暗示的力量是無窮的，只要能夠正確運用它，它就會為我們的人生帶來幸福和快樂。

## 8.用潛意識創造成功的關鍵

比如我們坐在一間黑暗的儲藏室裡，裡面堆滿了書籍、雜物、相冊等物品，唯一可以照明的東西就是手中的一個手電筒。打開手電筒的開關，將射出的圓形光線停留在某一個地方，比如高中畢業紀念舞會的留影。這時，我們的腦海裡可能浮現出當時的衣著、狂歡、或者盡情歌唱的景象，甚至可以回想出那天酒醉的情形。想到這些，頓時熱血澎湃，心中充滿了無窮的活力。接著，在手電筒的光線中，我們看到了一輛橫在地上的自行車。於是，我們想起了當年和初戀女友一起騎車行在山間小路上的情景，那是多麼溫馨啊。同樣，那只已經生鏽、不能再轉動的手錶，是用第一次打工掙來的錢買的，想起它，彷彿又重新體會到第一次拿到薪水的喜悅。所有這些，正是想像力所產生的作用，它使我們儲存的潛能逐漸得到釋放，無從遁形。

恰如其分的想像，對於身心健康、工作和學習，均可以產生有效的作用。

有這樣一個例子，一個法國學生在讀大學的時候，英語成績很差，幾乎成了英語老師黑名單上的人物。但是出乎所有老師的意料，在大學畢業考研究所的時候，這個英語成績始終是倒數的學生竟然考出了高分，這讓所有的老師感到驚訝。於是，別人問他學英語有什麼訣竅，他說：「我沒有什麼訣竅，只是每天當我學英語遇到困難，或

者學習進展不大時，我就把我自己想像成一個能用英語熟練流暢地演講的演說家。無論白天還是晚上，我都這麼想。說來也奇怪，自從那以後，我的英語水準竟然有了明顯的提高。」

這個英語成績很差的學生，透過合理的想像，使他的潛意識產生了相應的能量，使他獲得了必勝的心態。相反地，如果這個學生總把自己想像成一個英語低能兒，恐怕就不會那麼快提高英語成績了，還有可能永遠都學不好英語。想像是潛意識的「刺激物」，就像恐懼感可以帶來刺激，使人迅速產生腎上腺素一樣。假如在山上突然看到一隻大黑熊，而牠也發現了我們，黑熊的眼中頓時發出可怕的光，好像要吃掉我們的樣子。我們害怕極了，強烈的恐懼心理，能夠引發體內機制的活躍性，心臟會加速跳動，而一種強有力的肌肉刺激物——腎上腺素，將加入血液循環。於是，與奔跑無關的一切功能暫時中止，胃部停止工作，全身可以利用的血液霎時間全部供給了肌肉，我們的呼吸更加急促，肌肉所得到的氧氣供應也迅速地成倍增加。這一切，可以使肌肉開足馬力，產生前所未有的奔跑速度。

透過想像，我們的大腦和神經系統會對「環境」做出自動的反應，並促發潛意識思維產生效果。所以，如果能想像自己在以某種方式行事，我們就可以形成相應的行為、感覺和舉止。這正是潛意識思維具有的某種「創造性機制」的結果。當我們從事某項工作時，不要瞻前顧後，對自己的能力心存懷疑、缺乏自信。同時，也不要過分地用意志強迫自己：我一定要做好，否則就不饒恕我自己。這時，我們的潛意識思維很可能出現「逆反心理」，越想做好，實際上就越做不好。這時，應該讓自己放鬆心情，在頭腦中想像我們所要達到的目標和結果，與此同時，還要勤奮工作，確保潛意識思維沿著正確的「軌道」向前推進。

建議我們每天抽出半小時的時間，排除一切干擾，盡量放鬆神經，讓自己感到舒適。然後，閉上眼睛，鍛鍊自己的想像力。我們要「看到」自己的行動積極、自信、富有成效，忘記過去的種種挫折和失敗。如果我們一向怯懦、畏縮，就想像著自己面對公眾時鎮定自

如、瀟灑得體的情景。如此一來，我們的潛意識就會建立起新的「記憶」或相關存儲資料，從而使我們獲得滿意的結果。

## 9.召喚出自己內心的巨人

拿破崙在談到他的大將馬賽時說：「在平時，他的真面目是不顯露出來的。但是在看到自己的士兵的屍體堆積如山時，他內在的『獅性』會突然發作，會像魔鬼一樣奮起殺敵。」

人類的某些天賦在正常情況下往往是不易顯現出來的。但是在被嘲笑、欺凌、侮辱的時候，就會有一種巨大的力量從心底迸發出來，從而顯現他的某些不為人們所常見的本性。

艱苦的環境、貧窮的家境是成就人的偉大因素。拿破崙最鎮靜、最堅強、最神異的時候，就是他被困於絕境險地的時候。要引爆一個人內在的「偉大性」，是需要極度危險的變故為導火線的。

一個著名的商人說過，在他的事業中，每一個得意的勝利都是艱苦奮鬥的結果。所以到現在，對於不費力氣而得來的勝利，他簡直覺得有些可怕。他覺得，不需要奮鬥而得來的東西靠不住。只有克服障礙及種種缺陷、透過奮鬥而得來的成功，才能給人帶來喜悅。困難可以增加他的快樂。他喜歡做困難的事情，因為這些事情能夠檢驗他的真力量、真本領。他不喜歡做容易的事情，因為那些事情不能給他真正的喜悅——一種從激戰中得到勝利時所感覺到的喜悅。

遭遇刺激而努力奮鬥，可以喚發出我們的潛力、激發出我們的潛能。沒有這種奮鬥，許多人永遠不能發現他們真正的「自我」。試想，假如林肯不是出生在貧寒之家，而是出生在一個衣食無憂的富裕家庭，那麼他可能就不會那麼珍惜上學的機會，日後恐怕難以成為總統。

開發一個人內在的「偉大性」的，就是他與不幸環境的激戰。

在今日世界中，不知有多少人的成功，都是得益於他們的各種缺陷的刺激。因為這種缺陷刺激，使得他們發揮出75%以上的潛在能

力；假如沒有這種缺陷，則連25％的潛能恐怕也未必能發揮出來。在強大的動力、非常的變故、重大的責任壓在一個人的肩膀時，隱伏在他生命最底層的種種能力會突然湧現出來，使他成就一番大事業。

歷史上充滿著這樣的例子。為了要補救自己身體上的缺陷，許多人因此而造就了可敬的品格，實現了偉大的成功。感覺到自己其貌不揚甚至醜陋的女子，往往能在學問事業上像英雄一樣努力奮鬥，實現種種在平常情形下難以完成的事業，而其動力就是她們要補救面貌缺陷的決心。

特殊缺陷的刺激不是人人都有，世界上能發現「自己」、把內在的最高的能力挖掘出來的人也不多。大多數人總是不明白自己的「生命資產」的豐富，往往擱置自己大部分的「生命資產」，一輩子也不去發現、利用它，這實在是可惜啊。

## 10.消極是發揮潛能的頭號敵人

如果我們以積極的心態發揮自己的能力，並且相信成功是自己的權利的話，信心就會使我們成就所制訂的明確目標。但是，如果我們接受了消極心態，並且滿腦子想的都是恐懼和挫折，那麼得到的也只能是恐懼和失敗而已。恐懼多半是心理作用，但是確實存在，並且是發揮潛能的頭號敵人。行動可以治癒恐懼、猶豫，拖延則只會助長恐懼。當我們感到恐懼的時候，朋友們常會善意地說：「不要擔心，那只是你的幻想，沒有什麼可怕的。」這種安慰可能會暫時解除我們的恐懼，但並不能真正地幫我們建立信心、消除恐懼。

那麼，應該怎麼做才能遠離可怕的事呢？最好的方法是與潛能連接。潛能擁有無限的能力，若能和潛能連結就可得到其無限力量的供給，並感到很安心。這時候，自覺程度如果和潛能成正比，就可以得到能力的供給。這種自覺並不是靠聊天或者聽別人談論就可以了解的，而是自己心裡必須十分明白已經到了什麼程度，也就是說，是整個內心的自覺。如果我們能和潛能協調而生活，那麼任何東西都無法

從外在來攻擊我們。意思也就是把心念轉換過來，時常往好的方面去想。

即使在公司裡長期擔任低級職員，也不能這樣想：我一輩子注定就是低級職員。因為，這種習慣性的思想會在心靈深處播下壞種子；所以，應該脫離這種習慣性的壞思想，而去夢想著將來自己也可擔任董事長。過去一直在人際關係上不得志的人，也應該除去「反正我就是不順利」的壞想法，而應想著「凡事我一定都是順利的」。

積極的心態這一看不見的法寶會產生驚人的力量。它能讓我們獲得財富，擁有幸福，健康長壽；可以使我們達到人生的頂峰，並且逗留於此，盡享人生的快樂與美好。

一個年輕的推銷員有了一些銷售經驗後，就定了一個特殊的目標──獲獎。要想做到這一點，他至少要在一週內銷售100次。到星期五的晚上，他已經成功地銷售了80次，離要求還差20次。這位年輕人痛下決心：什麼也不能阻止他達到目標。和他同組的另一位銷售員在星期五就結束了一週的工作，他卻在星期六的早晨又回到了工作崗位。到了下午三點鐘，他還沒有做成一次買賣。但是他知道：交易可能發生在銷售員的態度而不是希望上。這時，他記起了自己的自勵警句，並熱情地把它重複了五次：我覺得健康！我覺得愉快！我覺得自己大有作為！

大約在那天下午五點鐘，他做了三次交易。這距離他的目標只差17次了。一句話縈繞在他的腦海：成功是由那些肯努力的人所取得的，並為那些積極而不斷努力的人所保持的。他又熱情地再重複幾次：我覺得健康！我覺得愉快！我覺得自己大有作為！大約在那天夜裡11點鐘時，他疲倦地上了床，但是很愉快，因為那天他做了20次交易！他達到了他的目標，贏得了獎品，並且學到一條道理：積極的心態能把失敗轉變為成功。

## 11.靠冷靜和敏捷化險為夷

在危機來臨的時候，不必慌亂、不要束手無策，要全力以赴，從能做的做起。同時，以強烈的求新求變意識，摸索並創造對策，在最短的時間內扭轉敗局、反敗為勝。

美國的波音公司和歐洲的空中巴士公司曾為爭奪日本全日空航空公司的一筆大生意而打得不可開交，雙方都想盡各種辦法，力求爭取到這筆生意。由於兩家公司的飛機在技術指標上不相上下，報價也差不多，全日空航空公司一時拿不定主意。

但是就在這關鍵時刻，短短兩個月內，世界上就發生了三起波音客機的空難事件。一時間，來自四面八方的各種指責都向波音公司襲擊而來。這使得波音公司蒙受了奇恥大辱，航運品質的可靠性也受到了人們的普遍懷疑。這對正與空中巴士爭奪的那筆買賣來說，無疑是一個喪鐘般的信號。許多人都認為，這次波音公司必定是輸定了。但波音公司的董事長威爾遜卻沒有為這一連串的事件所擊倒。他馬上向公司全體員工發出了動員令，號召公司全體上下一齊行動起來，採取緊急的應變措施，力闖難關。

他先是擴大了自己的優惠條件，答應為全日空航空公司提供財務和配件供應方面的便利，同時低價提供飛機的保養和機組人員培訓；接著，又針對空中巴士的飛機問題採取對策，在原先準備與日本人合作製造A310型飛機的基礎上，提出了願和他們合作製造較A310型飛機更先進的767型機的新建議。空難前，波音原定與日本三菱、川崎和富士三家著名公司合作製造767客機的機身。空難後，波音不但加大了給對方的優惠，而且還主動提供了價值5億美元的訂單。透過打周邊戰，波音公司博取到了日本企業界的普遍好感。在這一連串努力的基礎上，波音公司終於戰勝了對手，與全日空航空公司簽訂了高達10億美元的成交合約。這樣，波音公司不僅度過了難關，還為自己開拓了日本這個市場，打了一場反敗為勝的漂亮仗。

只要及時應變，就能在被完全擊垮之前扭轉局面、掌握主動權。

在應變時，應注意以下幾點：

（1）立足於自我優勢，如人員優勢、地形優勢、技術優勢等，充分利用、充分發揮，以此展開對策。

（2）充分了解對方的需要，做好有針對性的準備。

（3）多付出一點點，以小利搏大利。

（4）誠信待人，博得他人的信任，贏得他人的合作。

（5）學會應變。遇到危機時，不要消極躲避，更不要以硬碰硬。全力以赴，靠敏捷的思維化險為夷。

1991年9月，名聲顯赫的台灣海霸王食品公司生產的食品發生了中毒案，致使該公司的信譽一落千丈，營業額只有原來的10％。然而，在類似的情況下，美國一家藥品公司卻能平安地度過危機。事情發生之後，該公司迅速採取了周密的應變策略，全力推行危機管理，制訂了「終止死亡，找出原因，解決問題，通告公眾」的重要決策。在獲悉第一個人死亡的消息一小時內，公司人員立即對這批藥品進行化驗，結果表明陰性。但他們還是花費大量經費去通知45萬個包括醫院、醫生、批發商在內的用戶，請他們停止出售並立即收回該公司的藥品。同時撤銷所有的電視廣告，把事實真相以及公司所採取的對策迅速向公眾告知。公司最終消除了公眾的誤解，僅僅三個月就恢復了生機。

英國航空公司曾遇到這樣一件事：一次，一架由倫敦經紐約、華盛頓飛往邁阿密的英國航班，因機械故障被迫降落在紐約。乘客對此極為不滿，對英國航空公司怨聲載道。該公司立即調度班機，將63名旅客送往目的地。當旅客下機時，英航職員向他們呈遞了言辭誠懇的致歉信，並為他們辦理退款手續。63名乘客免費搭乘了此班飛機。此舉異常高明，儘管英航損失了一大筆錢，但卻發揮了力挽狂瀾之功效，大大減低了乘客的不滿情緒。英航的這一舉措被人們廣為流傳，不僅未使英航聲譽受損，反而大大提高，乘客源源不斷。

面對危機，不要麻木、不知所措，要學會應變，根據不同的情況做出相應的變通。這樣才有可能克服困難，有可能通向成功。

# 用潛意識來提高
# 生活的幸福指數

 **1.用愛去體會人與人之間的真情**

運用潛意識思維，可以使我們獲得和諧的人際關係。作為個體，要學會對自己加以觀察和研究，觀察對他人、身邊事物及各種事件的反應。我們應注意別人的反應與自己相近、相同還是大相逕庭，我們與他人的反應或看法是否相同，你如何表現自己對於他人的態度或想法，這種表現是否有利於我們與他人的相處與合作，等等。

琳達是某公司辦公室的秘書。她非常討厭公司裡的幾個女同事，覺得她們常常在背地裡說三道四、傳播有關她的壞話。「她們是故意和我過不去的。」琳達說。談及那幾個女同事時，她的言辭與聲音中充滿不屑、蔑視與厭惡的味道。

事實上，公司裡的多數人對我們有微詞，除了可能存在某種誤解之外，也很可能是我們自身的確出了問題。比如，我們是否在潛意識當中對他人懷有戒備與敵意呢？有人或許有這樣的體會：當他對一隻狗恐懼或憎惡時，狗同樣會對他流露出敵意，或是大聲狂吠，或是主動進攻，因為一個人內心的情感總會無可掩飾地表現出來。在某種意義上，正是我們的潛意識「刺激」了它的情緒，從而做出相應的反應。同樣，倘若我們對某人懷有憎惡之情，那麼在言談舉止中總會不由自主地流露出來。如果這種情感總是難以得到排除，就會影響我們的一生，使我們難以獲得良好的人際關係。

在接受心理醫生的建議後，琳達開始做自我心理暗示，以求消除她與幾位女同事之間的矛盾與敵意。她也經常反思自己個性中的消極因素，諸如喜歡亂猜疑、對他人抱有成見等。很快地，她的生活發生了改變，人們發現，她竟然是個非常可愛的小姐，而且樂於與人合作，開始對她有了很好的評價，並希望與她成為知己，包括曾經與她頗為生疏的那些女同事。

每個人都有不同的人生經歷，每個人都有不同的氣質和個性，每個人都有不同的思想和觀點。因此，人與人之間的矛盾、衝突總是會發生的。然而，每個人都有人類的共性，都有共同的需求、共同的利

益、共同的願望，因此，只要我們求同存異，不必要、無意義的激烈衝突就可以避免，人們彼此之間就能夠友好相處。

是的，我們有時難免與他人產生摩擦或衝突。人際交往中許多爭論和摩擦，往往都是一些雞毛蒜皮之事，不必要過分認真，應當學會求同存異、克己忍讓。這樣，才能使我們擁有更多的朋友，擁有更美好的生活。而且，如果我們的心理屏障強韌有力，別人的言行就不會真正對我們造成刺激或傷害。這取決於你本人的思維模式。例如，別人的話語使我們大生其氣，乃至暴跳如雷，那麼我們的思維必是完成了這一程序：我們開始認真思考對方所說的話，並且做出結論，認為它「難以接受」。於是，潛意識裡產生了對抗的情緒，使我們決定採取更為激烈的舉動。如果我們在情緒控制方面已臻成熟的話，對於他人的批評、憎恨或敵意自可泰然處之。這不僅可以使我們保持一份從容不迫的器度，而且使潛意識不致受到損害，讓頭腦永遠處於寧靜與和諧之中。

成功的人際關係，首先需要我們與他人之間互致「愛」的信念。愛，意味著尊重，意味著給予對方盡可能發自內心的關懷與體貼。什麼是「愛」？愛，是抽象的，也許是一個女神，儘管從來沒有人見過它的本來面目。現實中，愛只有行動——愛是一種創造性的行為。不管對方是一個人、一棵樹、一張畫還是一種想法，它都包含關心、認識、了解、信任對方的意思。愛意味著喚醒全部的活力，使自己生氣勃勃，進而熱愛自身、熱愛他人。愛是一個讓人不斷維新和成長的過程。

因此，在構建成功的人際關係中，要建立「愛」這一前提。如果一個人被他人接受，而且是完完全全地被接受，獲得體貼、關愛和同情，這個人就能夠丟開防範與戒備心理，產生正視自己的勇氣，把同樣的情感給予施予者。

事實上，一旦我們和一個人親近起來並了解到他的想法、情感和感覺的時候，他就不僅變得可以理解，而且看上去善良、友好、頗具吸引力。因為其潛意識獲得了安全感，從而自覺地對我們表示出親

近之態。當我們能夠更進一步行動，把全部自我以及內心的動力、熱情、態度和價值觀念都能夠彼此給予對方時，就可以形成一種相當和諧而完美的關係，打破造成彼此之間相隔絕的堅冰。此時，我們之間所擁有的，正是心靈與潛意識所賦予的某種微妙的感覺。這種感覺是愛也是某種激情。而實際上，相對於情感來說，人的理性顯得那樣脆弱、渺小、微不足道，彷彿只是滄海一粟。

真正的愛的核心，是對他人的尊重。有這樣一個故事：有一個紐約商人，看到一個衣衫襤褸的鉛筆推銷員，頓生憐憫之情。他把二十塊錢丟進了賣鉛筆人的懷中，就走開了。但他忽然又覺得這樣做不妥，就連忙趕回來，從那人手中取走幾枝鉛筆，並抱歉地解釋說，他付了錢，卻忘記取走鉛筆，希望對方不要介意。他還說：「你跟我都是商人，你有東西要賣，而且上面也有標價。」幾個月過後，在一個社交場合，一位穿著整齊的推銷員走到這位紐約商人面前，自我介紹說：「你可能已經把我忘記了，我也不知道你的名字，但是我卻永遠也忘不了你。你就是那個重新給了我自尊的人。我一直覺得自己是個推銷鉛筆的乞丐，直到你走來並說我是一個商人為止。」

這個故事告訴我們，尊重他人的尊嚴與價值有多麼重要。人是一種複雜而矛盾的存在。人以自我為中心，但又不可避免地要與自己的同類交往；人是自私的，但又可以做到最高的無私；人為自身的需要所控制，但又會發現，只有使自己與自身需要以外更廣泛的東西聯繫起來，他的生活才會有意義。這是人的自我中心主義和道德傾向之間的緊張衝突。我們要以真情示人，因為內心的情感，是會很自然地表現出來，幾乎沒有任何辦法隱瞞。

假如我們和某人見面，就要緊緊握住對方的手，真誠地說「很榮幸能夠認識你」或「我很高興再見到你」。我們的情感應發自內心，那種畏畏縮縮的握手方式還不如不握。同時，我們的微笑也要活潑一點，不要那麼僵硬，而且眼睛要配合自己的微笑。當別人說「謝謝你」的時候，也要真心實意、發自肺腑。我們的談話要生動悅人。著名的語言學權威班德爾博士，在他的《如何使你的談吐高雅》一書中

提到：「你說的『早安』是不是讓人覺得很舒服？你說的『恭喜你』是不是出自真心？你說『你好嗎』時的語氣，是不是讓人喜悅？除非當你說話時，能自然而然地滲入真誠的感情，否則，你的談話就是一種失敗。」

　　一般來說，說話自信的人都會受到別人的歡迎。當我們說話很有活力時，自己也會變得很有活力。因為這種活力會使我們的潛意識受到感召，從而發揮作用。我們生活在一個快節奏的社會中，大多數人來去匆匆，一心想著完成自己的任務，往往疏於騰出時間與自己所接觸的人認真談天。如果能夠這樣做，並以積極的方式給他們以關懷、幫助，我們就會使其感覺到人生更有價值，他們也會給予我們對等的感激和情感。這種情感能夠讓我們的行動與思維更為活躍，慢慢獲得人生美滿、富足的感覺，我們的信心也將與日俱增。每個人都有一種潛在的欲望，即希望別人感覺到自己的重要性，這是一種天生的「自我意識」。如果能夠滿足他人這一欲望，他們就會對自己產生更多的信任，也會感激我們的賞識之情。正如愛默生所說：「尋找每個人身上最好的品質。最差勁的人身上自有長處，最完美的人身上也有缺點。你的眼睛盯住什麼，你就能看到什麼……人際關係最確定的規律之一，就是在真誠的幫助別人之後，同時也幫助了自己。」

## 2.有了健康才會有未來的一切

　　生活中很少有人能夠徹底明白體力與事業的關係是怎樣的重要、怎樣的密切。人們的每一種能力、每一種精神機能的充分發揮及人們的整個生命效率的增加，都有賴於體力的強健。

　　體力的強健與否，直接關係到一個人的勇氣與自信的有無，而勇氣與自信是成就大事業的必須條件。體力衰弱的人，多是膽小、優柔寡斷的人。要想在人生的戰鬥中得到勝利，其首要的條件，就是每天都能以體強力健的身體、精力飽滿的狀態去應付一切。然而，有些人卻以一個有氣無力、半死不活的身軀從事各種事業，其失敗的結局不

言自明。

　　對於以整個生命所繫的大事業，只有付出我們的全部力量才能成功。只發揮一小部分能力從事工作，是一定做不好的。如果以一個精幹、強壯完全的「人」去從事工作，那麼，工作對於我們來說，是一種樂趣而非痛苦；我們對於工作，應該是主動而非被動。假如我們以一個筋疲力盡的身體去從事工作，我們的工作效率自然不會高。在這種情況下，我們所做的一切都將帶上「弱」的記號，而在弱的中間，成功是難以得到的。

　　有許多人，之所以在工作時不能發揮出全部的力量，就是因為沒有活力，精神衰弱，情緒不定。聰明的將軍，絕不會在士兵疲乏、士氣不振的時候率領他們去迎敵。他一定要厲兵秣馬、補充給養，然後才去應戰。

　　在人生的戰鬥中能否勝利，就在於我們能否保持強健的身體，能夠以最佳的身體狀態應對我們的生活和工作。一個具有一分本領的體力旺盛的人，比一個具有十分本領而體力不濟的人要強百倍。假如在我們的血液中沒有火焰的燃燒，在身體中沒有精力的儲存，則我們在人生戰鬥中一經打擊，就會很容易失敗，而且很難再崛起。一個有大志的人，除了要有強大的自信心外，同時還要具有應付任何不利環境、抵擋任何事變的旺盛體力。只有這樣，他們在面對挫折、痛苦和失敗時，才能很快地從中解脫出來。

　　旺盛的體力可以增強人們各部分機能的力量，而使其工作效率和成就較體力衰弱的時候大大增加。強健的體魄可以使人們在事業上處處得到便利、得到幫助。凡是有志成功、有志上進的人，都應該愛惜、保護自己的體力和精力，而不能浪費在不必要的地方。世間有不少有志於成大事的人，因沒有強壯的體力為後盾，壯志未酬身先死。然而世間又有另外一大批人，他們有著強壯的身體但卻不知珍惜，任意浪費，結果一事無成。美國總統羅斯福，本來是個體弱多病的孩子。但是他並不因此而放棄自己，上天對每個人都是公平的，他相信只要透過自己的努力一定可以把身體變得健康。正是因為他時刻注意

鍛鍊自己，才使自己身體變得強健，以至於最後成為美國歷史上受人尊敬的總統之一。

人體的各部分器官，如不經常活動，絕不能保持健康。工作中一切行動和過程都是生命中調節機制的結果，「空閒」最耽誤事。人們的犯罪作惡行為大都是在空閒時發生的。一個經常忙碌於工作的人是安全的，可以避免許多在空閒時可能使他誤入歧途的種種誘惑。有一位著名英國醫生說過，人要長壽，必須要做到除了睡眠時間以外使腦部不斷活動。每個人必須於職業、工作之外找一種正當的嗜好。職業給他以生活的資本，嗜好給他以生活的樂趣，可以使他在愉快、高興的心情下，活動其精神。「行動」的意義等於「生命」，而「靜止」則等於「死亡」。

凡是想在生命中大有成就的人，必須懂得「努力自愛」。這就是說，他要盡一切努力去培育其身心健康，使力量達到頂點。他必須明白，成功大半依賴於自己的「成功機器」──身體。所以，對自己的身體必須要在意。

許多人都是不知「自愛」的人。他們對自己身體的殘酷遠甚於對待牛馬，總是飲食不足或飲食過量，剝奪自己應有的休息與睡眠時間，簡直要破壞一切生理的、精神的規律。他們雖然年紀不大，卻已是未老先衰了。他們不明白，為什麼自己的體力竟不能與自己的意願相稱，為什麼自己的能力竟不能執行自己的意願？於是，他們只好勉強著自己「強弩之末」的身心去從事工作。

「工欲善其事，必先利其器。」中國人的這句話是有道理的。聰明的匠人絕不肯使用已經損壞的工具。天下沒有一個理髮師使用遲鈍的剪刀而指望其生意興隆，沒有一個木匠用遲鈍的鋸子、鑿子、斧頭而指望著其做工精良。

有些人具有奇偉的天賦，可是最終只取得了很小的成就，就是因為在無意中損傷了自己的成功機器，或者不能供給必要的動力來啟動成功機器。世間有千千萬萬個人，就因為對身體不注意、不留心，以致壯志未酬、飲恨歿世。他們毀掉了自己有所作為的可能性。假如我

們能夠明白自己的身體需要，能及時給予身體充分的養料，就絕不致受困於各種病痛的折磨。

有許多人因為想節省時間、金錢，就減少自己應有的產生力量的滋養食物。中午，他們往往會站在速食店的櫃檯旁，很匆忙地吞一塊漢堡、喝一杯飲料就算了事。以為這樣一來，時間、金錢兩相宜。殊不知，假如他們走進一家餐館，從容地進食營養而可口的飯菜，再休息一會，在繼續工作之前，使胃部得以進行消化食物的過程，對於他的身體及各方面都是大有好處的。

上述第一種做法，既不經濟又是一種浪費。一個人所能實施的最聰明的做法就是在身體中儲藏起最旺盛的生命力，儲藏起最大量的體力與精神力量以獲取成功。剝削自己能夠給予我們體力與精神的應有的食物，無異於殺掉可以替我們生產金蛋的母雞。

天下沒有一件東西比我們的體力與精神更可貴。所以，我們必須不惜任何代價，以求獲得和擁有它們。假如有一個人，有一個水池的寶貴生命力，但他卻在蓄水池上到處鑿孔，讓池中的生命力流走。對於這種人，大家會作何感想，你一定認為他是個傻瓜。其實，生活中有很多人都是這麼做的。他們有著一大池的生命力，但由於不謹慎、不留心，使得大部分的生命力都從漏孔中流走。有的人時時刻刻都在浪費自己的精力，摧殘自己的生命力，因而減少了許多成功的可能性，卻還詫異為什麼自己總是不能成功。

缺乏睡眠、戶外運動、朋友間的歡娛、有營養的食物，工作過度……這些都是可以使我們的精力流走、生命力漏掉的孔洞。有許多寶貴的精力是在煩悶、憤怒、恐懼、憂愁及各種不良心境中耗費的。請每天檢查一次，自己的精力是怎樣用的，有多少精力是浪費在無謂與不正當的地方。恐怕，因動一動感情、發一發脾氣會損失比整天工作還要多的腦力與精力吧？

如果想做一個有志成功的人，就必須摒除一切足以摧殘活力、阻礙前程、浪費精力、折損生命資本的東西。凡是足以減低我們的活力、減少成功機會的事，都不應該做。

## 3.貧困是一所人生的大學

人類有一樣東西是不能選擇的，那就是每個人的出身。社會的高度競爭一定會造就貧富不均，這是我們每個人所必須接受的。誠然，每個人的成功起點都是不同的，別人擁有良好的環境我們卻沒有，別人擁有便利的資源而我們卻無法享用，我們是否會因此而感歎命運的不公平呢？

以優良的環境來說，每個人都不希望自己的起點比其他人低。但是，有的時候，貧困帶來的也許不僅是壞事，它能激發一個人的奮進之心，磨練一個人的成功意志，這是多麼好的環境也求不來的。所以，如何看待出身貧寒，如何戰勝出身貧寒，是面對挑戰的必修一課。

高爾基曾說：「貧困是一所最好的大學！」是的，生活中並不是每一次不幸都是災難，早年的逆境通常是一種幸運。與困難做抗爭不僅磨礪了我們的人生，也為日後更為激烈的競爭準備了豐富的經驗。可以說，每一位大師的成長道路都不是一帆風順的。正是他們善於在艱難困苦中向生活學習、磨礪意志，才會在最險峭的山崖上扎根，成長為最偉岸挺拔的大樹，昂首向天。一帆風順只會造就我們的軟弱，使我們弱不禁風。

我們來看一個故事：

在洛杉磯的一個盛大宴會上，來賓們就某幅繪畫到底是表現了古希臘神話的場景還是描繪了古希臘真實的歷史，展開了激烈的爭論。看到來賓們一個個面紅耳赤、吵得不可開交，氣氛越來越緊張，主人靈機一動，轉身請旁邊的一個侍者來解釋一下畫面的意境。

結果，這位侍者的解釋令所有在座的客人都大為震驚，因為他對整個畫面所表現的主題做了非常細緻入微的描述。他的思路顯得非常清晰，理解非常深刻，而且觀點幾乎無可辯駁。因而，這位侍者的解釋立刻就解決了爭端，所有在場的人無不心悅誠服。

這個侍者說他在許多學校接受過教育，但是，他在其中學習時間

最長，並且學到東西最多的那所學校叫做「逆境」。早年貧寒交迫的生活，使得他有機會成為一個對完整的生活有著深刻認識的人，儘管他那時只是一個地位卑微的侍者。然而，艱難困苦和人生滄桑是最為嚴厲最為崇高最為古老的老師。人要想獲得深邃的思想或獲得巨大的成功，就要善於從窮困破落中摒棄淺薄，莫做井底之蛙。而不幸的生活造就的人才會深刻、嚴謹、堅忍並且執著。

　　很多身處逆境的人，也許都在抱怨命運的不公平，抱怨環境對自己的不利影響。但是，英國著名作家威廉姆·科貝特這樣說：

　　當我還只是一個每天薪俸僅為6便士的士兵時，我就開始學語法了。我的鋪位或是專門為軍人提供的臨時床鋪的邊上，成了我學習的地方。我的背包也就是我的書包。把一塊木板往膝蓋上一放，就成了我簡易的寫字檯。在將近一年的時間裡，我沒有為學習而買過任何專門的用具。我沒有錢來買蠟燭或者是燈油。在寒風凜冽的冬夜，除了火堆發出的微弱光線之外，我幾乎沒有任何光源。而且，即便是就著火堆的亮光看書的機會，也只有在輪到我值班時才能得到。為了買一枝鋼筆或一疊紙，我不得不節衣縮食，從牙縫裡省錢，所以我經常處於半饑半飽的狀態。

　　我沒有任何可以自由支配的用來安靜學習的時間，我不得不在室友和戰友的高談闊論、粗魯的玩笑、尖厲的口哨聲、大聲的叫罵等各種各樣的喧囂聲中，努力靜下心來讀書寫字。要知道，他們之中至少有一半以上的人是屬於最沒有思想和教養、最粗魯野蠻、最沒有文化的人。你們能夠想像嗎？為了一枝筆、一瓶墨水或幾張紙，我要付出相當大的代價。每次，揣在我手裡用來買筆、買墨水或買紙張的那枚小銅幣似乎有千鈞之重。要知道，在我當時看來，那可是一筆大數目啊！當時我的個子已經長得像現在這般高了，我的身體很健壯，體力充沛，運動量很大。除了食宿免費之外，我們每個人每天還可以得到六個便士的零用錢。我至今仍然清楚地記得這樣一個場面，回想起來簡直就是恍如昨日。有一次，在市場上買了所有的必需品之後，我居

然還剩下了半個便士。於是，我決定在第二天早上去買一條鯡魚。當天晚上，我飢腸轆轆地上床睡覺，肚子在不停地咕咕作響，我覺得自己快餓得暈過去了。但是，不幸的事情還在後頭，當我脫下衣服時，我竟然發現那寶貴的半個便士不知道在什麼時候已經不翼而飛了，我一下子如五雷轟頂，絕望地把頭埋進發霉的床單和毛毯裡，就像一個孩子般傷心地號啕大哭起來。

但是，即便是在這樣貧困窘迫的環境下，科貝特還是坦然樂觀地面對生活，在逆境中臥薪嚐膽、積蓄力量，堅持不懈地追求著卓越和成功。他說：「如果說我在這樣貧苦的現實中尚且能夠征服艱難、出人頭地的話，那麼，在這世界上還有哪個年輕人可以為自己的庸庸碌碌、無所作為找到開脫的藉口呢？」

## 4.學會在潛意識裡原諒自己

《讀者》上有這麼一個故事——採訪上帝。全文如下：

我在夢中見到了上帝。上帝問道：「你想採訪我嗎？」

我說：「我很想採訪你，但不知道你是否有時間。」

上帝笑道：「我的時間是永恆的。你有什麼問題嗎？」

我問：「你感到人類最奇怪的是什麼？」

上帝答道：「他們厭倦童年生活，急於長大，而後又渴望返老還童。他們犧牲自己的健康來換取金錢，然後又犧牲金錢來恢復健康。他們對未來充分憂慮，但卻忘記現在；於是，他們既不生活於現在之中，又不生活於未來之中。他們活著的時候好像從不會死去，但死去以後又好像從未活過⋯⋯」

上帝握住我的手，我們沉默了片刻。

我又問道：「作為長輩，你有什麼經驗想要告訴子女的？」

上帝笑道：「他們應該知道不可能取悅於所有人——他們所能

做到的只是讓自己被人所愛。他們應該知道，一生中最有價值的不是擁有什麼東西，而是擁有什麼人。他們應該知道，與他人評比是不好的。他們應該知道，富有的人並不擁有最多，而是需要最少。他們應該知道，要在所愛的人身上造成深度創傷只要幾秒鐘，但是治療創傷則要花上幾年時間。他們應該學會寬恕別人。他們應該知道，有些人深深地愛著他們，但卻不知道如何表達自己的感情。他們應該知道，金錢可以買到任何東西，卻買不到幸福。他們應該知道，得到別人的寬恕是不夠的，他們也應當寬恕自己。」

這雖然是一則小故事，但道理十分深刻。無論對於別人還是對於自己，這一點很清楚：在一個人身上造成深度創傷只要幾秒鐘，但是治療創傷則要花上幾年時間。我們能做到的、最能夠把握的莫過於讓自己被人愛、寬恕別人。

我們每個人的生命都自成一個宇宙，它高深莫測。而人生其實就是對這個宇宙的一次探險，在這中間充滿了驚險與挑戰。這是一個不斷奮鬥、不斷感到茫然、不斷收穫，又不斷感到失望與不滿的過程。

每個人都走在人生之路上，別忽略了一路的良辰美景！

人生苦一些不怕，窮一點也不要緊。怕只怕為了一種虛妄的目的、一種也許永遠都無法實現的幻想，卻完全忽視了對生命本身的擁有和真愛。

我們每個人心中都有一座美麗的大花園。如果我們願意讓別人在此種植快樂，同時也讓這份快樂滋潤自己，那麼我們心靈的花園就永遠不會荒蕪。

貝爾太太是美國一位有錢的貴婦人，她在亞特蘭大城外修了一座花園。花園又大又美，吸引了許多遊客，他們毫無顧忌地跑到貝爾太太的花園裡遊玩。

年輕人在綠草如茵的草坪上跳起了歡快的舞蹈，小孩子跑進花叢中捕捉蝴蝶，老人蹲在池塘邊垂釣，有人甚至在花園當中搭起了帳篷，打算在此過他們浪漫的盛夏之夜。貝爾太太站在窗前，看著這群

快樂得忘乎所以的人們，看著他們在屬於她的園子裡盡情地唱歌、跳舞、歡笑。她越看越生氣，就叫僕人在園門外掛了一塊牌子，上面寫著：「私人花園，未經允許，請勿入內。」可是這一點也沒用，那些人還是成群結隊地走進花園遊玩。貝爾太太只好讓她的僕人前去阻攔，結果發生了爭執，有人竟拆走了花園的籬笆牆。

後來貝爾太太想出了一個絕妙的主意，她讓僕人把園門外的那塊牌子取下來，換上了一塊新牌子，上面寫著：「歡迎你們來此遊玩，為了安全起見，本園的主人特別提醒大家，花園的草叢中有一種毒蛇。如果哪位不慎被蛇咬傷，請在半小時內採取緊急救治措施，否則性命難保。」最後告訴大家，離此地最近的一家醫院在威爾鎮，驅車大約50分鐘即到。

這真是一個絕妙的主意，那些貪玩的遊客看了這塊牌子後，對這座美麗的花園望而卻步了。可是幾年後，有人再往貝爾太太的花園去，卻發現那裡因為園子太大，走動的人太少而真的雜草叢生、毒蛇橫行，幾乎荒蕪了。孤獨、寂寞的貝爾太太守著她的大花園，她非常懷念那些曾經來她的園子裡玩得快樂的遊客。

籬笆牆是農家用來把房子四周的空地圍起來的類似柵欄的東西，有的上面還有荊棘，不小心碰上會扎人。籬笆牆的存在是向別人表示這是屬於自己的領地，要進入必須徵得自己的同意。貝爾太太用一塊牌子為自己築了一道特別的籬笆牆，隨時防範別人的靠近。這道看不見的籬笆牆就是自我封閉。

自我封閉，顧名思義就是把自我侷限在一個狹小的圈子裡，隔絕與外界的交流與接觸。自我封閉的人就像契訶夫筆下的裝在套子中的人一樣，把自己嚴嚴實實包裹起來，因此很容易陷入孤獨與寂寞之中。自我封閉的人在情緒上的顯著特點是情感淡漠，不能對別人給予的情感表達做出恰當的反應。在這些人臉上很少能看到笑容，總是一副冷冰冰、心事重重的樣子。這無形之中在告訴周圍的人：我很煩，請別靠近我！周圍的人自然也就退避三舍、敬而遠之。

這種人得到的後果是什麼呢？在封閉自己的同時，也使快樂和幸

福遠離自己。打開自己的心靈的籬笆，讓陽光進來，讓朋友進來，就如開始所說的，心靈的花園就永遠不會荒蕪。

如果仔細觀察周圍，我們就會發現，在我們寧靜的生活中，大多數人都是親切、富有愛心的，也是寬容的。如果我們犯了錯，而且真誠地要求他人寬恕時，絕大多數人不僅會原諒我們，他們也會把這件事忘得一乾二淨，使我們再次面對他們時一點愧疚感也沒有。

可貴的是，我們這種親切的態度對所有人都一樣，沒有人種、地域、民族的分別，但只對一個人例外。誰？沒錯，就是我們自己。

也許有人會懷疑：「人類不都是自私的嗎？怎麼可能嚴於律己、寬以待人？」是的，人總是會很容易原諒自己，不過，這只是表面上的饒恕而已，如果不這麼自我安慰的話，如何去面對他人？但在深層的潛意識裡，一定會反覆地自責：「為什麼我會那麼笨？當時要是細心一點就好了。」或是：「我真該死，這樣的錯怎能讓它發生？」

如果還不相信，請再想想自己有沒有犯過嚴重的錯誤。如果想得出來的話，那一定有過這類錯誤，而且耿耿於懷，沒有真正忘了它。表面上，我們原諒了自己，實際上是將自責收進了潛意識裡。

我們可以對他人寬大，難道就沒有資格獲得自己這種仁慈的對待嗎？

沒錯，我們是犯了錯。但除了上帝之外誰能無過？犯了錯只表示我們是人，不代表就該承受如下地獄般的折磨。我們唯一能做的是正視這種錯誤的存在，由錯誤中學習，以確保未來不會發生同樣的憾事。接下來就應該獲得絕對的寬恕，再下來就得把它忘記，繼續往前進。

人的一生中犯的錯誤可多了，要是對每一件事深深地自責，一輩子都揹著一大袋的罪惡感過活，還能奢望自己走多遠？

犯錯對任何人而言，都不是一件愉快的事情，一個人遭受打擊的時候，難免會格外消沉。在那一段灰色的日子裡，我們會覺得自己就像拳擊賽失敗的選手，被那重重的一拳擊倒在地上，頭昏眼花，滿耳都是觀眾的嘲笑和失敗的感覺。在那時候，我們會覺得簡直不想爬

起來了，覺得你已經沒有力氣爬起來了。可是，我們會爬起來的。不管是在裁判數到十之前還是之後。而且，還會慢慢恢復體力、平復創傷，我們的眼睛會再度張開來，看見光明的前途。我們會淡忘掉觀眾的嘲笑和失敗的恥辱，會為自己找一條合適的路──不要再去做挨拳頭的選手。

瑪麗·科萊利說：「如果我是塊泥土，那麼我這塊泥土也要預備給勇敢的人來踐踏。」如果在表情和言行上時時顯露著卑微，每件事情上都不信任、不尊重自己，那麼就得不到別人的尊重。

造物主給予人巨大的力量，鼓勵人去從事偉大的事。這種力量潛伏在我們的腦海裡，使每個人都具有宏韜偉略，能夠精神不滅、萬古流芳。如果一個人不盡到對自己人生的職責，在最有力量、最可能成功的時候不把自己的力量施展出來，那麼就不可能成功。

記住，寬恕、忘懷、前進。只有寬恕自己，才能把犯錯與自責的逆風化為成功的推力。

我想每個人都聽過這句話：生氣是拿別人的錯誤懲罰自己。然而真正做到不生氣的人恐怕沒有吧？不生氣真的很難。比如走在路上被人潑了水，雖然他一個勁地道歉，我們也明白人家不是故意的，可是看著自己濕漉漉的衣服，還是忍不住抱怨：真可惡，怎麼這麼倒楣？於是，一整天都在想這件事，又後悔不已：早知道就早點或延遲出門。總之，到頭來還是在生自己的氣。現在想一想，真是不值得，反正已經被潑了，再怎麼抱怨、後悔都沒用，衣服還是濕的。那麼倒不如這樣想：也許我穿這件衣服不好看呢，不是常說遇水則發嗎？這樣一來，快樂指數就上來了，回家換件衣服，重新開始新的一天。寬恕了他人，寬恕了這件事，不就等於寬恕了自己嗎？為什麼要為了一件已經無法挽回的事而破壞自己一天的情緒，浪費24小時呢？不過，說著容易做著難，不管怎樣，要盡量寬恕，只求寬恕該寬恕的事和人，讓自己變得開心一點。

過失，尤其是我們自己對過失的自我譴責和反省，更被認為是富有意義的。當一個人下決心接受截肢手術時，一定不再把他的殘肢視

為值得保留的軀體的一部分，而是把它當做多餘、對生存形成威脅、必須捨棄的廢物。在臉部整型手術中，沒有部分、試驗性或折衷的治療手段，疤痕組織必須完全地根除，傷口才能徹底地癒合，對傷口要給予特殊保護，以確保面容的每一個部位都得到恢復，使臉部恢復到損傷以前。醫療上的根除並不困難，困難的是自己要有樂於拋棄自我的情感，困難的是自己樂於無保留地消除精神上沉重的債務。我們覺得難以寬恕自己，只是因為我們往往從自我譴責中尋找一種安全感，我們常常透過保護自己的傷口獲得一種反常、病態的樂趣。只要我們譴責他人，就會產生居高臨下的優越感。沒有人能否認，自我譴責給人帶來的是一種虛幻的滿足。

實際上，做到不生氣並不難。心理醫學研究證明，一個人心情舒暢、精神愉快，中樞神經系統處於最佳功能狀態。那麼，這個人的內臟及內分泌活動在中樞神經系統調節下處於平衡狀態。使整個機體協調、充滿活力，身體自然也健康。

在生活的不幸面前，應保持冷靜的思考和穩定的情緒，遇事冷靜，客觀地作出分析和判斷。

要多方面培養自己的興趣與愛好，如書法、繪畫、集郵、養花、下棋、聽音樂、跳舞、打太極拳等，從事這些活動，可以修身養性、陶冶情操。

對自己要有自知之明，遇事要盡力而為、適可而止，不要好勝逞能而去做力不從心的事，只做自己力所能及的事。

不要過於計較個人的得失，不要常為一些雞毛蒜皮的事而動輒發火，憤怒要克制，怨恨要消除。

保持和睦的家庭生活和友好的人際、鄰里關係，這樣，在遇到問題時可以得到各方面的支持。

托爾斯泰的長篇小說《安娜·卡列尼娜》的結局是令人悲傷的：安娜臥軌自殺。這是一齣典型的悲劇：一顆處於上層社會的心愛上了一位年輕伯爵，當象徵愛情的火花剛剛擦亮時，又被象徵現代文明的火車熄滅。時至今日，對於安娜愛情的悲劇的啟示可謂是「仁者見

仁，智者見智」，但萬「辯」不離其宗：安娜的悲劇不僅僅是一個貴族婦女的悲劇，而且是當時整個社會的悲劇。

一個人有多大的勇氣肯定自己呢？一個婦女又有多大的勇氣肯定自己「悖於社會道德」的行為呢？

從「夫字天出頭」的封建社會到近代社會，婦女被置於社會中任意擺布的地位，甚至是男人的附屬品。古今例子不勝枚舉，被扼殺的苔絲德夢娜、香消玉殞的茶花女、沉江的杜十娘、早逝的林黛玉……一個個想踰越雷池的女人把歷史染得血跡斑斑。歷史曾這樣評價過她們：「她們就好像是一棵脆弱的藤蘿，緊緊依偎在大樹的身上，沒有權力說話、沒有資格思考，而這棵藤蘿本可以長成大樹，卻因為世俗的狂風摧殘使其夭折。然而，李清照、武則天、慈禧應該慶幸，雖然她們最終還是樹與樹的犧牲品，但畢竟歷史還是將她們記住。西施、貂蟬等人在哭泣之後應該歡笑，雖然幾經曲折，她們的故事還是走出了似海的宮門、煙鎖的重樓。」

安娜雖有勇氣去衝破世俗，但是依據世俗的態度來看待自己的行為卻始終困擾著她那顆勇敢的心。在她的觀念中，拋夫棄子絕對是罪惡的、墮落的，是不可饒恕的，不管丈夫是不是自己喜愛的人，那個家有沒有快樂，有沒有屬於自己那份愛情。因此，在對伯爵表明心跡時，她的內心產生了一種重壓，摧殘了她喜愛伯爵的堅強的心理力量、扭曲了她的性格。可見世俗觀念在她心中的影響，也可以說，她的意識從未脫離過她所生活的上流社會。她有勇氣為愛情邁出大膽的一步，卻沒有勇氣肯定自己。她成了世俗觀念的維護者，也成了世俗觀念的犧牲品。在她病危時，她並沒有對生命、對伯爵表現出眷戀，只是一味地懺悔：「我要的是你的寬恕。」她永遠都不會去懷疑這個世界。後來在生命彌留之際，她以「上帝，寬恕我的一切吧」來告別人世。

安娜內心的意識對於自己行為的判決，造成了一個悲劇，但我們的判決可以和她不一樣。儘管我們現在的社會觀念已經相當開明，但先進的思維理念總是不被大眾所輕易接受，一個叛逆者與先行者要承

受比普通人更大的壓力。在這種情況下，唯有自己給自己支撐，自己給自己自信，自己肯定自己。堅信自己的理念與行動是正確的，讓時間來檢驗它的正確與否，而不是眾人的評價與判決。

我們應該對自己說：我現在的生活和今後的一生，不管遇到什麼事，不僅不會像過去那樣毫無意義，而且還具有明確的善的意義。這是我能做到的。

## 5.在潛意識裡培養寬容的力量

電視劇《成長的煩惱》講的都是煩惱之事，但是他們對兒女、鄰居的寬容，最終都把煩惱化為了捧腹的笑聲。

人的煩惱一半源於自己的潛意識，即所謂畫地為牢、作繭自縛。芸芸眾生，各有所長，各有所短。爭強好勝失去一定限度，往往受身外之物所累，失去做人的樂趣。只有承認自己某些方面不行，才能揚長避短，才能不讓嫉妒之火吞滅心中的靈光。

讓自己放輕鬆，就是心平氣和地工作、生活。這種心境是充實自己的良好狀態。充實自己很重要，只有有準備的人，才能在機遇到來之時不留下失之交臂的遺憾。知雄守雌、淡泊人生是耐住寂寞的良方。轟轟烈烈固然是進取的寫照，但成大器者絕非熱中於功名利祿之輩。

俗語有「宰相肚裡能撐船」之說。古人的與人為善、修身立德的諄諄教誨卻警示於世人，一個人若肚量大、性格豁達，方能縱橫馳騁；若糾纏於無謂雞蟲之爭，非但有失儒雅，而且會終日鬱鬱寡歡、神魂不定。唯有對世事時時心平氣和、寬容大度，才能處處契機應緣、和諧圓滿。

如果一語齟齬，便遭打擊；一事唐突，便種下禍根；一個壞印象，便會一輩子倒楣，這就說不上寬容，會被人們稱為「母雞胸懷」。真正的寬容，應該是能容人之短又能容人之長。對才能超過自己者不嫉妒，唯求青出於藍而勝於藍、熱心舉賢、甘做人梯，這種精

神將為世人稱道。

　　寬容的過程也是「互補」的過程。別人有此過失，若能予以正視並以適當的方法給予批評和幫助，便可避免大錯。自己有了過失，亦不必灰心喪氣、一蹶不振，也應該寬容和接納自己，並努力從中吸取教訓、引以為戒、取人之長、補己之短，重新揚起工作和生活的風帆。

　　大衛向來對自己要求苛刻，也同樣苛刻地要求周圍的朋友。其實，他很聰明，對人也很熱情，又極其熱愛交朋友。可以這樣說，他根本無法忍受沒有朋友的那種孤獨和寂寞。然而，他又不允許朋友身上存在任何缺點和毛病，甚至不允許存在與他不同的個性和為人處世的方法。一些朋友為能與他保持一段時間的友誼，只好時時刻刻壓抑著自己。可是，壓抑自己是一種非常痛苦的事情，誰也不能堅持長久。於是，他一邊熱情地結交著新朋友，一邊在挑剔中淘汰和失去老朋友。久而久之，他連一位朋友也沒有了。大衛在痛苦中自責，但他始終不明白自己到底錯在哪裡。

　　麥克無論儀表、舉止言談、家庭條件還是工作事業，在女士心目中都是非常優秀，甚至可以說是非常可親可愛的。但是，在婚姻問題上，他從來就沒有成功過。第一位妻子，因為懶惰，被他逐出家門；第二位妻子，因為過於自私、貪圖小便宜，也被他逐出家門；第三位妻子，因為過於奢侈和遊樂，又被他逐出了家門。好心朋友為他做媒。他接近的第四位女士卻說：「這人有病。」連他家的門也不願進。同樣，他對於自己的狀況悔恨不已。

　　如果有人與以上兩人相似，在當時很緊張而事後又悔恨的話，應該問自己：「有這個必要嗎？」請用一張紙，把所有纏擾自己的往事都記下來。寫完以後，不妨問問自己：「我有沒有決心把這些往事淡忘？究竟要怎麼樣，我才能夠超越它們？我應該永遠受它們的支配嗎？為什麼不能多做些有益的事情，來趕走這些有毒的回憶？為什麼別人可以把不愉快的往事淡忘，而我卻不能？」

　　我們自己做了錯事或失敗了，不要過分自責。可以彌補的，設法

去彌補；無法彌補的，不妨拋開一切，再也不要去觸動它。

我們可以向內心的自己表明心意，說自己已經知錯，以後絕不再犯。只要真心真意、真正超越錯誤，一切眾生都會聽我們懺悔、原諒我們、幫助我們再成長起來。寬恕別人同樣重要，有人傷害我們，他一定會內疚、悔恨，絕不可再思報復他。切記：冤冤相報，永無了時。何況，報復只有更加深傷痕的痛苦，遠不如以大慈大悲的心腸赦免別人。

我們可能不知道怎樣去寬恕別人和自己，甚至根本不希望有寬恕，或者不知道可以寬恕。事實上，寬恕他人、自己，都是必須的。誰能無錯？連聖人都有錯，何況普通人？寬恕就是給人機會、給自己機會，是世上所有的好事之一，非常重要。

佛家有「貪、嗔、癡」的說法，叫做「三毒」。種種不好的事情都由這「三毒」發展而成，仔細想一想，就會證實說得一點都不錯。生意失敗、損失金錢，往往由貪欲而來；做錯選擇、找錯對象、交錯朋友、做錯事情，往往由愚癡而來；破壞、犯罪，往往由嗔恨而來。人的所有過錯，都離不了貪、嗔、癡三種原因。

這三種毒，犯一次就要吃一次虧。不原諒別人，犯的正是嗔毒；這種毒，在刺傷別人以後，往往要反過來刺傷自己。我們每一個人，都應該知道寬恕別人的重要。在我們還沒有能做到完全寬恕別人的時候，不妨先進行一種想像，這種想像能夠幫助我們把報復心清除。

首先，閉上雙眼，然後想想那個最令人難以寬恕的人，自己想把他怎樣，要怎樣才會使自己寬恕他。是不是要他受苦，才能寬恕他？如果是，可以想像他正在受各種各樣的苦；想像完了以後，不禁會對他產生出憐憫心，會寬宏大量地饒恕他，不會再想報復，不想真使他這樣受苦。

做這種想像，只能偶爾一次，不可以每天都做。做完這種想像以後，就應該從此寬恕這個人，永遠消除報復心。有一些人很難做到完全寬恕別人，他也許能寬恕人一段時間，過後，他又想起別人的不是，再也不寬恕了。

　　然後，我們可以在心中反覆告訴自己：「我是一個寬宏大量的人，不會為了小人與小事生氣。」重複這樣多念幾遍，一直念到心無罣礙、氣定神閒為止。

　　記住，我們是強中之強、吉中之吉，絕不再受那些影子的傷害。相信這會給自己增加力量，使自己成為無人能推倒的一座泰山。

　　這是一種很有效的自我暗示法。

　　也有一些人，不懂得怎樣寬恕自己。總是念念不忘：某件事做錯，引來很壞的後果；某件事對不起別人，使人家受了傷害……遇到這樣的情形，第一要做的是永遠能為自己辯護──既然慷慨地對別人，也應該慷慨地對自己。

　　這是一位女士告訴我們的。有一次，她的雙肩突然產生疼痛，接連痛了兩天。起先，她以為它自己會好，不去理它，但幾天過去了，疼痛依然不減。最後，她只得問自己：「究竟是什麼不妥？怎麼會老是這麼痛？」感覺像火燒一樣，那種滋味令她難受，她意識到，自己的疼痛一定是由倒楣引起的。

　　但是她不知道自己的怨恨從何處產生。於是，她便將床上的兩個大枕頭拿來出氣──用力地捶打那兩個大枕頭。當她捶打了十多下的時候，她忽然明白了自己為什麼會有怨恨。於是她繼續更用力地不斷捶打那對大枕頭。當她打完以後，感覺自己舒服多了，接著，她的雙肩居然沒有再痛了。

　　很多人不知道宣洩的好處，只會鬱悶，那樣對由心情引起的病痛絲毫沒有幫助。很多人都為了以往發生的事，到目前都不快樂。他們不快樂的原因，是因為在過去沒有做某一件事或做錯了某一件事；也有因為以往曾擁有過東西現在失去了，所以很不快樂；有的人曾經在一次戀愛中被傷害過，直到以後仍舊不願接受愛情；也有的人以往遇到不愉快的事，就認定這些不愉快的事還會捲土重來。

　　若是能夠認識到自己並不是思想的受害者而是心念的主人，那便會覺得很快樂。請一面體會這番話，一面做一個深呼吸練習鬆弛。

　　首先，深深地吸入一口氣，然後呼氣。在呼氣的時候，要盡量

放鬆、放慢，不留絲毫緊張，好像非常悠閒。讓我們的頭頂、額頭、面部肌肉等完全放鬆。就是在平時，頭部也並不需要緊張，尤其是在閱讀的時候。相反地，如果頭部鬆弛，我們會覺得閱讀很舒適、很容易。

然後，把自己的舌、喉和肩都放鬆，手臂也要放鬆。即使手握書本，也並不需要著意用力。接著，把自己的背部、胃部、腹部一處一處地放鬆。讓深呼吸帶給自己十分輕鬆的感覺。

最後，是放鬆雙腿、雙足。這樣做後，我們的身體全部都放鬆了，和未放鬆時有了很大的分別。

現在應該明白，原來自己的身體一向都那麼緊張，是自己把身體繃得那麼緊張，把自己的心也同樣繃得非常緊張。當自己完全放鬆了以後，可以告訴自己：「我現在已經不再緊張了。我已經讓緊張離去，讓所有恐懼心也離去；我不再怨恨、不再惴惴不安、不再傷感，所有那些令我不快樂的感覺，我都在放鬆中讓它們遠遠地離開了我。我現在很輕鬆，對自己的生命和周圍的環境，都覺得很好、很安全。」

請把這種練習，每天都重複做上兩三次，多多去享受那種鬆弛後輕鬆愉快的感覺。假如有困擾的思想出現，隨時可以再做這種練習，把困擾趕走，使自己永沐於輕鬆愉悅之中。

每一次放鬆，時間大約以15分鐘左右最為適宜。

當我們做這種練習的時候，可以靠在一張椅子上，舒適地坐著。當全部肌肉由上至下都放鬆了以後，我們可以想像自己是在一個海灘上，陽光和煦、清風徐來，海浪由遠至近來到我們身前，越過我們的身體繼續前去。我們不必迴避它，它遠遠地來又遠遠地去。海浪和我們緩慢的深呼吸節奏協調，令我們塵念全消，彷彿正在佛的慈光庇護之中。

不論什麼人做這種鬆弛練習，都對身體有益，可以無病防範，有病治病。適當的發洩使人在平時能夠得到放鬆，在情緒不好時，能夠得到疏導，那就對生命非常有幫助。

人活著愉快，就得減少煩惱；要減少煩惱，心胸就得大一些、寬一些，學會寬恕自己和容忍別人，這就叫做寬舒人生。本來，生活就應該從容不迫、悠然自得。

人要活得寬舒，首先就得接受自己和自己的天性，不會對自己要求過分苛刻，也不會因看不起自己而焦慮不安。遇到不幸和災禍，他們會像其他人一樣痛苦，但是他們能夠想得開，而且能照常生活。他們也不像有些人那樣為可能發生的災禍憂心忡忡，他們會做一些必要的準備，但是不會為此身心憔悴。

寬舒人生者活得很隨意，他們摸透了自己的脾氣，知道自己的欲望和觀點，做什麼事都不用先去調查求證，或者察言觀色、看別人的意見，他們只管我行我素、走自己的路。

同時，寬舒人生者非常能夠容忍他人，容忍自己所不知道的東西。他們知道生活是變化無常的，這是個人所無法改變的現實，人不但要接受這種現實，而且還要從這種現實中找到樂趣，大可不必提心吊膽、憂慮重重地生活。對於自己不懂的事情，他們總是採取承認的態度，承認之後再去慢慢琢磨它、了解它。

因為這種容忍，寬舒人生者與他人的關係比較融洽，因為他們能平易自然地與各種各樣的人相處，而不管這些人的年齡、教養和性格特點。由於他們是按照人的本來面目、而不是按照自己的要求去待人接物的，所以他們很少會對別人感到失望，更不會吹毛求疵，總覺得別人不夠格──如果這樣，少不了自己肝火上升、心跳加快。比如，有一位教授是一個工作迷，經常早出遲歸，並且耽誤家裡的事，但是他妻子卻過得很寬心，她說：「當我們結婚的時候，我就明白他這種脾氣改不了。所以，即便他經常很晚回家，甚至在實驗室裡度過週末，我也不會感到太難以忍受。」

有了寬容，才有了人生的紓解和舒適，這就是寬舒人生的含義。所以人生的寬舒是一種建立在認識現實基礎上的心安理得的生活方式。寬舒是不抱怨，而不是虛假的開心、欺騙的寬容和不切實際的異想天開；寬舒人生者是實事求是的，不會透過玫瑰色眼鏡或者墨鏡來

看待生活。寬舒人生表現了一種健康優美的人性。

人不可能什麼都得到，所以應該學會放棄。生活有時會逼迫我們不得不交出權力、放走機遇，甚至不得不拋下愛情。放棄並不意味著失去，因為只有放棄才會有另一種獲得。

要想採一束清新的山花，就得放棄城市的舒適；要想做一名登山健兒，就得放棄嬌嫩白淨的膚色；要想穿越沙漠，就得放棄甜點和冷飲；要想有永遠的掌聲，就得放棄眼前的虛榮。梅花放棄安逸和舒適，才能得到笑傲霜雪的豔麗；大地放棄絢麗斑斕的黃昏，才會迎來旭日東昇的曙光；大樹放棄芳香四溢的花朵，才能走進纍纍碩果的金秋；船舶放棄安全的港灣，才能在深海中收穫滿船魚蝦。

放棄是一種智慧，是一種豪氣，是真正意義的瀟灑，是更深層面的進取！

很多人之所以舉步維艱，是因為背負太重；之所以背負太重，是因為不會放棄，功名利祿常常微笑著置人於死地。放棄了煩惱，便與快樂結緣；放棄了利益，便會步入超然的境地，如果能連放棄都放棄了，那便與聖人無異。

今天的放棄是為了明天的得到。成大事業者不會計較一時的得失，他們都知道放棄，如何放棄，放棄些什麼。

學會放棄吧，放棄失戀帶來的痛楚，放棄屈辱留下的仇恨，放棄心中所有難言的負荷，放棄浪費精力的爭吵，放棄沒完沒了的解釋，放棄對權力的角逐，放棄對金錢的貪欲，放棄對虛名的爭奪……凡是次要、枝節、多餘的，該放棄就都應放棄。

放棄，是一種境界，是自然界發展的一種必經之路。同樣道理，漫漫人生路，只有學會放棄，才能輕裝前進，才能不斷有所收穫。一個人倘若將一生的所得都背負在身，那麼縱使有一副鋼筋鐵骨，也會被壓倒在地。昨天的輝煌不能代表今天，更不能代表明天，過去的成就只能讓它過去，只能毫不痛惜地放棄。什麼時候學會放棄，什麼時候便學會了成熟。

莉莎和男朋友分手了，處在情緒低落中，從他告訴她應該停止

見面的一刻起，莉莎就覺得自己整個被毀了。她吃不下、睡不著，工作時注意力集中不起來。人一下消瘦了許多，有些人甚至認不出莉莎來。一個月過後，莉莎還是不能接受和男朋友的關係已經結束這一事實。

一天，她坐在教堂前的椅子上，漫無邊際地胡思亂想。不知什麼時候，身邊來了一位老先生。他從衣袋裡拿出一個小紙口袋開始餵鴿子。成群的鴿子圍著他，啄食著他撒出來的麵包屑，很快飛來了上百隻鴿子。他轉身向莉莎打招呼，並問她喜不喜歡鴿子。莉莎聳聳肩說：「不是特別喜歡。」他微笑著告訴莉莎：「當我是個小男孩的時候，我們村裡有一個飼養鴿子的男人。那個男人為自己擁有鴿子感到驕傲。但我實在不懂，如果他真愛鴿子，為什麼把牠們關進籠子，使牠們不能展翅飛翔，所以我問了他。他說：『如果不把鴿子關進籠子，牠們可能會飛走、離開我。』但是我還是想不通，你怎麼可能一邊愛鴿子，一邊卻把牠們關在籠子裡，阻止牠們要飛的願望呢？」

莉莎有一種強烈的感覺，老先生在試圖透過講故事給她講一個道理。雖然他並不知道莉莎當時的狀態，但他講的故事和莉莎的情況太接近了。莉莎曾經強迫男朋友回到自己身邊。她總認為只要他回到自己身邊，就一切都會好起來的。但那也許不是愛，只是害怕寂寞罷了。

老先生轉過身去繼續餵鴿子。莉莎默默地想了一會兒，然後傷心地對他說：「有時候要放棄自己心愛的人是很難的。」他點了點頭，說：「如果你不能給你所愛的人自由，就不是真正地愛他。」

這是一個發人深省的道理──愛是不能勉強的。我們應該給予自己所愛的人自由，不然我們並不比那個飼養鴿子的人好多少。如果我們愛一個人，就應該給他自由，讓他自由地決定任何事情，自由自在地按照他自己的意願去生活，而不要把自己的願望強加給他。放走自己所愛的人通常不那麼容易，但實際上我們也沒有其他路好走。即便一時勉強地把他留下，最終自食惡果的還會是我們。我們將得到更深的痛苦、更多的悲傷。

　　人類天性需要一個空間。在壞情緒中，人們也需要自由，否則很快會感到被禁錮起來了。當我們糾纏自己的內心時，會使自己感到難以呼吸。通常我們這樣做是出於想不開、缺乏自信或害怕孤單，而不是解放自己。如果愛自己，應該給自己以自由。

　　從前，一個想發財的人得到了一張藏寶圖，上面標明了在密林深處的一連串寶藏。他立即準備好了一切旅行用具，還特別找出了四、五個大袋子用來裝寶物。一切就緒後，他進入了那片密林。他斬斷了擋路的荊棘，穿過了小溪，冒險衝過了沼澤地，終於找到了第一個寶藏，滿屋的金幣熠熠奪目。他急忙掏出袋子，把所有的金幣裝進了口袋。離開這一寶藏時，他看到了門上的一行字：「知足常樂，適可而止。」

　　他笑了笑，心想：有誰會丟下這些閃閃發光的金幣呢？於是，他沒留下一枚金幣，扛著大袋子來到了第二個藏寶地點，出現在眼前的是成堆的金條。他見了興奮得不得了，依舊把所有的金條放進了袋子。當他拿起最後一條時，上面刻著：「放棄了下一個屋子中的寶物，你會得到更寶貴的東西。」

　　他看了這一行字後，更迫不及待地走進了第三個藏寶地點，裡面有一塊拳頭般大小的鑽石。他發紅的眼睛中泛著亮光，貪婪的雙手拿起了這塊鑽石，放入了袋子中。他發現，這塊鑽石下面有一扇小門，心想，下面一定有更多的東西。於是，他毫不遲疑地打開門，跳了下去。誰知，等著他的不是金銀財寶，而是一片流沙。他在流沙中不停地掙扎著，可是越掙扎他陷得越深，最終與金幣、金條和鑽石一起長埋在了流沙下。

　　如果這個人能在看了警示後離開的話，能在跳下去之前多想一想，那麼他就會平安地返回，成為一個真正的富翁了。放棄，從某種意義上來講，給了自己一個生存的空間，給了自己一條走向成功的道路。

　　有些人喜歡一樣東西就一定要得到它。有時候，有些人為了得到他喜歡的東西，殫精竭慮、費盡心機，更有甚者可能會不擇手段，以

至走向極端。也許他得到了他喜歡的東西，但是在追逐的過程中，失去的東西也無法計算，他付出的代價是其得到的東西所無法彌補的。其實，喜歡一樣東西不一定要得到它。因為有時候為了強求一樣東西而令自己的身心都疲憊不堪，是很不划算的。有些東西是「只可遠觀而不可近瞧的」，一旦得到了它，日子一久可能會發現其實它並不如原本想像中的那麼好。如果再發現失去和放棄的東西更珍貴的時候，很多人一定會懊惱不已。常有這樣的一句話「得不到的東西永遠是最好的」。所以，當我們喜歡一樣東西時，得到它並不是我們最明智的選擇。

不想佔有就不會有多太坎坷。所以，無論是喜歡一樣東西也好，喜歡一個位置也罷，與其讓自己負累，不如放輕鬆地面對，即使有一天放棄或者離開，我們也學會了平靜。

有一些人，因為過去受人欺騙，所以到今天仍舊害怕和人交往，更不願寬恕以前欺騙過他們的人。還有一些人，只因為年輕時曾經受到同學的排斥和奚落，到老年都一直為這種事傷心。更有已經離婚的人，對生命永遠感到殘缺，也因為第一次戀愛失敗，所以再不肯重入情關。還有一些人，曾經偷了一些東西，雖然沒有重犯，也一直在懲罰自己。

他們不知道，抓住以往所發生的事情不放，只會令他們更傷痛。過去的已經過去，誰也不能再改變它。如果我們執著於過去、不肯釋懷，那麼我們的思想便離開了「當下」，不再能集中精神去改變生命。

佛說：「苦海無邊，回頭是岸。」這「回頭」指的就是不要執著、要改變。相反地，若是不改變，就只有永遠沉淪在苦海之中。

是的，我們很可能自己失足墜海，也很可能被人推跌墜海；墜海本來都不是我們的錯，但是如果不設法從海中回到岸上，有人想救也不理，那就是你的不是了。

每個人的生命中都有怨恨。但是，怨恨要一個一個化解，讓它消失於無形；千萬不能一個一個堆積起來，把自己埋葬於「怨恨堆」

中，憤懑一世。我們要清理我們的思想渣滓，使它不再停留在我們的心中，使我們不快樂。想明白些吧！它其實只是一個垃圾，已經再不能發揮力量來傷害我們，我們應該一腳把它踢走，永遠忘記它才對。

先哲說過：「一切的回憶都有毒，不論這回憶是痛苦還是甜蜜。」人可以「記憶」，而不必「回憶」。如果我們能放開對過去的回憶，我們就生活在「當下」，可以享受生命，開創美好的將來。

人在基本的需要上，最希望獲得指導的事是：培養能力，使我們願意解除舊思想、戒掉壞習慣，控制自己的意念，存善去惡，能寬恕自己、寬恕他人、解救自己、解救他人。

以上三項，看上去似乎很難做到，其實不然；如果人能依照這些指導切實地去做，就絕對可以辦到。即使不那麼順利，經過一段艱苦的克服時期，功效必然會明顯地出現。

## 6.用潛意識延長生命的精彩

很多人都懼怕死亡，到了一定年齡便惶惶不可終日。事實上，死亡與其說是毀滅生命，不如說是給生命帶來了意義。假如生命是無限的，人就會把一切事情都往後推延，我們也就不需要去活動、工作、創造。生命必然完結這一事實具有重大的意義。因此，死亡也就是生命的一部分。有趣的是，當新的一天到來時，我們感到好像是第二次過這一天。而在第一次，我們白白地浪費了光陰，而這一次我們仍可能如此——假如我們不以新的方式去對待生活的話。

畢竟，人的年齡的遞進是無法抗拒的。它隨著歲月的流逝增加，這是無可爭議的自然法則。光陰似箭，無法追回和積蓄。「假如時光倒流」「假如我能再年輕10歲」……人們常常這樣感歎。但是，持「假如」的觀點，只不過是對昔日的追憶而已，反映了對大好時光的眷戀和歎息。40歲的人羨慕30歲的人，30歲的人看好20歲的人，20歲的人青睞10歲的人，人們的確可以進行這樣的循環的「遊戲」，但生命畢竟不會倒轉。實際上，更為可怕的是，他們在「假如」聲中往往

放棄了現在的追求和實際行動。而今天的現實和真正的行動，則是比惋惜和哀歎更有意義的。「假如我年輕10歲，就如何如何」，那是因為在10年前，他未曾把握住某些機會，以至有今天的「假如」的歎息。而再過10年，又會陷入這種重複的盲點。這種只對歷史拋灑淚水而對現在的現實輕擲光陰的想法和做法，是非常不足取的。如果在人生旅途上，讓「假如」填滿我們生命的「方格」，那麼，我們的這幅人生畫卷就足夠悽慘了；在事業的跋涉中，讓「假如」畫餅充饑，到頭來只會落得兩手空空。反之，如果你能貯存力量，使人生的每個階段都過得充實、豐富、大有意義，我們就能夠真正享受到生命的樂趣。

俄國著名作家瑪莉葉塔的一生，都在勤奮而積極的工作中度過，一直活到高齡，甚至超過了老年人的通常性最高年限。她曾說：「直到生命的最後幾年，我都十分榮幸地覺得，自己有著驚人的年輕人的感覺器官。我可以慢慢散步，一天即使走上20公里，對身體也毫無不利影響。即便在老年時期，我也能夠輕易回憶起年輕時代所經歷的各種故事。我的潛意識思維，似乎賦予我永生的力量。」

有人說，青春的歲月是用金子鑄成的。其實，人生的每一寸光陰都是用金子鑄成的。青春自有青春的價值，而立之年、不惑之年、「自由」之年，更有各自的價值。要實現價值，一個根本的出發點，就是要立足於現在。無論怎樣的年齡，只要珍惜今天，就會擁有未來；只有在今天做出努力，才會擁有明天的幸福。

英國前首相柴契爾夫人，在離開唐寧街10號的英國首相官邸時，意味深長地說：「我的生命從65歲開始。」這就是說，她在65歲不擔任首相時，並不間斷自己的事業。一切從現在開始。她的這種態度無疑是積極的。一個人，只有牢牢地意識到現在、抓住今天，並在今天的有限時間、創造、開拓，才不會出現日後的悔悟。「而今邁步從頭越」，這才是人生的真正「廣告」。

7.幸福的婚姻需要理解和真誠

　　潛意識與婚姻其實也有著密切的關係。如果你忽視了大腦的功能與潛力的運用，足可以導致所有婚姻問題越演越烈。如果夫妻雙方中任何一方，能夠正確而合理地使用意識與潛意識思維，就能夠使彼此間的矛盾得到解決，避免夫妻關係進一步僵化。

　　真正的婚姻首先必須以「精神」需求為基礎，即兩個人的結合應是發自內心的，心靈的吸引乃是愛之豐碑。誠實、坦白、公正、善良，也是愛情的基本元素。伴侶之間，應當相互信任、真誠無欺。倘若愛情與婚姻當中，摻雜了太多金錢、財產、浮名、等級之類的因素，那麼就往往為夫妻二人關係埋下了不幸的種子。

　　很多人總是把事情往最壞處想。一般說來，這些人之所以總把事情往壞處想，在於其頭腦中根深柢固的焦慮。病態的想像常把生活中的各種陰暗、扭曲、煩心的想像聯繫在一起，看不見令人怡然的好事。只要出現這種情況，即使無足輕重，也會大大增強不愉快的感受。舉個例子，有個女人，每當丈夫出差在外，她都會產生一種沒有根據的想像和忌妒，彷彿看見丈夫躺在別的女人的懷抱裡。她心中同時出現三種意象：丈夫不在眼前；許多男人對太太不忠；城裡有許多女人，丈夫去找她們尋歡作樂。在她的想像中，一些重要的實情根本沒有存在的位置：丈夫性情坦誠，對妻子忠心耿耿；他業務繁忙，根本沒有時間找女人調情。

　　丈夫曾經開導過她，但沒有效果。由於這個女人心理陰暗，只要出現不利的機會，她就會為厄運敞開大門。這種機會果然來了。一天，她在路上碰見了丈夫的熟人，他是個愛開玩笑的人，覺得說一、二句挑動夫妻感情的話無傷大雅，反倒是一件趣事。可是，他卻不知道，這個女人是個著實的「大醋缸」。這位先生的幾句捉弄玩笑的言辭令她醋意大發。她回到家中，疑心重重。她無法抑制住內心的妒忌，立即乘飛機前往丈夫出差的城市，事先不打招呼，突然闖進丈夫在飯店裡的房間，擾亂了一場重要的商務會議。妻子的打擾使丈夫非

常尷尬和惱火。他心煩意亂，無法完成正在進行的商務工作。二人全都怒不可遏，大吵了一架，夫妻關係大受傷害。一年以後，兩人終於離婚了。

另外，選擇愛情與婚姻，如果僅僅以貌取人，就可能給婚姻帶來難堪的結果。在這方面，法國著名音樂家白遼士就犯過類似的錯誤。一次，白遼士去劇院看《哈姆雷特》，他被其中的一位女演員史密森的美麗形象深深地吸引了，以至於不能自拔，看完了戲回到家裡，仍舊不能忘記史密森的美好形象。史密森的形象總是在他頭腦中浮現，他無法入睡，他發誓要娶到這個美麗的小姐。於是，經過多番周折，他終於如願以償。但是，新婚的喜悅過後，白遼士才逐漸意識到，這位外貌出眾的妻子原來只不過是一個目光短淺、心胸狹窄的平庸女人。她不僅無法理解他那奔放的熱情和翱翔天空的雄心，而且還給他帶來了無聊和貧困。盲目的愛情捉弄了他，他不得不吞下愛情的苦果。他的後半生一直籠罩在淒涼與悲愴之中。

如果一位女士說：「我厭倦了工作。我想嫁人了，因為我需要安全感。」那麼，她的前提就是錯誤的。她並未正確地運用自己的思維。須知，一個人的安全感應當是建立在了解自己的意識與潛意識的相互關係及其應用之上的。她必須成為自己的「主人」，能夠自立。倘非如此，所謂的「安全感」，也不過是虛妄之說，隨時會喪失殆盡。

有這樣一對夫婦，他們結婚才幾個月的時間，就開始經常發生口角，爭吵不斷。丈夫懷疑妻子不忠，而妻子對丈夫的懷疑心懷憤怒，於是兩人在猜忌與惱怒中度日。終於有一天，妻子無法再忍受這種生活了，妻子離開家門，要求和丈夫離婚。兩個人的關係彷彿眨眼之間就走到了崩潰的邊緣。顯而易見，正是因為大腦的「思維機制」出了問題，才使他們互相敵視，以至於水火不容。這兩個年輕人的心中充滿了憤恨、懷疑乃至厭惡之情。如果他們能開誠佈公地深入交流一下，了解對方的心理與思維；如果他們可以肩並肩地坐下來，為他們昔日甜蜜的愛情默默的祈禱，使之在和諧、健康、平靜、愉快的狀態

下得以延續。那麼，他們的婚姻就不會瀕於解體了；相反地，他們將獲得一個幸福美滿的家庭。

做妻子的經常會嘮叨和抱怨，這往往是由於丈夫未能給予妻子足夠的關注和體貼。所以，如果我們是丈夫，不僅要對妻子流露內心的溫情，還要時時與之進行心靈的交流，鼓勵、讚美妻子身上的一切優點，而非專門盯著對方的毛病或缺點不放。這才是處理夫妻關係正確的思維方式。

美滿的婚姻需要開誠佈公。一個波士頓女人偶然間看到了《克萊格的妻子》這部電影，這部電影講的是一個女人在自我犧牲的偽裝下無情地毀掉了整個家庭，以求獲得情感上的安全。波士頓女人看著劇情逐漸展開，她彷彿看到了自己的影子。她發現自己對家中發生的許多不愉快的往事都負有一定的責任，而在此前，她總是歸罪於別人。她大為震驚、惶恐，同時也因受到強烈的刺激而霍然驚醒。她回到家後，與丈夫做了一次非常坦誠的談話。此後，二人的婚姻生活變得比以前穩固多了。

美滿的婚姻需要真誠。美國著名作家馬克·吐溫就是一個用真誠來換得美滿姻緣的人。當初，馬克·吐溫愛上了一個漂亮小姐。但小姐及其父親表示對於他的為人不夠了解，不能答應他的求婚，除非他能提供有關人士證明他的品行的資料。為了獲得心愛的小姐的芳心，他果然拿來了六位知名人士的證明資料。這些資料中講了對他不利的話，而且他們對這椿親事表現得毫無熱情。儘管如此，馬克·吐溫還是把這些資料交給了小姐的父親。小姐的父親看了資料後，沉默了一陣，說：「和我的女兒結婚吧，我們要比他們對你了解得多。」於是，馬克·吐溫和心愛的人結婚了。三個星期後，妻子給她姐姐的信中說：「我們的生活完全是由明媚的陽光組成的，沒有任何陰影。」

大家應該像馬克·吐溫一樣，做個真誠的人。假如正在交友，真誠會給我們帶來真摯和牢固的友誼；假如正在戀愛，真誠會給我們帶來純潔的愛情和美好的婚姻。

## 8.幸福是一種思維習慣

在人的一生當中，必然要經歷無數個幸福的時刻：拿到了大學錄取通知書的時候，獲得一份稱心如意的工作時，與摯愛的人走上結婚的殿堂時，自己的小寶寶降臨人世時，獲得了出色的個人成就時，等等。此時的我們，內心中必然洋溢著難以言表的幸福之情，必然滿面喜色、兩靨生花。不過，無論我們體驗過多少類似的片斷，它們都無法給我們更為長久的幸福感。畢竟，它們帶來的快樂、是一時的、短暫的、甚至轉瞬即逝。而真正長久乃至永恆的幸福體驗，完全仰仗於我們如何使潛意識產生「靈丹妙藥」，使「幸福鳥」隨時隨地降臨在你身旁。

幸福是一種習慣。有個農夫，整天喜歡和別人說說笑笑，似乎永遠也沒有傷心難過的事情。走在路上，他還不停哼著小曲。當別人向他請教幸福的祕密時，他的回答是：「對於我來說，幸福既是一種需要，也是我的個人習慣。每天早晨起來時，我都會祝福我的家庭，祝福我家的牲畜和莊稼。我感謝上天賜給我這麼美好的事物。」這個農夫一生都在堅守著這種幸福的「習慣」。這種習慣已深入他的骨髓，並內化為潛意識思維的組成部分。因此，幸福對他而言，是自然而然的事情。

現代社會，很多人都試圖從金錢中獲得幸福。他們購買各種高級轎車、音響、電視、手機、別墅，甚至是私人飛機、私人島嶼，他們以為這樣幸福就會到來。但是，從古至今，金錢固然能夠給人的生活增添舒適的感覺，但金錢並非幸福的絕對保證。金錢可以買到世界上一切物質的東西，但是它卻買不來人類的真實情感。幸福的王國存在於人的思維與感覺當中。有太多的人懷有一種觀念，以為「俗利」與「浮名」才是幸福的資本，譬如有人說：「假如我被選為市長，如果我做了大公司的老闆，我偶然賺了一大筆錢……那麼，我就會幸福了。」事實上，幸福是一種思維習慣、一種精神狀態，豐厚的物質條件並不必然帶來幸福。幸福有賴於我們對人生萬象的精緻而細微的感

悟與體會，在於運用意識與潛意識思維，時時獲得瑰麗和奇妙的人生體驗。

　　幾年前，報紙上曾經登過這樣一篇報導：有一匹馬在跳過狹道上一個樹椿時，不慎將自己的腿撞傷了。從此以後，每當主人騎著牠走近那個樹椿時，這匹馬總是往後退幾步。於是，主人把樹椿挖起來，用火燒掉，並且用土把樹坑填平。主人認為這樣，馬經過這裡的時候就不會有所顧忌了。可是，25年來，每次經過那個樹椿原來所在的位置時，主人的馬依舊非常驚慌、退縮不前。顯然，牠是對於那個樹椿產生了「記憶障礙」，摧毀了牠的信心。

　　要獲得幸福，就要把腦海中的「記憶障礙」消除，絕不可留下不必要的恐懼和憂慮的大腦意象。我們需要把這樣的「樹椿」挖出來，在原來的位置上栽種下人生的無畏與信心。只有這樣，我們才能擁有長久的幸福。

## 9.正確運用潛意識思維培養觀察力

　　正確運用潛意識思維，能夠使我們培養起強大的觀察與體驗生活的能力。這種能力是美好人生所不能或缺的東西。而要培養這種能力，你應該經常寫日記，記下生活中每天的美好時光，並追根溯源。你會發覺，有時候，即在一定的情緒下，一些最簡單的事物，比如一陣風、一棵樹、一條狗、一句話，甚至連電燈在澡盆水面上瞬間的反光，也能給我們帶來最大的快意；而在另一些時候，我們似乎又會變得那樣麻木、毫無反應，就連一向喜愛的音樂、明媚的春光乃至摯友的陪伴，都無法使我們滿足。此時，我們應該找出這些情緒的依據所在。我們可以不停地記錄、翻閱自己的日記。我們會發現某些片斷帶給自己的感受，猶如潑在餘火上的燃油，使火焰升騰而起，照亮四周的黑暗，也為我們忽明忽暗揭示從未想像過的事情。這就是意識與潛

意識共同作用的結果。我們應該知道，為描述個人經歷所做的一切努力不僅能夠提高這一經歷的品質，而且這努力本身，能使我們更為敏銳的觀察自己內心的細微活動。

在一位接受潛意識訓練人的筆記裡，記錄了這樣一段話：

上週星期三，我到考文特花園歌劇院聽歌劇《弄臣》。我覺得疲憊不堪。開演時，我坐在頂層樓座又窄又擠的條凳上，根本就無法聽進去。但是，我突然想起來，我應該使自己超脫於自身之外，和音樂融成一體——於是，我漸漸沉醉於音樂意境裡。我感到渾身釋然、輕鬆自如。

上文可以給我們這樣一種暗示：人的某些自我感受似乎都是由大腦支配的，應當運用潛意識思維使自己同正在發生的事情融為一體。只有這樣，才能體驗到一些更為新奇的別樣的人生味道。遺憾的是，每天工作的壓力、生活的奔波，卻可能使我們學會了更多焦慮而不是感覺和體驗，很多人可能忘記了後者的存在。

不管怎樣，我們觀察和體驗能力是可以改變的，這並不直接依賴於視覺或者聽覺，而依賴於潛意識這種特殊的「內心狀態」。上面那位訓練者在後文中繼續寫道：

將近一年之後，四月裡的一股熱浪席捲著維吉尼亞州的里士滿。一天傍晚，我注意到塵土滿地的路旁，有一排長滿半透著陽光的樹葉和大樹，大概是美國梧桐樹吧。似乎是暮色裡，灰白的天際上顯出一幅圖案，就如舊式鐵門上的裝飾圖案。我突然冒出一種難以遏制的欲望。我想攫取這一圖案，使它成為己有——或許繪上幾筆就能佔有它。可我無暇動筆，而且，即使有時間，我也不知如何動筆。我忽然意識到該伸出我的潛意識的觸角，搭在樹枝上，讓我漂浮在它的周圍，以這些精美的圖案為佳餚，直到它從一種複雜的實體化為我自身的一部分。於是，我再也不用把它們畫在紙上了。雖然那接踵而來的

快意已被遺忘，但我還是作了記錄：「天哪，我感到有隻鳥兒高高地站在我內心的樹梢上婉轉地吟唱。」

　　一天，我獨自一人坐在船甲板上曬著太陽，四周是茫茫的大海，微微的海風撫摸著我。但是，我卻心神不寧、愁眉苦臉，就好像被剝奪了享受的權利；而這種享受，正是在寒冬和城市的黑暗日子裡，我所朝思暮想的事情。我明白，既然我已得到我渴求的東西：陽光、悠閒和大海，我應該高興才是。突然，我覺察到我在盡力思索。我似乎理所當然地認為，只要想一點什麼東西，我就能高興起來。這並不是說，我有特殊的難題需要在那時解決，而僅僅是一種感受，即：一個人應當勤於思考、多多觀察，對自己的所見所聞能有些趣談。但是，沉浸在陽光與和風之中，肚子裡又填滿了美味佳餚，我腦子卻顯得遲滯、不便思考，身體也懶得動彈。自然，當我意識到人應該有思想這一想法時，我認識到這真是太愚蠢了。我停止了自己的任何努力，乾脆「隨它去」。立刻，太陽照耀下的繩子在大海的襯托下泛出白光，一下躍進我的眼簾，我坐在那凝望著，心裡滿足極了。

　　大家看，開啟個人生命體驗的鑰匙，竟會存在於如此簡單的技巧中。那是一種讓感官自由感覺而不受目的約束的能力。眼睛和耳朵自有它們的才智，而我們的潛意識可以遙相呼應。

　　我們可以看到，放鬆思想和對內心活動的觀察，對生活顯得如此重要。所以，我們應該學會持續不斷的運用這樣的方法。當我們凝神思考的時候，過去的情景自然會一幕一幕地從腦海中閃現，而現實的情形也會給我們前所未有的感受。

　　只要像前文所說的那樣，盡力保持平靜、忘掉一切，我們就進入了一個充滿玄妙、幽雅、舒暢的天地。這些感覺構成了一種朦朧而滿足的感受，會瀰漫於我們的全身。

　　記住，幸福是一個過程，而不是一種存在的狀態；是一個方向，而不是終點。

 附錄

## 史蒂芬‧賈伯斯對史丹福畢業生演講全文
## - Stay Hungry, Stay Foolish

### 求知若渴，虛心若愚
### （Stay Hungry , Stay Foolish）

今天，很榮幸來到各位從世界上最好的學校之一畢業的畢業典禮上。我從來沒從大學畢業過，說實話，這是我離大學畢業最近的一刻。

今天，我只說三個故事，不談大道理，只講三個小故事就好：第一個故事，是關於人生中的點點滴滴如何串連在一起。

我在里德學院（Reed College）待了六個月就辦休學了。到我退學前，一共休學了十八個月。那麼，我為什麼休學？（聽眾笑）

這得從我出生前講起。

我的親生母親當時是個研究生，年輕未婚媽媽，她決定讓別人收養我。她強烈地覺得應該讓有大學文憑的人收養我，所以我出生時，她就準備讓我被一對律師夫婦收養，但是這對夫妻到了最後一刻反悔了，他們想收養女孩。所以在等待收養名單上的另一對夫妻，我的養父母，在一天半夜裡接到一通電話，問他們：「有一名意外出生的男

孩，你們要認養他嗎？」而他們的回答是「當然要」。後來，我的生母發現，我的養母並沒有大學文憑，我的養父則連高中也沒有畢業。她因此拒絕在認養文件上做最後簽字。直到幾個月後，我的養父母保證將來一定會讓我上大學，她的態度才軟化。

十七年後，我上大學了。當時的我無知地選了一所學費幾乎跟史丹福一樣貴的大學（聽眾笑），我那工人階級的父母將所有的積蓄都花在我的學費上。六個月後，我看不出唸這個書的價值何在。那時候，我不知道這輩子要幹什麼，也不知道唸大學能對我有什麼幫助，只知道我為了唸大學，花光了我父母這輩子的所有積蓄，所以我決定休學，相信船到橋頭自然直。

當時這個決定看來相當可怕，可是現在看來，那是我這輩子做過最好的決定之一。（聽眾笑）

當我休學之後，我再也不用上我沒興趣的必修課，而能把時間拿去聽那些我有興趣的課。

這一點也不浪漫。我沒有宿舍，所以我睡在朋友家裡的地板上，靠著一點點回收可樂空罐的酬勞買吃的，每個星期天晚上得走七哩的路繞過大半個鎮去印度教的Hare Krishna神廟吃頓好料，我喜歡Hare Krishna神廟的好料。

就這樣追隨我的好奇與直覺，大部分我所投入過的事務，後來似乎都成了無比珍貴的經歷（And much of what I stumbled into by following my curiosity and intuition turned out to be priceless later on）。

舉個例來說：

當時里德學院有著大概是全國最好的書寫教育。校園內的每一張海報上，每個抽屜的標籤上，都是美麗的手寫字。因為我休學了，可以不照正常選課程序來，所以我跑去上書寫課。我學了serif與sanserif字

體，學到在不同字母組合間變更字間距，學到活字印刷偉大的地方。書寫的美好、歷史感與藝術感是科學所無法掌握的，我覺得這很迷人。

　　我沒預期過學這些東西能在我生活中產生任何實際作用，不過十年後，當我在設計第一台麥金塔時，我想起了當時所學的東西，所以把這些東西都設計進了麥金塔裡，這是第一台能印刷出漂亮事物的電腦。

　　如果我沒沉迷於那樣一門課裡，麥金塔可能就不會有多重字體跟等比例間距字體了。又因為Windows抄襲了麥金塔的使用方式（聽眾鼓掌大笑），因此，如果當年我沒有休學，沒有去上那門書寫課，大概所有的個人電腦都不會有這些東西，印不出現在我們看到的漂亮的字來了。當然，當我還在大學就讀時，不可能把這些點點滴滴預先串連在一起，但在十年後的今天去回顧，一切就顯得非常清楚。

　　我再說一次，你無法預先把人生中的點點滴滴串連起來；只有在未來回顧時，你才會明白那些點點滴滴是如何串聯在一起的（you can't connect the dots looking forward; you can only connect them looking backwards）。所以你得相信，眼前你經歷的種種，將來多少會連結在一起。你得信任某個東西，直覺也好，命運也好，生命也好，或者業力。這種做法從來沒讓我失望，我的人生因此變得完全不同。（Jobs停下來喝水）

我的第二個故事，是有關愛與失去。

　　我很幸運！年輕時就發現自己愛做什麼事。我二十歲時，跟Steve Wozniak在我爸媽的車庫裡開始了蘋果電腦的事業。我們拼命工作，蘋果電腦在十年間從一間車庫裡的兩個小夥子擴展成了一家員工超過四千人、市價二十億美金的公司，在那事件之前一年，我們推出了最

棒的作品——麥金塔電腦（Macintosh），那時我才剛邁入三十歲，然後我被解僱了。

我怎麼會被自己創辦的公司給解僱了？（聽眾笑）

嗯！當蘋果電腦成長後，我請了一個我以為在經營公司上很有才幹的傢伙來，他在頭幾年也確實做得不錯。可是我們對公司未來的願景不同，最後只好分道揚鑣，董事會站在他那邊，就這樣在我30歲的時候，我被公開地解僱了。我失去了整個生活的重心，我的人生就這樣被摧毀了。

有幾個月，我不知道自己要做些什麼。我覺得我令企業界的前輩們失望——我把他們交給我的接力棒弄丟了。我見了創辦HP的David Packard跟創辦Intel的Bob Noyce，跟他們說：「很抱歉！我把事情給搞砸了。」我成了公眾眼中的失敗範例，我甚至想要離開矽谷。

但是漸漸的，我發現，我還是熱愛那些我曾做過的事情，在蘋果電腦中經歷的那些事絲毫沒有改變我的喜好。雖然我被否定了，可是我還是熱愛那些事情，所以我決定從頭來過。

當時我沒發現，但現在看來，被蘋果電腦開除，是我所經歷過最好的事情。成功的沉重被從頭來過的輕鬆所取代，每件事情都不那麼確定，讓我自由進入這輩子最有創意的年代。

接下來五年，我開了一家叫做NeXT的公司，又開一家叫做Pixar的公司，也跟後來的老婆（Laurene）談起了戀愛。Pixar接著製作了世界上第一部全電腦動畫電影——玩具總動員（Toy Story），現在是世界上最成功的動畫製作公司（聽眾鼓掌大笑）。然後，蘋果電腦買下了NeXT，我回到了蘋果，我們在NeXT發展的技術成了蘋果電腦後來復興的核心部份。

我也有了一個美好幸福的家庭。

我很確定，如果當年蘋果電腦沒開除我，就不會發生這些事情。這帖藥很苦口，可是我想蘋果電腦這個病人需要這帖藥。有時候，人生會用磚頭打你的頭。不要喪失信心。我確信我愛著我所做的事情，這就是這些年來支持我繼續走下去的唯一理由（I'm convinced that the only thing that kept me going was that I loved what I did）。

你得找出你的最愛，工作上是如此，人生伴侶也是如此。

你的工作將佔據你人生的一大部分，唯一真正獲得滿足的方法就是做你相信是偉大的工作，而唯一從事偉大工作的方法是愛你所做的事（And the only way to do great work is to love what you do）。

如果你還沒找到這些事，繼續找，別停下來。盡你的全心全力去找，你知道你一定會找到。而且，如同任何偉大的事業，事情只會隨著時間愈來愈好。所以，在你找到之前，繼續找，別停下來。（聽眾鼓掌，Jobs喝水）

**我的第三個故事，是關於死亡。**

當我十七歲時，我讀到一則格言，好像是「把每一天都當成生命中的最後一天，你就會輕鬆自在。（If you live each day as if it was your last, someday you'll most certainly be right）」（聽眾笑）

這對我影響深遠，在過去的33年裡，我每天早上都會照鏡子，自問：「如果今天是我此生的最後一日，我今天要做些什麼？」每當我連續好幾天都得到一個「沒事做」的答案時，我就知道我必須有所改變了。

提醒自己快死了，是我在人生中面臨重大決定時，所用過的最重要的方法。因為幾乎每件事——所有外界的期望、所有的名聲、所有對困窘或失敗的恐懼——在面對死亡時，都消失了，只有最真實、最重要的東西才會留下。（Remembering that I'll be dead soon is the most

important tool I've ever encountered to help me make the big choices in life. Because almost everything - all external expectations, all pride, all fear of embarrassment or failure - these things just fall away in the face of death, leaving only what is truly important）

提醒自己快死了，是我所知道的避免掉入畏懼失去的陷阱裡最好的方法。人生不帶來、死不帶去，沒理由不能順心而為。

一年前，我被診斷出癌症。我在早上七點半做斷層掃描，在胰臟處清楚地出現一個腫瘤，我連胰臟是什麼都不知道。醫生告訴我，那幾乎可以確定是一種不治之症，預計我大概只能再活三到六個月了。醫生建議我回家，好好跟親人們聚一聚，這是醫生對臨終病人的標準建議。那代表你得試著在幾個月內把你將來十年想跟小孩講的話講完。那代表你得把每件事情搞定，家人才能盡量輕鬆。那代表你得跟所有人說再見了。

我整天都在思索那個診斷結果，那天晚上做了一次切片，從喉嚨伸入一個內視鏡，穿過胃進到腸子，將探針伸進胰臟，取了一些腫瘤細胞出來。我打了鎮靜劑，不醒人事，但是我妻子在場。她後來跟我說，當醫生們用顯微鏡看過那些細胞後，他們都哭了，因為那是非常少見的一種胰臟癌，可以用手術治好。所以我接受了手術，康復了。（聽眾鼓掌）

這是我最接近死亡的時候，我希望那會繼續是未來幾十年內最接近的一次。經歷此事後，我可以比先前對死亡只是一種純粹的想像時，要能更肯定地告訴你們下面這些：

沒有人想死。即使那些想上天堂的人，也想活著上天堂。（聽眾笑）

但是死亡是我們共同的終點，沒有人逃得過。這是註定的，因為

死亡很可能就是生命中最棒的發明，是生命交替的媒介，送走老人們，給新生代讓出道路。現在你們是新生代，但是不久的將來，你們也會逐漸變老，被送出人生的舞台。很抱歉講得這麼戲劇化，但是這是真的。

你們的時間有限，所以不要浪費時間活在別人的生活裡。不要被教條所侷限——盲從教條就是活在別人的思考結果裡。不要讓別人的意見淹沒了你內在的心聲。最重要的是，擁有追隨自己內心與直覺的勇氣，你的內心與直覺多少已經知道你真正想要成為什麼樣的人（have the courage to follow your heart and intuition. They somehow already know what you truly want to become），任何其他事物都是次要的。（聽眾鼓掌）

在我年輕時，有本神奇的雜誌叫做《Whole Earth Catalog》，當年這可是我們的經典讀物。那是一位住在離這不遠的Menlo Park的Stewart Brand發行的，他把雜誌辦得很有詩意。那是1960年代末期，個人電腦跟排版軟體都還沒出現，所有內容都是打字機、剪刀跟拍立得相機做出來的。雜誌內容有點像印在紙上的平面Google，在Google出現之前35年就有了：這本雜誌很理想主義，充滿新奇工具與偉大的見解。

Stewart跟他的團隊出版了好幾期的《Whole Earth Catalog》，然後很自然的，最後出了停刊號。當時是1970年代中期，我正是你們現在這個年齡的時候。在停刊號的封底，有張清晨鄉間小路的照片，那種你四處搭便車冒險旅行時會經過的鄉間小路。

在照片下印了一行小字：**求知若飢，虛心若愚**（Stay Hungry，Stay Foolish）。

那是他們親筆寫下的告別訊息，我總是以此自許。當你們畢業，展開新生活，我也以此祝福你們。

求知若渴，虛心若愚（Stay Hungry, Stay Foolish）。

非常謝謝大家。（聽眾起立鼓掌二分鐘）

Legal Disclaimer: The information contained in this message may be privileged and confidential. It is intended to be read only by the individual or entity to whom it is addressed or by their designee. If the reader of this message is not the intended recipient, you are on notice that any distribution of this message, in any form, is strictly prohibited. If you have received this message in error, please immediately notify the sender and delete or destroy any copy of this message

# 心理勵志小百科好書推薦

全世界都在用的80個關鍵思維
NT：280

學會寬容
NT：280

用幽默化解沉默
NT：280

學會包容
NT：280

引爆潛能
NT：280

學會逆向思考
NT：280

全世界都在用的智慧定律
NT：300

人生三思
NT：270

陌生開發心理戰
NT：270

人生三談
NT：270

全世界都在學的逆境智商
NT：280

引爆成功的資本
NT：280

國家圖書館出版品預行編目資料

潛意識的智慧 / 馮麗莎作. -- 初版. -- 新北市：
華志文化, 2012.12
面； 公分. --（心理勵志小百科；14）

ISBN 978-986-5936-27-3（平裝）

1. 潛意識　2. 成功法

176.9　　　　　　　　　　　　　　101021667

日　華志文化事業有限公司

系列／心理勵志小百科 014

書名／潛意識的智慧

作　　　者　馮麗莎

執行編輯　林雅婷

美術編輯　黃美惠

文字校對　陳麗鳳

企劃執行　康敏才

總 編 輯　黃志中

社　　　長　楊凱翔

出 版 者　華志文化事業有限公司

電子信箱　huachihbook@yahoo.com.tw

地　　　址　116台北市文山區興隆路四段九十六巷三弄六號四樓

電　　　話　02-22341779

總經銷商　旭昇圖書有限公司

地　　　址　235新北市中和區中山路二段三五二號二樓

電　　　話　02-22451480

傳　　　真　02-22451479

郵政劃撥　戶名：旭昇圖書有限公司（帳號：12935041）

電子信箱　s1686688@ms31.hinet.net

出版日期　西元二○一二年十二月初版第一刷

售　　　價　二七○元

版權所有　禁止翻印

Printed in Taiwan

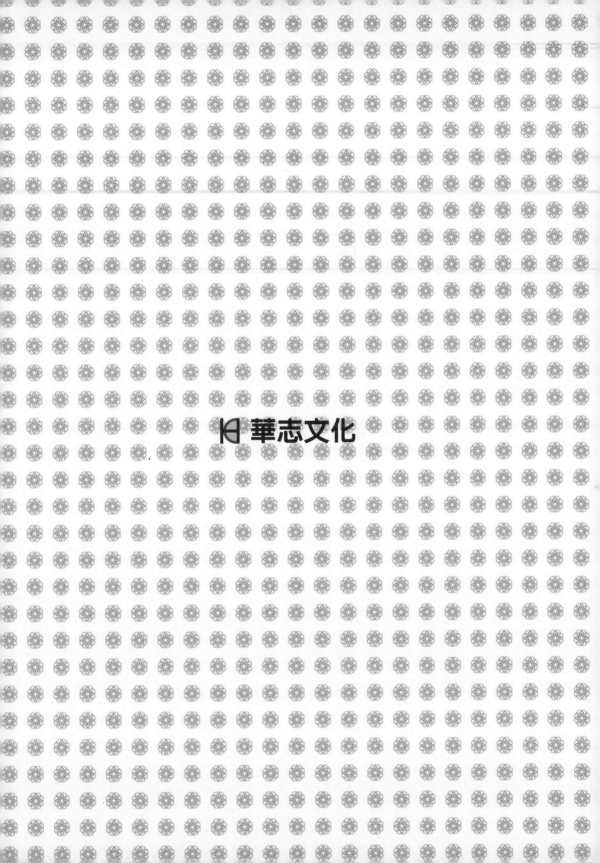

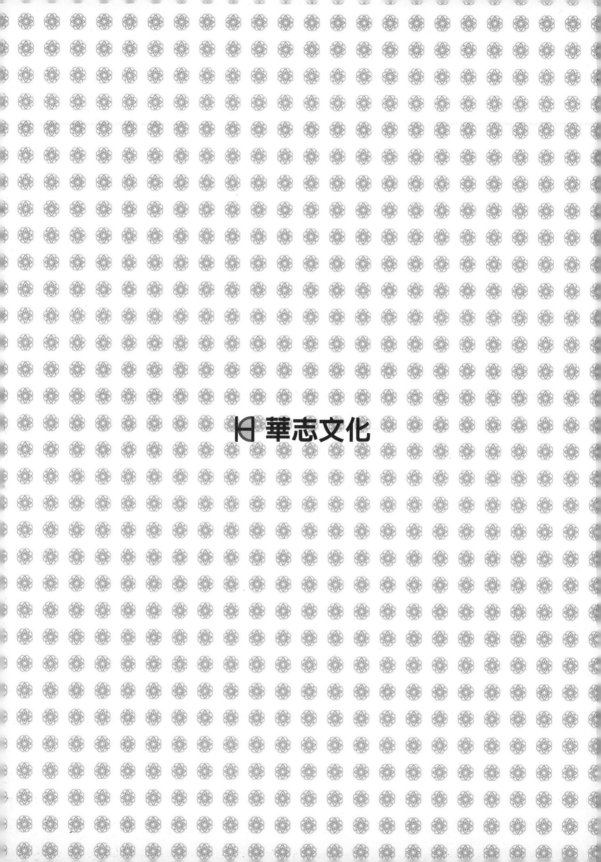

華志文化